조선중기 서지사 연구

16세기 관찬서를 중심으로

조선중기 서지사 연구

16세기 관찬서를 중심으로

신 양 선 지음

혜안

감사의 글

1866년 병인양요 때 프랑스 극동함대 사령관 로즈(Pierre Gustave Roze) 제독은 강화도를 습격하고 외규장각 도서를 약탈해갔다. 이때 외규장각에는 수천 권의 책이 있었는데, 앙리 주앙(Henry Jouan)과 그의 동료들은 이 책들의 인쇄상태에 감탄했다고 한다. 그리고 주베르(Joubert)라는 장교는 이곳에서 감탄하면서 볼 수밖에 없고 자존심이 상하는 한 가지가 아무리 가난한 집에도 책이 있다는 사실이라고 하였다.

1953년 7월 휴전협정이 체결되고, 그해 9월 서울대 도서관은 서울로 복귀하였다. 그 당시 서울대 도서관 안에 섞여있던 연세대 도서관장서들을 조사하기 위해 서울대를 방문한 민영규 도서관장의 증언은 규장각 도서의 피해상황을 잘 말해준다. 서고는 텅 비어있고 허청 같은 창고 속에 규장각 도서들이 몇 백 석 노적가리처럼 쌓아 올려있어, 실로 괴상하기까지 하였다는 것이다.

우리의 귀중한 문화유산인 고문헌 내지 문서들은 이처럼 외부 세력에 의해 약탈되거나 전쟁으로 방치되었었다. 그런데 이러한 기록유산들이 아직도 흩어진 채로 방치되거나 찾아오지 못한 것들이 많다. 앞으로 우리는 이러한 자료들을 사방으로 찾고 더욱 널리 채집하여 두루 갖춰놓고 정리, 보존, 발전시키는 데 심혈을 기울여야 할 것이다.

이 글이 부족하지만 그러한 일에 한 부분을 담당할 수 있기 소망한다.

그리고 그러한 자리에서 마음을 함께 나눌 수 있음에 감사드린다. 아울러 어려운 여건에서도 출판을 흔쾌히 맡아주신 도서출판 혜안의 오일주 사장님, 엉성한 부분을 일일이 다듬어주신 김태규, 김현숙님께 고마움을 전한다.

2012년 5월

신 양 선

차 례

제1장 머리말

조선중기에 속하는 16세기는 조선 전·후기의 교량적 위치에 놓여 여러 가지 변화가 있던 시기이다. 조선초기(15세기)에 확립된 중앙집권적 지배체제가 거의 전면적으로 바뀐 시기로서 그 전 시기와 성격이 뚜렷이 구별되는 양상을 보인다. 조선초기의 역사는 조선을 건국하면서 통치지배질서를 확립한 시기이다. 즉 절대적인 군신관계의 특성이 나타나면서 관료제를 근간으로 중앙집권적 통치체제를 법제화하였다. 그리고 유교적인 경국대전 체제의 성격을 띠고 다방면의 분야에서 문화가 발달하였다. 이에 비해 16세기에는 상대적인 군신관계의 특성을 나타내면서 왕권이 약화되는 가운데 거의 전면적으로 변화하여 갔다. 정치·경제 질서, 신분제, 관료체제 등이 시간의 흐름에 따라 커다란 사회변동에 직면하였다. 그것은 조선초기에 세워진 통치질서의 와해로서, 양란이라는 외부적 충격이 가해지기 이전에 내재적으로 해체되어가는 변화를 보인 것이라고 할 수 있다. 다른 한편으로는 15세기에 다시 강화되었던 중세적인 체제가 불과 1세기 만에 무너지는 변화로 이해할 수도 있다. 그렇다면 그 변화를 가져오는 원인은 무엇인지 밝혀야 할 것이며 그것은 결코 문란이나 혼란이 아니라 역사발전의 바른 노정임을 인식해야 할 것이다.[1] 그러므로 한국사의 내재적인 발전을 이해하고, 17세기 이후에 전개되는 변화의 요인을 파악하기 위해 16세기에 나타나는 현상을 바르게 밝혀야 할 필요가 있다. 그런 의미에서 한 시대가 지향하던 정치 사회적 이념이 정책과 제도로 연결되어 발전하는 과정을 '서적의 역사'란 영역에서 살피려는 것이다.

16세기에 사림들은 조선초기에 추구하던 중앙집권체제가 한계성을 드러냄에 따라, 서적 출판활동을 통해 至治主義 이념에 입각한 일련의 개혁정치를 추진하였다. 그래서 학문의 진흥뿐 아니라 정치 문화적 이상세계를 실현하기 위해 노력하던 聖學 중심의 시대성격이 서적정책 내지 문화 활동에서도 나타났다. 그들은 위기와 변화에 대처하려는 강력한 의지의 표현으로 무엇보다 주자성리학적인 성향의 서적들을 부단히 저술하거나 간행 보급하였다. 그런데 지금까지 16세기의 서적문화에 대한 연구는 15세기에 관한 것보다도 더 적은 편이다.[2] 그래서 이 책에서는 조선후기와 초기에 이은[3] 후속편으로 조선중기(16세기)에 대한 내용을 다루어 조선시대 전체를 아우르려고 하였다. 즉 16세기 서적정책 내지 사업활동의 내용과 그 배경은 무엇이며 문화적 성과와 특성은 어떤 것인가? 그리고 그 이후 어떻게 계승·발전하였는가? 하는 것들이다. 그리하여

---

1) 강만길, 1979, 「16세기의 변화」, 『분단시대의 역사인식』, 창작과 비평사, 231쪽.

2) 김문식, 2009, 「조선시대 국가전례서의 편찬양상」, 『장서각』 21, 한국학중앙연구원 ; 청주고인쇄박물관 편, 2009, 『조선시대 지방감영의 인쇄출판 활동』, 청주고인쇄박물관 ; 김호, 1996, 「조선전기 대민의료와 의서편찬」, 『국사관논총』 68 ; 손홍열, 1993, 「조선중기의 의료제도 : 의료제도의 변천과 의서의 편찬간행 및 대외교류를 중심으로」, 『한국과학 사학회지』 15-1 ; 金勳植, 1985, 「16세기 『이륜행실도』보급의 사회사적 고찰」, 『역사학보』 107 ; 정형우, 1983, 「조선전기의 서적수집과 관리」, 『조선시대 서지사 연구』, 한국연구원.

3) 졸저, 2012, 『조선초기 서지사연구』, 혜안 ; 졸저, 1996, 『조선후기 서지사연구』, 혜안.

16세기에 조선왕조가 서적정책을 추진하는 과정에서 15세기의 찬란한 서적문화를 토대로 변화에 대응해 간 모습, 그리고 17세기 이후의 문화변동을 이끌어낸 요인들을 밝히려고 하였다. 예를 들면 15세기에 확립된 경국대전 체제가 16세기의 사회경제적인 변화 속에서 어떻게 변용되었는가?, 그리고 사림들이 추구하던 이상국가의 시대, 즉 聖學이 지배할 시대를 어떻게 이끌어 갔는가? 하는 문제들에 대해 살펴보려 하였다.

여기서 다루어지는 16세기의 범위는 1495년(연산군 1)부터 임진왜란이 끝나는 1598년(선조 31)까지로 하되, 주로 국가에서 공식적으로 진행하는 정책을 대상으로 하였다. 서술하는 방법은 조선초기(제1권, 15세기)와 마찬가지로 정책적인 차원에서 진행하던 서적의 수집, 편찬 간행(이하 '편간'이라 한다), 보급 활동, 그리고 서적문화의 성격 등으로 나누어 기술하였다. 먼저 서적수집 활동에서는 외국으로부터 기증받거나 貿入한 서적들이 어떤 경로를 통해 들여와 어떻게 사용되었는가? 국내에서의 수집, 편간 및 보급 정책과 어떠한 연계선 상에서 진행되었는가? 하는 문제를 살폈다. 이는 朝·中·日 아시아 삼국의 문헌이 서로 어떠한 영향을 주면서 각국의 문화로 소화되는가를 살피는 단서도 될 것이다. 편간 활동에서는 주제별로 영역을 나누어 각 분야에서 이루어진 편간 사업의 동기, 시행과정, 편찬 내용 및 의미를 알아보았다. 보급 활동에서는 국가에서 권장하는 서적뿐 아니라 금지서적, 그리고 국외로의 보급실태 등도 함께 다루었다. 그리하여 그 시대의 통치이념이 정책으로 실현되어가는 모습을 구체적으로 살필 수 있도록 하였다. 또한 당시 추진하던 서적정책의 특징과 영향을 살펴봄으로써 서적문화의 시대적 성격도 규명하였다. 아울러 부록에서는 조선 全시대에 걸쳐 구입·편간·보급하는데 사용된 책이름을 도표에 넣어, 세기별로 흐름을 파악할 수 있게 하였다.

연구는 주로 관찬서를 대상으로 하되, 16세기 문화의 특성상 필요한 부문에서는 개인적인 저술도 포함하였다. 또한 이와 관련된 학술적 동향이나 문화적 배경도 함께 다루려고 하였다. 그리고 도서관에서 고서를 다루거나 한국학을 연구하려는 사람들에게 조선시대 서적에 대한 기초 안내서가 되었으면 하는 바람으로 작성하였다. 그래서 가능한 한 원문을 많이 인용하여 편찬자의 의도를 가까이에서 느끼도록 하였다. 그런데 아쉽게도 실록 위주로 다루다 보니 내용에 있어서 부족한 점이 너무 많다. 새로운 자료를 찾거나 사건 이면에서 진행되던 변화의 흐름을 제대로 파악하지 못하였다. 그리고 중앙에서 행해진 관찬서적에 국한되어 지방에서의 지역 활동이나, 문중 또는 사가판, 인쇄기술, 대외관계 등에 대해 제대로 다루지 못하였다.

다만 이를 통해 '조선시대 서적의 역사'에 대해 기초적인 안목을 갖는데 도움이 되기를 바란다. 또한 조선의 16세기라는 거울을 통해 그 시대와 대화하면서 우리 선조들이 빚어낸 역사적 전통 가치를 찾아내고 그 숨결을 느꼈으면 한다. 16세기의 서적문화를 밝히는 것은 그 시대를 개혁하려던 조상들의 고귀한 정신과 삶을 만나는 것이다. 또한 그것은 미래의 가능성과의 만남이기도 하다. 그러므로 인문학적 자산인 기록문화유산을 통해 한국 미래의 정신세계를 모색하고 그 길을 향해 나아갈 수 있기를 기대한다.

제2장 서적의 수집 활동

제1절 국외에서 수집 : 중국

1. 중국에서 기증

16세기에는 서적수집 정책을 적극적으로 마련한 적이 있으나, 장기적이고 체계적으로 추진하지 못하였다. 그리고 조선이 중국 외의 다른 나라로부터 공식적으로 기증받거나 무입한 서적은 실록에서 눈에 띄지 않는다. 단지 일본으로부터 을묘왜변(1555/명종 10) 때 약탈해 간 병서를 반환받는 일이 있을 뿐이다. 조선은 성리학이 심화되면서 존화주의에 기우는 경향을 보이던 때라 중국과의 교류가 더욱 중요하였다. 그러나 明(1368~1644) 후기에 속하는 이 시기에 중국으로부터 기증받은 서적은 국초보다 훨씬 적다. 뿐만 아니라 그 서적들은 대체로 조선에서 절실히 필요하던 내용의 것들이 아니었다. 오히려 조선에서 직접 구입한 서적들이 조선사회를 성리학적 이념의 사회로 정착시키는데 깊은 연관성을 갖는다. 그러므로 중국으로부터의 서적 구입활동은 중앙집권적 통치제도 수립에 요긴한 것을 수입하던 15세기와 자연히 구별된다.

〈표 1〉 중국으로부터 기증받은 서적

연도	월	서 명	전달자
1495/ 연산군1	6	『大明一統志』·『通鑑綱目』	明 사신
	7	『論諫集』	伴送使 洪貴達
1499/ 연산군5	9	『聖學心法』 4권	예조참판 金壽童
	12	『大事紀續編』·『崇正辨』	홍문관수찬 홍언충
1502/ 연산군8	3	『青囊雜纂』·『玉音』·『韻海』·『切韻指南』	正朝使 李秉正
1511/ 중종 6	12	『講榻儀注』	사신
1521/ 중종16	7	『聖人圖』 1軸·『說文解字』 1부	明 사신
1525/ 중종20	3	『大禮會議』 1책	사신 허순
1533/ 중종28	10	『大明會典』	사신
1534/ 중종29	4	『春秋公羊傳』·『穀梁傳』·주자의 『詩集』	進賀使 蘇世讓
1538/ 중종33	11	『황화집』·「天下地圖」	聖節使 許寬
1539/ 중종34	4	중국왕의 『巡幸禮儀』 및 『東宮監國事宜』 2책	중국사신
	4	서명을 알 수 없는 서적	明使
중종연간		『目輪』	
1546/ 명종 1	4	『明太祖高皇帝文集』	사신
1585/ 선조18	4	『聞見小錄』, 『대명회전』 복사본 1부	사은사 李友直
1588/ 선조21	4	『대명회전』	사은사 兪泓
1589/ 선조22	11		사은사 尹根壽

연산군대에는 지리지인 『대명일통지』, 성리서인 『성학심법』, 음운서인 『옥음』·『운해』·『절운지남』, 중종대에는 『대명회전』·「천하지도」, 선조대에는 『대명회전』 등을 중국으로부터 기증받았다. 『대명일통지』는 明대의 중국 전역과 조공국의 지리·지도를 수록한 것으로, 중종대에 『新增東國輿地勝覽』 편찬에 참고되었다. 『대명회전』은 『洪武禮制』·『大明集禮』와 함께 明의 대표적인 국가 典禮書이다. 조선은 유교적 국가전례를 시행하기 위해 이 전례서들을 참고서로 활용하였다. 그런데 1518년(중종 13)에 정조사가 사온 『대명회전』에는 조선의 태조에 대한 내용이 잘못 기록되어, 승정원에서 이에 대해 긴박하게 논의하였다.

> 지금 정조사가 새로 사온『大明會典』에 우리나라 世系가 잘못 기록되었고, 또 우리 조종 조에서 하지 않은 사실이 있어 신 등은 이를 보고 매우 놀랐습니다. 이 책은 민간에서 만든 私撰이 아니요, 서두에 황제의 御製序가 있으니 이는 곧 조정의 공의에 의해 편찬된 것입니다.[1)]

조선은『대명회전』내용에 대한 시정을 중국조정에 간곡히 요청하면서, 1533(중종 28)·1585(선조 18)·1588(선조 21)년에 받아 확인하곤 하였다. 그러다가 1589년(선조 22)에 가서야 오랜 숙원 끝에 개정판을 받게 된다. 또 1538년에 받아온「天下地圖」는 이미 그 선 해 조선에 온 중국 사신에게 부탁한 것이다. 그리고 1536년에도 다음과 같이 성절사에게 비용을 주고 사오도록 지시한 적이 있었다.

> 중국의 민간에 천하 지도를 가지고 있는 자가 어찌 없겠는가. 지금 만일 價布를 보내지 않고 사적으로 사오라고 하면 혹 사지 못하였다고 핑계할 수도 있을 것이니, 곧 該曹를 시켜 가포를 마련하고 書狀을 만들어서 특별히 말을 주어 빨리 가서 하유하게 하라. 그리고 이것이 중국 조정에서 금하는 물건이라 할지라도 다방면으로 널리 구하여 사가지고 올 일로 아울러 하유하라.[2)]

---

1) 『중종실록』 32권, 13년 4월 26일(갑오). 『대명회전』의 내용에는 이성계가 李仁任의 후예로서 고려의 禑王·昌王을 弑害하고 왕위에 올랐다고 기록되었다. 조선은 왕실의 권위를 회복하기 위해 그 오류를 바로잡아주기를 요청하였으나 명은 그 내용을 시정해주지 않고 오히려 표전문의 내용을 문제삼는 등 조선을 제어하는 단서로 이용하였다.

2) 『중종실록』 81권, 31년 5월 10일(갑자).

2. 중국에서 貿入

동아시아의 교역은 16세기에 매우 활발하여 교역량이 증대되었다. 1520년대 말~1530년대 초반에 이르면서 공무역을 빙자한 사무역이 날로 증가하여 중국과의 무역을 주도하기 시작하였다. 중국 私商들과의 거래가 늘어나면서 교역물품에 대한 대가로 금·은의 수요도 늘어났다. 그리고 지주전호제와 국내상업의 발달로 사치풍조의 만연, 금·은의 대외유출, 밀무역의 성행 등의 문제점이 야기되었다. 1522년(중종 17)에 좌의정 남곤은 사치풍조로 국가의 금령이 지켜지지 않는 현상에 대해 다음과 같이 염려하였다.

> 國俗이 사치한 폐해가 이미 극에 이르렀으나 근래에 와서 더욱 심해졌습니다. 복식은 참람하여 상하의 판별이 없습니다. 물가는 등귀하여지고 모리배들은 몰래 銀兩을 지니고 가서 사치품을 무역하여 옵니다. 법으로 금제할 수 없는 까닭은 나라 풍속이 중국 물품을 즐겨 쓰기 때문입니다.[3]

그러자 공무역 자체를 일정기간 중단하자는 논의까지 있었다. 그리고 「唐物禁斷節目」·「婚姻奢侈禁斷節目」등의 금령을 계속 반포하였음에도, 견직물은 일반서민 층까지도 혼수품이 될 정도였다. 결국 국내 銀의 가격변동과 수요량의 증가로 사무역을 법적으로 금지시켰다. 그러한 상황에서도 중종은 산일된 서적을 수집하는 것은 치도에 관계된다는 일념으로 서적 구입에 열의를 보였다.

---

3) 『중종실록』 45권, 17년 7월 16일(경신).

산일된 서적을 購募하는 것은 治道에 관계되는 바가 크다. 그래서 역대의 제왕들이 이를 중히 여긴 것이다. 우리나라에 없는 서책뿐 아니라, 譯官에게 값을 가지고 가서 和買하게 하여도 구할 수 없다고 핑계 대므로 사가지고 오지 못하니, 진실로 하나의 欠事이다.4)

성리학적 통치이념의 기반 위에서 서적구입 의지를 천명한 것이다. 그러나 서적을 구입하는 일은 결코 쉽지 않았다. 중국 예부에 咨文을 보내도 허락이 되지 않아 책값을 가지고 간 역관이 그대로 귀국하곤 하였다. 또 필요하다고 해서 그 많은 책을 두루 구입하기도 어렵고, 중국의 금령 때문에 천문·역법·병서 등은 무입할 수 없었다. 그래서 '書冊奏請使'라는 전문 사절단을 파견하거나 통사를 지정하기도 하고, 외교문서에 능한 吏文學官을 동행하게도 하였다. 또 천문·지리·命課 류의 경우는 사신이 갈 때마다 3학 관원을 대동하도록 다음과 같이 지시하였다.

천문·지리·명과가 그리 중요한 일은 아니라 해도 천문은 그 중 긴요한 듯하다. 三學을 설립한 뜻이 어찌 우연이겠는가. 그리고 삼학에서 공부하는 책도 우리나라에서 만든 것이 아니고 중국에서 나온 것으로 유래가 오래다. 근래 공부하는 것이 정밀하지 못하여 매우 좋지 않다. 중국에 정밀하게 지어진 새 책이 없겠는가? 삼학의 관원을 종사관으로 차출하든가 혹 打角夫로 차출하여 중국에 가는 사신으로 하여금 해마다 한 사람씩 차례차례 대동하고 가게 한다면 삼학에 관계되는 책들을 거의 사들일 수 있을 것이다.5)

---

4) 『중종실록』 99권, 37년 10월 2일(무인).

5) 『중종실록』 87권, 33년 5월 19일(신묘).

또한 중국에 책값을 지불할 때는 화폐대용으로서 은이나 포를 사용하였다. 1536년(중종 31)에 『문원영화』 필사본은 은 25량으로 사왔지만, 15세기 후반부터 綿布생산이 증대됨에 따라 지불수단은 점차 면포로 바뀌었다.[6] 당시 明은 상업과 수공업이 번영하면서 각종 서적을 대량 출판하고 책의 소비량도 증가하였다. 그러한 때 책을 구입하기 위해 애썼던 일화가 있다. 중종대의 譯官인 李和宗은 『통감강목』을 사오라는 홍문관의 지시를 받았으나 중국의 금령으로 구할 수 없었다. 그러자 그는 중국 禮部에서 잔치를 베풀어준 날, "사람이 고금에 통하지 아니하면 牛馬가 옷을 입은 것과 같다"는 말로 그곳의 大堂을 감동시켜 즉시 책을 살 수 있었다고 한다.[7] 또 지중추부사 李好閔은 여비의 남은 돈으로 책을 사와 진헌하였다.

> 신이 전에 경연에 있을 적에 보건대 경연에서 講하는 책들이 모두 賊의 손을 거친 뒤라 完帙이 아니어서 경연에서 보시기에 합당치 않았습니다. 이에 신이 중국의 玉河館에 있을 적에 요긴한 책 몇 질을 널리 구해보았습니다만 市肆에는 官本이 드물었습니다. 그때 마침 어떤 자가 四書·四經과 『君臣圖鑑』등의 책을 갖고 와서 보이기에 신이 書狀官 安宗祿과 서로 의논해서 남는 노자를 모두 털어 그 책을 샀습니다.[8]

조선 사람들의 이 같은 구입 열의에 대해 중국인도 다음과 같이 놀라워하였다.

---

6) 宋在璇, 1985, 「16세기 면포의 화폐기능」, 『변태섭박사 화갑기념사학논총』, 삼영사, 390~391쪽.

7) 『增補文獻備考』 242권, 예문고1 역대서적.

8) 『선조실록』 126권, 33년 6월 7일(무인).

姜紹書의 『韻石齋筆談』에 이르기를, 조선 사람들은 가장 책을 좋아하여 무릇 사신이 올 때에는 50~60명이 한하여 와서 혹은 舊傳 혹은 新書 혹은 패관소설 등 저들의 책에서 빠진 것이 있으면 市中에 나아가 書目을 적어서 사람들에게 두루 물어 비싼 값을 아끼지 아니하고 사가지고 돌아가기 때문에 도리어 저들의 나라에 異書의 藏本이 있다.[9]

1) 연산군대

〈표 2〉 연산군대 서적구입

연산군대 구입하려 한 서적			연산군대 구입한 서적		
연도	월	서명	연도	월	서명
1497/ 연산군 3	7	홍문관에서 유실된 『吳越春秋』·『南北史』·『三國志』			
1506/ 연산군12	4	『전등신화』·『剪燈餘話』·『孝顰集』·『嬌紅記』·『西廂記』			
	8	『聯芳集』·『香臺集』·『游藝錄』·『麗情集』			

연산군대에는 경연도 폐하고 언로도 막으면서 한글서적을 불태웠다. 그리고 讀書 禁止令·대내에 소장된 書冊의 出外 등의 조치로 인해 15세기에 이룩해온 서적문화를 피폐시켰다. 1507년(중종 2)에 대사간 姜景敍가 올린 글에 그때의 사정이 잘 나타난다.

연산군 때에는 문예를 천시하여 학교를 폐하여 놀이터를 만들고 유생을 시켜 輦을 메게 하니 책을 읽는 선비가 백에 하나도 없어 文風이 무너지고 어지러워져 말로 형언할 수 없었습니다.[10]

---

9) 『증보문헌비고』 242권, 예문고1 역대서적.

10) 『중종실록』 3권, 2년 6월 10일(임오).

이로 보아 당시 서적에 대한 경시풍조가 만연하였으리라는 것을 쉽게 짐작할 수 있다. 그러한 분위기에서 『남북사』 등의 역사서를 구입하려던 계획은 『전등신화』같은 문학서로 바뀌었다. 소설류가 저속하고 외설적이라고 지탄받았지만 궁중에서 관심을 가지게 된 것이다. 그러나 구입한 기록이 실록에 보이지 않으니, 서적사업은 사화의 후유증으로 그만큼 위축된 것이다.

2) 중종대

〈표 3〉 중종대 서적구입

<table>
<tr><th colspan="3">중종대 구입하려 한 서적</th><th colspan="4">중종대 구입한 서적</th></tr>
<tr><th>연도</th><th>월</th><th>서명</th><th>연도</th><th>월</th><th>서명</th><th>구입자</th></tr>
<tr><td>1509/
중종 4</td><td>9</td><td>『궐리지』 8권</td><td rowspan="4">1518/
중종13</td><td>4</td><td>『大明會典』</td><td>正朝使</td></tr>
<tr><td>1510/
중종 5</td><td>9</td><td>홍문관에 소장된 책중 결본이면서 긴요한 것</td><td>9</td><td>『通鑑纂要』</td><td>동지중추부사
許硡</td></tr>
<tr><td>1511/
중종 6</td><td>4</td><td>산일된 책들</td><td>11</td><td>『語孟或問』·『家禮儀節』·『傳道粹言』·『張子語錄』·『經學理窟』·『延平答問』·『胡子知言』·『古表精粹』</td><td>공조판서
金安國</td></tr>
<tr><td>1514/
중종 9</td><td>12</td><td>존경각 화재로 소각된 책들을 간행하면서 빠진 것</td><td>?</td><td>『朱子大全』·『朱子語類』·『伊洛淵源(錄)』</td><td>김안국</td></tr>
<tr><td rowspan="5">1515/
중종10</td><td rowspan="5">11</td><td rowspan="5">『朱文公集』·『資治通鑑』·『胡三省註』·『朱子語類』·『南史』·『北史』·『隋書』·『三國志』·『國語』·『戰國策』·『梁書』·『遼史』·『金史』·『伊洛淵源』·『歐陽公集』·『眞西山讀書記』·『五代史』·『元史』 등</td><td>1521/
중종16</td><td>1</td><td>『聖學心法』</td><td>주청사
질정관
崔世珍</td></tr>
<tr><td>1522/
중종17</td><td>11</td><td>『皇明政要』</td><td>동지중추부사
尹希仁</td></tr>
<tr><td>1526/
중종21</td><td>4</td><td>『大禮纂要』</td><td>사신</td></tr>
<tr><td>1528/
중종23</td><td>3</td><td>『縉紳一覽』</td><td>정조사
洪景霖</td></tr>
<tr><td>1530/
중종25</td><td>12</td><td>『皇極經世書集覽』</td><td>僉知中樞府事
최세진</td></tr>
</table>

			1533/중종28	2	新刊本『縉紳一覽』	동지사 尹殷弼
			1536/중종31	11	『扈蹕錄』 1부·중국왕의 어제시 1부·『文苑英華』	聖節使 宋璘
1523/중종18	7	韓愈·柳宗元의 문장, 이백·두보·소식·黃庭堅의 시 인출하면서 부족한 것	1539/중종34	9	『皇明政要』·『遼東志』 6권	공조참판 鄭順朋
				5	『大儒大奏議』 2권·『皇極經世書說』 12권	副護軍 최세진
			1541/중종36	6	『京城(南京)圖志』·『女孝經』 각 1책과 「遼東地圖」	동지중추부사 최세진
1528/중종23	10	『宣名嘉靖政要』	1542/중종37	5	『춘추집해』 12책·『大明律讀法』 6책·『大明律直引』 4책·『呂氏讀書記』 10책·『古文關鍵』 2책·『皇極經世書說』 12책·『易經集說』 14책·『止齋集』 8책·『象山集』 6책·『赤城論諫錄』 2책·『古文苑』 2책·『焦氏易林』 2책·『杜詩集解』 4책·『山海關志』 2책·『顔氏家訓』 2책	예조판서 김안국
1536/중종31	5	「천하지도」				
1538/중종33	5	천문·지리·命課學의 新書 등				
1541/중종36	6	국내에 없는 서적	1544/중종39	5	『豳風七月圖』등	호조참의 李名珪

(1) 1515년(중종 10) 이후

산실된 서적을 보완하고 낙후된 문화를 회복하기 위해 중종대에는 서적구입에 많은 노력을 기울였다. 먼저 1515년(중종 10)에 홍문관 부제학 金謹思는 차자에서, 해이해진 풍조를 걱정하며 서적수집의 중요성을 인식하도록 촉구하였다.

> 사신의 행차가 한 해에 두 번씩이나 다녀와도 內帑의 물건은 엄하게 독촉해 바치게 하고 서적에 대해서는 여사로 생각하여 부지런히 구해들이지 않으니, 이것이 어찌 물건은 귀하게 여기고 서적은 천하게 여기는

것이 아니겠습니까?[11)]

이를 계기로 서적구입 활동은 연산군대의 소강상태를 지나 다시금 활기를 띠었다. 金安國은 1518년(중종 13)에 『주자대전』·『주자어류』·『가례의절』 등의 11종과, 1542년(중종 37)에 『춘추집해』 등의 15종을, 崔世珍은 1521년(중종 16)·1530년(중종 25)·1539년(중종 34)·1541년 4차례에 걸쳐 『성학심법』등의 7종을 구입하였다. 실제로는 더 많은 양을 들여왔을 것으로 짐작되나 기묘사화 이후에 구입활동은 자연 위축되었다. 『고표정수』는 외교문서의 하나인 表文 참고용으로, 『가례의절』은 『주자가례』의 羽翼으로, 성리학적 기반 위에서 예제 운영에 참고된 책이다. 『황극경세서집람』은 『황극경세서』의 참고서로서 난해한 『성리대전』 해석에 도움을 주었다. 또한 『가례의절』·『전도수언』·『장자어록』·『경학이굴』·『연평답문』·『호자지언』·『주자대전』·『주자어류』·『이락연원록』 등은 주자성리학 관련서로서, 중종 10년대 기묘사림들이 주자의 도학정치를 실현하려던 활동분위기와 밀접한 관계가 있다. 바로 그러한 의도가 공조판서 김안국의 말에서 잘 나타난다.

> 신이 북경에 이르러서 스스로 생각하기를 성상께서 성리학에 마음을 두시고 大夫나 선비들도 향방을 알고 있으므로 濂·洛 諸儒들의 全書 및 다른 格言이나 至論을 얻어 강습에 도움이 되게 하려 하였습니다. …… 다 聖學에 要切하므로 감히 상진합니다.[12)]

11) 『중종실록』 23권, 10년 11월 2일(갑신).

12) 『중종실록』 34권, 13년 11월 22일(무오). 金安國(慕齋, 1478/성종9~1543/중종38)은 성리학적 통치이념과 향촌사회의 질서수립에 힘썼다. 1519년(중종 14)에 기묘사화로 파직되었다가 1538년(중종 33)에 다시 기용되어 공조·병조·예조판

김안국은 『주자대전』·『주자어류』·『이락연원록』 등의 주자서를 사들여 오면서 그 구입할 때의 기쁨을 "光風 霽月 그득히 실었으니 동으로 가면 마음에 묵계할 이 있으리"라고 노래하였다.[13] 1518년(중종 13)에 들여온 이 『주자대전』은 중국에서 간행(1189)된 지 300년이 지나서 구입한 것으로, 1543년(중종 38)에 조선에서 간행하게 된다. 그러므로 조선초에 중국에서

서·대제학 등을 역임하면서 堤堰의 축조, 漕倉의 건립, 苔紙의 제조, 상평창제의 활용 등 현실적인 방안도 모색하였다. 그가 서적정책에 관여한 일은 다음과 같다.

1. 서적 출판에 관한 것
1517년(중종 12) 경상도관찰사로서 『소학』을 권장하며 『여씨향약』·『正俗』·『辟瘟方』·『瘡疹方』, 농서와 잠서 등의 언해서 간행, 『이륜행실도』 편간

2. 서적 구입에 관한 것
① 1518년(중종 13) : 중국에서 구입한 서적을 간행 요청

중국에서 구입한 서적 (1518)	주제	내용
『語孟或問』·『朱子大全』·『朱子語類』·『伊洛淵源』	주자	『논어혹문』·『맹자혹문』
『傳道粹言』·『張子語錄』·『經學理窟』·『延平答問』·『胡子知言』·『古表精粹』	주자	二程(程顥·程頤)의 저술
『家禮儀節』	주자	丘濬이 보완한 것으로 『주자가례』의 羽翼

② 1539년(중종 34) : 경상도민가에서 찾은 『玉曆通政經』을 진헌하며, 간행하여 관상감에 비치 참고할 것 건의
③ 1541년(중종 36) : 대제학·병조판서로서 중국에서 「구입할 서책목록」 작성에 참여
④ 1542년(중종 37) : 예조판서로서 중국에서 구입한 서적을 간행 요청

중국에서 구입한 서적 (1542)			
『春秋集解』12책	『大明律讀法』6책	『大明律直引』4책	『呂氏讀書記』10책
『古文關鍵』2책	『皇極經世書說』12책	『焦氏易林』2책	『古文苑』2책
『山海關志』2책	『易經集說』14책	『止齋集』8책	『象山集』6책
『赤城論諫錄』2책	『顏氏家訓』2책	『杜詩集解』4책	

그는 이 제안을 제시한 그 다음 해에 65세를 일기로 세상을 떠난다.

13) 『선조실록』 8권, 7년 4월 23일(정묘).

간행된 지 4년 만에 기증받아 바로 간행한 『성리대전』·『사서오경대전』과 대조된다.

한편 최세진이 들여온 『성학심법』은 명의 영락제가 心學의 영향을 받는 가운데 군주(聖學)의 주도권을 옹호하기 위해 편찬한 것이다.[14] 그러므로 사림들이 중시하던 『小學』·『近思錄』이 기묘사화의 여파로 군주권을 높이는, 군주의 주도적 성격이 강한 책으로 바뀐 것이다.

(2) 1541년(중종 36)의 「구입할 書冊目錄」 이후

기묘사화 이후 중앙에 재등용되기 시작한 사림들은 중국에서 필요한 서적을 구입하기 위해 구체적인 대안을 마련하였다. 먼저 1541년(중종 36)에는 통사를 지정하여 구입하는 방법부터 의논하였다.

> 서책을 많이 사겠다는 뜻으로 禮部에 呈文하면 우리나라에 없는 책을 많이 얻어올 수 있을 것이다. 그리고 예부가 정문을 통하여 황제에게 주달해도 좋은 계기가 될 것이다. …… 일을 잘 아는 통사 한 사람을 정하여 사오게 하는 것이 어떻겠는가를 아울러 의논하라.[15]

그리고 좌의정 洪彦弼의 의견에 따라 서적목록을 선정하고 '書冊奏請使'를 보내도록 하였다.

> 서적의 무역을 주청하는 일은 治道에 관계된 것인데 요긴한 서책은 중국에서 반포해 주지 않은 지가 오랩니다. 또 우리의 주청을 황제가

14) 정재훈, 2005, 『조선전기 유교정치사상연구』, 태학사, 383쪽.

15) 『중종실록』 95권, 36년 6월 22일(정축).

들어주더라도 한 번쯤은 되겠지만 계속될 수는 없을 것입니다. 그러니 꼭 필요한 서책을 抄하여 주청하는 것이 어떻겠습니까?[16)]

즉 책값을 고려하며 우선 긴요한 것을 구입하거나 목록만을 입수하여 점차 貿入하도록 한 것이다. 이때 중종은 대제학 김안국으로 하여금 「구입할 서책목록」을 뽑아 동지사 사행에 보내도록 하였다. 이에 홍문관에서는 구입목록의 초안을 작성하고 중종 자신도 목록을 선정하였다. 병조판서 김안국은 목록선정 작업을 끝내고 다음과 같이 보고하였다.

藏書閣 東西 文武樓의 서책 중에서 역대 서책을 상고하여 보니, 우리나라에 없는 것이 매우 많았으므로 역대 서책을 많이 抄啓합니다. 그러나 일시에 모두를 구입하기는 어려우니, 행차 때마다 價物을 헤아려 주어서 보는 대로 구입하는 것이 타당할 것 같습니다. 禮部에 移咨하여 구입하기를 요청하면 의당 經學과 理書 위주로 할 것이므로, 實學쪽의 책을 많이 뽑았습니다. 제자백가는 모두 뽑지 않을 수 없으므로 名家만 뽑았고 또 잡서·의약·卜筮·천문·지리도 뽑지 않을 수 없으므로 목록이 이와 같이 많습니다. 元과 明의 서책은 全史와 諸集 가운데서 뽑아 적었으나 다만 소루한 점이 없지 않을까 염려됩니다.[17)]

여기서 「구입할 서책목록」 내용의 요지는 다음과 같다.

① ㉮ 주로 실학에 관한 것, ㉯ 제자백가의 것은 유명한 것(공자·노자·맹자·장자 등의 儒家, 道家, 음양家 등) ㉰ 의약·천문·점술·풍수에 관한 것 ㉱ 元·明에 관한 것은 全史와 문집 중에서 선별한 것 ㉲ 장서각의

16) 『중종실록』 95권, 36년 7월 2일(병술).

17) 『중종실록』 96권, 36년 8월 27일(경진).

落帙本을 구입하되,

② 천문·역법·병법에 관한 것은 중국에서 금하는 것이므로 별도로 작성하고,

③ 왕이 작성한 목록 중 국내에 이미 있는 것은 제외하였다.[18]

이에 중종은 ① 먼저 구입할 책을 홍문관에서 선정한 후 왕의 재가를 받고 ② 낙질된 책은 권수를 조사하여 서명 밑에 기록하고 ③ 중국에서 금하는 천문·역서·병서 등은 通事를 시켜 보는 대로 구입하도록 지시하였다. 이 목록을 선정하는데 있어서 특징은 구입할 서적의 종류를 먼저 선정하고, 구입방법을 구체적으로 제시한 점이다. 그리고 목록의 내용이 조선초기의 詞章중심에서 實學중심으로 바뀌고, 의학·천문·지리 등의 서적도 포함되어 국정 방향의 다양성이 보인다는 점이다. 그러나 목록의 자세한 내용이 현재 전하지 않아 아쉽다. 이 목록은 1차로 그 해 9월 동지사 許磁의 사행에 보내지나, 명나라 예부의 허락을 받지 못하였다.

예조판서 김안국은 그 다음 해인 1542년에도 자신이 중국에서 구입한 책들을 진상하면서 인쇄하여 보급하기를 청하였다.[19] 이 속에는 경전주석

---

18) 그 외의 보고 내용을 정리하면 다음과 같다.

1. 우선적으로 구입할 목록 선정의 순서 : 왕 또는 홍문관 중 누가 먼저 할 것인지?
2. 장서각의 落帙을 처리하는 방법 : 장서각의 落帙된 책 권수는 홍문관이 조사한 후 구입할 것인지?
3. 왕이 선정한 목록 중에서 제외시킬 것

① 『李翰林集』은 『太白集』으로 이미 간행하여 반포
② 『諸葛忠候傳』은 이미 경상도에서 간행하였고
③ 『諸葛忠武錄』·『救荒活民書』는 이미 구입
④ 『皇朝名臣奏議』·『孝行錄』·『仕途必用』은 홍문관에 이미 소장.

19) 『慕齋集』 9권, 議「赴京使臣收買書冊印頒議」; 『중종실록』 98권, 37년 5월 7일(정해). 김안국은 여기서 『춘추집해』·『대명률독법』·『대명률직인』순으로 먼저 인출

서·법률서·治道書·시문집·지리지 등이 다음과 같이 포함되었다.

〈표 4〉 김안국이 중국에서 구입한 서적

서명	인출요청부수	주제	내용
『春秋集解』 12책	다수	유학	명대의 저술로 경서를 정밀히 해석한 것
『大明律讀法』 6책 『大明律直引』 4책	다수	법전	律文 적용에 참고되어 법집행에 필요
『呂氏讀書記』 10책	다수	주자	주자의 『詩集傳』과 차이 있지만, 주자의 集傳해석에 도움
『古文關鍵』 2책	다수	문학	『古文眞寶』·『文章軌範』과 같이 古今의 글을 批註한 것
『皇極經世書說』 12책	다수	성리	『皇極經世書』 중 성리학에 관한 것을 해설
『焦氏易林』 2책	5, 6부	유학	주역의 筮占에 쓰이는 것으로 易占에 관계
『古文苑』 2책	5, 6부	문학	文翰에 관계된 글
『山海關志』 2책	2, 3부	지리	조공왕래하는 산해관의 산세·산천·도로에 대한 내용
『易經集說』 14책		유학	『역경』 공부에 도움되는 과거용 참고서
『止齋集』 8책		문집	이론과 문장에 도움되는 송대 陳傅良의 저서
『象山集』 6책		문집	심성의 학을 밝히는 데 도움되는 송대 陸九淵의 저서
『赤城論諫錄』 2책		치도	명대 명현들의 『論諫疏奏』등을 수집
『顔氏家訓』 2책		치도	주자의 『소학』에 많이 인용된 자녀교훈서
『杜詩集解』 4책		문학	우리나라에도 많이 있어 간행할 필요가 없다.

그 가운데 『산해관지』는 조공을 위해 조선후기까지 널리 통용된 지리지이고, 『안씨가훈』은 『여씨향약』의 시행과 관련된 것으로 보인다. 그런데 주자와 노선이 다른 인물의 문집과 주역의 점괘에 관련된 것이 있어 특이하다. 즉 陸王學派(心學派)로 불리는 陸九淵의 『象山集』이나, 남송의 事功派에 속하는 陳傅良의 『止齋集』이 포함된 것이다. 『상산집』은 중종대

하기를 건의하였다. 그리고 여러 책들에 訛字가 매우 많으므로 홍문관에서 교정한 후 교서관에서 인쇄하여 문무루·홍문관·시강원·성균관·의정부 등에 분장하기를 청하였다. 그런데 『고문관건』은 紙數가 적어 私印하는 사람이 많을 것이므로 자연 廣布될 것이라고 예측하였다.

의 심학화와 관련되나[20] 『지재집』은 주자와 다르게 사회·정치적 문제, 즉 국가정책에 대한 관심에서 비롯된 것이어서 주목된다.

주자성리서를 이처럼 다시 구입한 것은 사림들이 정계에 재진출하던 중종 30년(1535)대 이후의 일이다. 성리학적 분위기를 회복시키려는 노력이 다시금 시도된 것이다. 여기서 같은 시대를 산 두 인물, 김안국과 최세진이 중국으로부터 구입한 서적을 다음의 <표 5>에서 비교해보면 공통점이 있다. 김안국은 공조·예조판서로, 최세진은 주청사질정관·검지중추부사·동지중추부사로 직접 중국에서 서적을 구입하였다. 그 책들 속에는 교훈서·지리지·지도·시문집 등도 있지만, 그 시대의 통치이념을 주도하던 주자성리서가 주류를 이룬다.

〈표 5〉 동시대를 산 2인물(김안국 · 최세진)이 중국으로부터 직접 구입한 서적

<table>
<tr><th colspan="2">김안국이 구입한 서적(1518~1542)</th><th colspan="2">최세진이 구입한 서적(1521~1541)</th></tr>
<tr><td rowspan="2">1518/중종13
공조판서</td><td rowspan="2">『語孟或問』·『家禮儀節』·『傳道粹言』·『張子語錄』·『經學理窟』·『延平答問』·『胡子知言』·『古表精粹』·『朱子大全』·『朱子語類』·『伊洛淵源』</td><td>1521/중종16
奏請使質正官</td><td>『聖學心法』</td></tr>
<tr><td>1530/중종25
僉知中樞府事</td><td>『皇極經世書集覽』</td></tr>
<tr><td rowspan="2">1542/중종37
예조판서</td><td rowspan="2">『春秋集解』·『大明律讀法』·『大明律直引』·『呂氏讀書記』·『古文關鍵』·『皇極經世書說』·『易經集說』·『止齋集』·『象山集』·『赤城論諫錄』·『古文苑』·『焦氏易林』·『杜詩集解』·『山海關志』·『顏氏家訓』</td><td>1539/중종34
副護軍</td><td>『大儒大奏議』·
『皇極經世書說』</td></tr>
<tr><td>1541/중종36
同知中樞府事</td><td>『京城(南京)圖志』·『女孝經』·
「遼東地圖」</td></tr>
</table>

그 중에서 김안국이 구입한 서적들을 시기 별로 구분해보면 다음과 같은 변화가 보인다. 1518년(중종 13)의 경우에는 기묘사화를 겪기 이전으

20) 정재훈, 2005, 『조선전기 유교정치사상연구』, 태학사, 384쪽.

로 목록 내용이 오직 주자성리서에 국한된 감이 있다. 이에 비해 1541년(중종 36)의 「구입할 서책목록」이나 1542년의 구입 내용은 사뭇 다양하기까지 하다. 김안국은 1541년에 자신이 선정한 「구입할 서책목록」을 보고하는 자리에서 "禮部에 移咨하여 구입하기를 요청하면 의당 경학과 理書 위주로 할 것이므로, 實學쪽의 책을 많이 뽑았습니다."라고 하였다.[21] 그는 관직생활 동안 성리학의 이념적인 원리에만 집착하지 않고, 농업·의학 등 실생활에 관련되는 분야에 많은 관심을 가졌다.[22] 예를 들면 경상도관찰사로 있던 1517년(중종 12)에 『소학』을 권장하면서 堤堰의 축조, 농·잠서와 『벽온방』·『창진방』·『여씨향약』·『이륜행실도』 등의 의약·교훈서를 언해 간행하였다. 그리고 1541년 병조판서로 재임할 때도 苔紙를 제조하는 등, 민생을 위한 실용적인 방책을 모색하던 개혁적인 인물이었다. 그러므로 성리학 위주로만 치닫던 시기에 그의 이러한 융통성은 국가의 서적정책으로 연결되어 통치문화를 균형있게 조성하는 데 기여할 수 있었다.

3) 명종대

〈표 6〉 명종대 서적구입

명종대 구입하려 한 서적			명종대 구입한 서적			
연도	월	서명	연도	월	서명	구입자
1554/명종 9	7	의례에 속한 경전	1546/명종 1	3	『地理新書』	使臣
			1547/명종 2	4	『綱目前編』·『續綱目』·『發明廣義』·『武經總要』	동부승지 丁應斗
			1551/명종 6	3	『異端辨正』 1부	동지중추부사 申瑛
			1554/명종 9	7	『聖學格物通』	사신

21) 『중종실록』 96권, 36년 8월 27일(경진).

22) 李秉烋, 1990, 「慕齋 김안국과 개혁정치」, 『벽사이우성교수정년퇴임기념논총 민족사의 전개와 그 문화』上, 창작과 비평사, 518쪽.

명종대에 구입한 책들은 進講用인 『성학격물통』, 역사서인 『강목전편』·『속강목』, 병서인 『무경총요』, 풍수지리서인 『지리신서』, 불교와 육상산의 학문을 배격한 『이단변정』 등이다. 『무경총요』에는 화약에 관한 내용이 있어 을묘왜변 등의 변란에 활용되었을 것으로 짐작된다. 그리고 『이단변정』은 성리학적 측면에서 이단에 속하는 학설을 비판한 것이므로 당시의 정황과 깊은 관련을 갖는다. 普雨를 내세우며 불교를 비호하던 文定王后의 정책에 대해 유생들의 성토가 있던 1551년(명종 6), 동지중추부사 申瑛은 중국에서 가져온 『이단변정』을 바쳤다.

> 신이 중국에서 돌아와 들으니 온 조정이 兩宗(禪敎 兩宗)을 다시 세울 수 없다는 일을 가지고 여러 날 대궐 뜰에 엎드려 있어도 끝내 윤허를 받지 못하여 인심이 민망하고 답답해 한다고 합니다. …… 만약 이러한 때 正道를 높이고 世敎를 부지하는 조처가 中外에 분명히 제시되지 않는다면 백성들의 의혹을 무엇으로써 풀며 인심의 답답함을 무엇으로써 펴며, 꺾여진 사기를 무엇으로써 진작시키겠습니까. 신이 중국에서 구한 이 책은 …… 吾道를 보위하고 邪說을 비판하는 선현들의 格言을 빠짐없이 모았으며 조목마다 반드시 자신의 의견을 붙였는데 그 입론이 매우 간절하고 분명하여 세상 선비들이 보기 드문 논설이 또한 많습니다.[23)]

불교와 성리학 사이의 긴장관계가 팽팽하던 때, 사림들이 성리학적 이념으로 정국을 주도하려던 의도가 반영된 것이다. 이러한 분위기에서 예조는 1554년(명종 9)에 서적구입에 대한 방안을 다시 제시하였다.

---

23) 『명종실록』 11권, 6년 3월 16일(갑진).

만일 이번에 값을 넉넉히 주어 보낸다면, 홍문관이 뽑은 모든 서책을 다 사지는 못하더라도 그 중에 긴요한 것을 가려서 사게 될 것이고, 모든 서책의 목록을 빠짐없이 謄書해온다면 서서히 우리나라에 있는 것인지를 살펴보고서, 전후로 사신이 갈 적에 값을 주어 보내 점차로 사오는 것이 편리합니다. 비록 그 집에 소장한 서책이 아니더라도 만일 價布가 넉넉하다면, 一路와 북경에서도 널리 구입할 수 있기 때문에 다시 취품합니다.[24]

郭經 家의 소장 목록에 의거해 보유 여부를 조사한 후, 요긴한 것부터 구입하자는 것이다. 즉 ① 충분한 책값 준비 ② 목록 선정(홍문관) ③ 서적의 긴요성 ④ 중국에서의 목록 구입 ⑤ 국내의 소장여부 확인 ⑥ 지속적인 매입 등을 중시한 내용이다. 그러나 이러한 구입방안은 계획에 머문 채 별다른 성과를 내지 못하였다.

4) 선조대

1576년(선조 9) 홍문관에서는 다음과 같이 서적 구입하기를 요청하였다.

本館은 바로 서적의 淵藪이니 마땅히 저장하지 않은 바가 없어 참고에 대비해야 함에도 講學에 관계되고 世務에 관계되는 右件의 책들이 없고 『南軒集』도 落板되어 마땅히 完本을 얻어 인출해야겠으니 청컨대 該司에게 명하여 이번에 赴京하는 통사로 하여금 사오게 하되 서장관으로 하여금 각별히 살펴 태만하거나 소홀함이 없게 하도록 하소서. 그리고 이밖에도 학문과 치도에 관련이 있는 책은 모두 사오게 하심이 어떻습니까?[25]

24) 『명종실록』 17권, 9년 7월 12일(경술).

〈표 7〉 선조대 서적구입

선조대 구입하려 한 서적				선조대 구입한 서적			
연도	월	서명	구입자	연도	월	서명	구입자
1576/ 선조 9	8	『南軒先生集』·『黃勉齋文集』·『五代史』·『涑水記聞』·『三家禮範』·『司馬公書儀』·『高氏送終禮』·『孫氏家兒編』·『孤樹裒談』·『今獻彙語』·『灼艾集』·『展閣詞林記』·『皇明名臣錄』·『皇明文衡』·『皇明經濟錄』·『皇明鴻猷記』·『桂洲奏議』·『南官注議』·『九邊圖論』·『南村輟耕錄』·『經書疑難』	홍문관 요청	1572/ 선조 5	9	『文苑英華』100권·『儀禮經傳(通解)』4권·『儀禮經傳通解續』 3권·『濂溪周元公集』 5권·『敬軒先生集』 8권·『圭峰集』 6권·『類博藁』 4권·『經禮補逸』 1권·『李文公文集』 2권 ·『東郭文集』 3권·『夷堅志』 3권·『근사록』 6권·『羅一峰集』 2권·『胡子知言』 1권·『定山先生集』 5권·『楊文懿公詩選』 4권·『交泰錄』 4권·『崆峒集』·『薛文淸(公集)』 1권·『소학』 2권·『陳北溪字義』 2권	사은사
1593/ 선조26	9	『기효신서』		1584/ 선조17		『精忠錄』 1질	역관
				1600/ 선조33	6	『시경』·『서경』·『역경』·『예기』·『논어』·『맹자』·『중용』·『대학』·『中庸或問』·『大學或問』·『君臣圖鑑』등 총 75책	지중추부사 李好閔

이때 청한 책들은 『南軒先生集』·『黃勉齋文集』·『五代史』·『三家禮範』·『司馬公書儀』 등이나 들여오지는 못한 것으로 보인다. 단지 선조대에 구입한 서적 중에는 『의례경전통해』·『의례경전통해속』·『문원영화』 등이 있어 주목된다. 『의례경전통해』·『의례경전통해속』은 조선초기에 예제를 제정하는 과정에서, 그리고 16세기 후반에 理氣心性論 등 주자성리학에 대한 이론적 연구를 본격화하면서 의례 참고서로서 매우 중시되었다. 이황은 홍문관에서 『의례경전통해』를 발견하고 교서관에서 印頒하기를 청한 적이 있는데, 『의례경전통해』는 1569년(선조 2)에, 『의례경전통해속』

25) 柳希春, 『眉巖日記草』(경성 : 조선사편수회, 1936~1938), 1990, 潭陽文化院, 병자(1576/선조 9) 8월 14일.

은 1571년에 간행되었다.[26] 역관이 가져온 『정충록』은 충절에 대한 것으로, 그 다음해 『岳王精忠錄』으로 출간하였다.

제2절 국내에서 수집

중국으로부터 서적을 구입하는 데는 어려움이 있어, 국내에서도 그 부족분을 수집하려고 노력하였다. 국내에서 수집하는 방법은 조선초기와 마찬가지로 ① 지방관청이나 관리가 편간 또는 수집한 것을 진헌하는 것 ② 개인이 소장한 것을 기증하는 것 ③ 개인소유의 것을 국가가 보상하고 매입하는 것 등이 있다.

1) 연산군대

〈표 8〉 연산군대 서적수집

연산군대 수집하려 한 서적		연산군대 수집한 서적	
연도	서명	연도	서명
1502/연산군 8	『삼조보훈』		
1504/연산군10	민간이 소지한 「天圖」		

1500년(연산군 6)에 영의정 韓致亨은 「弘文館員 勸奬節目」을 논의하는 자리에서 다음과 같이 서적수집의 중요성을 피력하였다.

典籍은 국가에 관계되는 바가 큰 것입니다. 한나라 高祖는 秦나라의 전적을 거둬들여 천하를 평정하였고, …… 역대의 임금들이 모두 서적을

26) 『미암일기초』 기사(1569/선조 2) 8월 11일 ; 동 신미(1571/선조 4) 5월 10일.

> 소중하게 여긴 것은 국가의 규모·제도·筌鏞·治道가 서적이 아니면 의뢰할 데가 없기 때문입니다. …… 지금은 서적이 홍문관에 있습니다. 그러나 세월이 오래되었고 옮기거나 열람할 즈음에 혹시 파손되고 산실되어 옛날과 같이 완전하지 못한지 염려됩니다. 청컨대 대신을 시켜 다시 고열하게 하되, 역대의 고사에 의거하여 없어진 것은 구입하고 파손된 것은 손질하여 엄중하고 조심스럽게 보관하여 그 시대의 전적을 온전하게 하소서.[27]

중국과 先代에 있던 서적정책을 상기시키면서 서적의 효율적인 구입 및 관리를 촉구한 것이다. 그러나 연산군은 경회루에 萬歲山을 만들고 경연도 폐하고 사간원을 없애면서 언로도 막았다. 또 한글서적을 불태워 버리는 등 先代에 이룩해온 서적문화를 피폐케 하였다.

2) 중종대

〈표 9〉 중종대 서적수집

<table>
<tr><th colspan="2">중종대 수집하려 한 서적</th><th colspan="3">중종대 수집한 서적</th></tr>
<tr><th>연도</th><th>서명</th><th>연도</th><th>서명</th><th>수집자(처)</th></tr>
<tr><td rowspan="3">1511/
중종 6</td><td>산일된 서적</td><td rowspan="2">1507/
중종 2</td><td rowspan="2">『稽考錄』</td><td rowspan="2">홍문관典翰 崔淑生</td></tr>
<tr><td>『名臣言行錄』</td></tr>
<tr><td>『明皇誡鑑』</td><td>1512/
중종 7</td><td>『東人詩集』·『四佳集』·『保閑齋集』·『樗軒集』·『太虛亭集』·『陽村集』·『稼亭集』·『及菴集』·『雪谷集』·『靄亭集』·『惕若齋集』·『關東瓦注』·『柳巷集』·『義谷集』·『復齋集』·『益齋亂藁』·『圓齋集』·『栗亭集』·『李相國集』·『獨谷集』·『春亭集』·『雙梅堂集』·『桂苑筆耕』·『牧隱集』·『拭疣集』·『陶隱集』·『晋山世藁』</td><td>홍문관
소장서</td></tr>
</table>

27) 『연산군실록』 39권, 6년 9월 26일(정축).

1519/ 중종14	『大明輿地圖』	1519/ 중종14	『고금열녀전』	主簿 李琬
1521/ 중종16	大·小字 『효경』			
1526/ 중종21	懸吐 『대학연의』	1538/ 중종33	『皇明一統地理圖』	海陽君 尹熙平의 家藏書
1542/ 중종37	전국에 흩어져 있는 책	1539/ 중종34	『玉曆通政經』	김안국 : 경상도民家

(1) 1515년(중종 10)의 진흥방안

중종대 초기에 사림들은 학문경향을 사장학 중심에서 도학 중심으로 전환하면서, 치도의 수단으로 서적을 활용하였다. 1515년(중종 10)에 홍문관 부제학 金謹思는 침체된 서적정책을 일으키려고 차자를 올렸다. 그 내용은 서적정책의 귀감이 된 세종대와 달리, 세월이 흐르면서 그리고 연산군대의 실정을 겪으면서 서적들이 산실되었다는 것이다. 불행히도 그 전 해인 1514년에는 존경각에 화재까지 일어나 장서들을 모두 불태운 상태였다. 그러므로 그는 각 도의 규모에 따라 목판을 새기고 누구나 인쇄할 수 있도록 하자고 청하였다.

> 없어지거나 잃어버린 뒤에는 다시 얻기 어려우니, 다 인쇄하여 중외에 널리 반포하고, 또 무릇 드문 책은 각도로 하여금 그 힘이 크고 작음을 헤아려서 木本을 새겨서 사람마다 인쇄해 갈 수 있게 하는 것이 어떠합니까?[28]

기존의 수집방법에서 한 걸음 나아가 자유로운 인출을 통해 원활한

28) 『중종실록』 23권, 10년 11월 2일(갑신).

유통단계로 이끌어 내자는 제안이다. 이에 중종은 출판체제를 재구축하도록 다음과 같은 방책을 지시하였다.

> 근일에 인쇄한 책은 다 세종조의 것보다 못하니, 내가 늘 한탄하는 바이다. 빠진 서적을 구하는 것은 참으로 治道에 관계가 있으니, 사들이도록 하라. 교서하는 관원이 인쇄의 감독을 정하게 하지 않았으니, 또한 推治하여야 한다. 아뢴 책들은 많이 박아내야 하고, 사사로 간직한 책도 찾아서 박아내야 한다. 그러나 교서관을 시켜서 인쇄를 감독하게 하면 또 전과 같을 것이니, 도감을 따로 설치하여 정하게 박아서 반포하라. 또 드문 책도 外方으로 하여금 짐작해 정해서 板을 새기고 박아서 반포하게 하라.[29]

즉 결본의 구입, 철저한 인쇄 감독, 요청 도서의 다량인쇄, 민간소장본의 인쇄, 주자도감의 설치, 희귀서의 인출반포 등을 명한 것이다. 이어서 중종은 예조를 통해 다음의 내용도 하달하였다.

> 서적은 治道가 담겨있는 바요, 역대에 중하게 여겨진 바이다. 漢나라의 天祿閣·石渠閣과 당나라의 秘書閣·四庫에는 서적이며 무엇이고 널리 수집하여서 일대의 寶藏으로 삼았는데, …… 우리나라는 祖宗 이래 대대로 儒術을 숭상하여 經經賢傳 및 史·子·集으로부터 빠지고 잃어버린 경서에 이르기까지 무엇이고 다 수집하여 內府에 비장할뿐더러 항간에도 널리 반포하였었는데, 얼마 전에 나라의 운수가 중간에서

29) 『중종실록』 23권, 10년 11월 2일(갑신). 이때 김근사는 『주문공집』·『호삼성주자치통감』·『주자어류』·『이락연원록』·『진서산독서기』 등이 홍문관에만 하나씩 있고, 『이정전서』는 개인이 소유하고 있다고 하였다.

> 비색해져 맡아 지키는 일을 삼가지 않아서, 御府의 서적이 많이 없어지고 秘閣의 所藏도 완전한 서적이 거의 드무니, 생각이 여기에 미치면 몹시 애석하다. …… 우리나라는 멀리 해외에 있기는 하나, 정성으로 구한다면, 서적이 예전만큼 많아지지 못하리라고 걱정할 것이 없다. 내가 祕府(祕閣)에 수장되지 않은 서적이 없고 士庶(온국민)의 집에 반포되지 않은 서적이 없도록 하고자 한다. 그래서 중국에 다녀오는 사신으로 하여금 널리 서적을 구하여 오게 하거니와, 나라 안에서도 우리 땅이 좁다고는 하나 대대로 글을 숭상해 온 내력있는 집안에 또한 어찌 소장된 것이 없겠는가? 빠지고 잃어버린 경서 중에서 博問에 자료가 되고 治道에 도움이 되는 것을 가진 자가 아까워하지 않고 가져와서 바치면 내가 후하게 상주겠다. 이런 뜻으로 중외에 효유하라.[30]

즉 서적을 구하는 것은 治道에 관계되는 일이므로 후한 상을 내려서라도 산실된 서적을 복구하겠다는 것이다. 이러한 배경에서 성균관에 학전 100결을 내리고, 조광조를 관직에 등용하는 등 학문적 분위기가 조성되었다. 1516년(중종 11)에는 주자도감을 설치하여 인쇄술을 바탕으로 한 출판체제도 갖추었다. 또한 기묘사림들은 그들의 성리학적 이상을 실현하기 위해 개혁 조치들을 단행하였다. 즉 『소학』의 장려, 내수사 장리의 폐지, 소격서의 혁파, 향약의 시행 등으로 治世의 정점을 이루었다. 김안국도 때를 맞추어 1518년에 『주자대전』·『주자어류』 등의 주자서를 중국에서 구입하였다.

그러나 국내서적을 수집하는데 있어서 1515년(중종 10)의 서적수집 방안은 1542년(중종 37)까지 제대로 추진되지 못하였다. 1519년(중종 14)의

---

30) 『중종실록』 23권, 10년 11월 4일(병술) ; 『증보문헌비고』 242권, 예문고 1 역대서적.

기묘사화를 계기로 趙光祖·金淨·金湜 등 신진사림 세력들이 숙청되었다. 1521년(중종 16)에는 辛巳誣獄으로 安處謙 등의 사림파가 숙청되고, 1527년(중종 22)에는 東宮灼鼠의 변이 일어났다. 대외적으로도 1512년(중종 7)에 여진족의 越境, 왜와의 임신조약 체결, 1522년(중종 17)에 추자도와 동래염장 왜변, 1530년(중종 25)에 여진족 축출, 왜구 격파 등의 사건이 연이어 있었다. 따라서 정치적 격변기에 성리학적 이념을 실현하기 위한 개혁은 중단되고, 유교적 이상국가론에 따라 새로운 전환점을 마련할 기회도 놓치게 되었다. 자연히 국내·외에서의 서적수집 사업도 제대로 진척되지 못한 채 문화의 공백기를 맞았다.

(2) 1542년(중종 37)의 「散逸된 서적을 購募하는 啓目」 이후

사화 등을 겪는 어수선한 상황에서 홍문관에 소장한 책들은 반이나 산실되고 비록 好本이라 할지라도 결본이 많게 되었다. 예문관에도 역대의 서책 중 1/10~2/10는 구비되지 않은 형편이었다.[31] 이에 사림들은 정계에 복귀하자 1542년(중종 37)에 본격적으로 「散逸된 서적을 購募하는 啓目」을 마련하였다. 이것은 바로 일년 전, 김안국으로 하여금 중국에서 「구입할 서책목록」을 작성케 한 데 연이은 일이다. 이때 중종은 민간에 묻혀있는 책들을 수집하는 것이 긴급하다면서, 예조를 통해 본격적인 수집활동을 지시하였다.

> 산일된 서적을 購募하는 것은 치도에 관계되는 바가 크다. 그래서 역대의 제왕들이 이를 중히 여긴 것이다. …… 우리나라가 아무리 작다고

31) 『중종실록』 95권, 36년 6월 22일(정축) ; 동 37년 10월 2일(무인).

해도 어찌 옛사람이 전해준 서책 가운데 숨겨져서 드러나지 않은 것이 없겠는가. …… 산일된 서적을 모두 조정에 모이게 하라. 그리하여 文敎를 숭상하여 교화를 일으키려는 나의 마음에 부응케 하라. …… 우리나라는 외진 바다 모퉁이에 있기 때문에 서적이 적었으므로 예부터 官과 개인이 중국에 가서 사온 서책이 적지 않았었습니다. 그런데 산일된 것을 모아들이지 않았기 때문에 秘府(교서관)와 문무루·홍문관에서 긴급히 상고해야 할 서책도 완전히 구비되지 않은 것이 많았습니다. 그리하여 역대로 예문관에 기록된 서책 가운데 열에 한둘은 구비되지 않았으므로 국가에서 典章을 제작할 적에 증거할 만한 책이 없어서 일에 구차스러움이 많아 매우 유감스러운 일이었습니다. …… 중외에 널리 효유하여 購募하면 우리나라는 본디 문헌의 나라이니 예부터 중국의 서적이 반드시 많이 나왔을 것이고 나온 책이 민간에 산재해있지 않을 리 없습니다.[32]

역대로 중국에서 구해온 책들이 많으나 부실한 관리 때문에 散失되었다

---

32) 『중종실록』 99권, 37년 10월 2일(무인) ; 『증보문헌비고』 권242, 예문고 1 역대서적. 수집방안의 내용을 요약하면 다음과 같다.

① 전교 내용과 세칙을 전국 [중앙 : 5부 / 지방 : 각 고을의 마을, 거리]에 방을 붙여 알림

② 희귀한 책이 있으면 서명·권수 기록하여,

- 서울 : 거주하는 部 → 한성부·개성부에 보고
- 지방 : 거주하는 고을 → 감사 → 예조 → 왕에게 보고

③ 내부(궁궐 서고)·홍문관·문무루의 소장 여부 조사 → 예조에서 필요성 검토 → 책 소재지에 연락 → 예조에 우송 → 왕에게 보고 → 인출

- → 왕에게 진상
- → 문무루·홍문관·의정부·예조에 분장
- → 原本은 주인에게 돌려주고 새로 인출한 1부도 지급

는 것이다. 그동안 설상가상으로 한성부 文書庫와 의정부 文書樓의 화재까지 있었으니,[33] 보관관리에 신경을 더 기울여야했던 것은 사실이다.

이때 예조가 올린 啓目에서 수집 방안을 살펴보면 ① 수집방법과 절차 ② 수집된 도서의 인쇄와 보관 ③ 원본의 반환과 보상 및 장려책 등으로 이루어져 있다. 여기서 특기할 것은 ㉮ 신간서적을 分藏하여 유실에 대비하고 ㉯ 책을 선정·인출하기 위해 각 서고의 소장 여부 및 그 책의 유용성 여부를 조사하고 ㉰ 논상할 때 士類와 일반 백성, 당상관과 당하관 이하를 구분하되 선비들에게는 서적을 나눠주도록 한 것이다. 이 계획안은 기묘사화 이후 중단된 수집정책을 다시 재개하기 위한 것으로, 1515년(중종 10)의 방안보다 훨씬 구체적이다. 그렇지만 중종대의 서적사업은 불행히 초기와 말기로 나누어진 채 의도한대로 추진되지 못하고 끝이 났다.

3) 명종~선조대

선조대에는 조광조가 1568년(선조 1)에 신원되면서 기묘사화로 피해입은 인물들이 복권되었다. 그러자 그들에 관한 『國朝儒先錄』을 편찬하기 위해, 홍문관에서는 김굉필·정여창·조광조·이언적 4賢의 저서 및 사실·행장을 수집하였다. 당시 그들의 저술이 부제학 柳希春의 말처럼 사화를 겪으면서 산실된 상태였기 때문이다.

> 지난번 명을 받고 김굉필·정여창·조광조 등의 製述을 찾았는데, 김굉필의 상소문은 李忠綽이 얻었고 그밖의 다른 사람들의 저작은 신이 각각 두어 首를 얻었습니다. 대개 이들이 첫 번째로 사화를 당하였기 때문에 저작한 것이 흩어져 없어졌으므로 지금 얻은 것도 매우 적습니다.[34]

33) 『중종실록』 54권, 20년 5월 15일(계유) ; 동 23년 12월 11일(무인).

〈표 10〉 명종~선조대 서적수집

<table>
<tr><th colspan="3">명종~선조대 수집하려 한 서적</th><th colspan="3">명종~선조대 수집한 서적</th></tr>
<tr><th colspan="2">연대</th><th>서명</th><th>연대</th><th>서명</th><th>수집자</th></tr>
<tr><td rowspan="2">명종</td><td>1558/명종13</td><td>『경국대전』을 撰輯하는 과정에서 만든 『경제육전』·『元典』·『續六典』·『원전』·『續典』·『續集』·『謄錄』·『詳節』</td><td rowspan="2">1552/명종 7</td><td rowspan="2">『皇明祖訓』</td><td rowspan="2">開城府 留守 韓㞳</td></tr>
<tr><td>1566/명종21</td><td>『여계』·『여칙』·『여헌』</td></tr>
<tr><td rowspan="5">선조</td><td>1570/선조 3</td><td>李耔의 『陰崖日記』</td><td>1570/선조 3</td><td>金宏弼·鄭汝昌·趙光祖·이언적의 저술</td><td></td></tr>
<tr><td rowspan="2">1574/선조 7</td><td>精하게 인쇄한 『四書』·『五經』및 『大學或問』·『史略』 2질 현토</td><td>1574/선조 7</td><td>『發明綱目』板4,182개</td><td>경상감사上送：直指寺 소장</td></tr>
<tr><td>이황이 교정한 『주자대전』·『주자어류』, 사서·오경의 구결·언해</td><td>1578/선조11</td><td>家藏의 『魏徵十漸疏』</td><td>文夢軒</td></tr>
<tr><td>1594/선조27</td><td>『新增類合』·『小學集說』·『小學諺解』·『周易大全』·『주역언해』·『易學啓蒙』·『孫子』·『吳子』·『黃石公三略』·『文選』·『輿地勝覽』·『大典』</td><td>1596/선조29</td><td>서적 수십권</td><td>益城君 李亨齡</td></tr>
<tr><td>1600/선조33</td><td>『사서언해』·『19사략』·『양몽대훈』·『훈몽자회』</td><td>1599/선조32</td><td>『古經周易』</td><td>判尹 李忠元</td></tr>
</table>

그런데 이에 비해 홍문관의 일반 자료들은 그동안 수집활동의 결과로 보충이 제대로 된 것 같다. 유희춘이 1568년(선조 1)에 홍문관의 장서각을 보니 서적들이 빼곡히 가득 차 있었다고 한다. 안에는 經訓類, 밖에는 史書子集 類로 각 시렁에 층층이 億萬의 책들이 積置되어, 마치 滄海에 놀면서 珠具를 구경하는 듯하다고 하였다.[35] 비록 서적수집 정책이 사화 등으로 인해 지속적으로 진행되지 못하였지만 국가차원에서 노력한 결과가 나타난 것이다. 그러나 불행히도 왜란을 겪으면서 홍문관에는 『四書諺

34) 『선조실록』 4권, 3년 5월 4일(신미) ; 『미암일기초』 경오(1570/선조3) 5월 4일, 5월 24일 ; 『선조수정실록』 4권, 3년 12월 1일(갑오).

35) 『미암일기초』 무진(1568/선조 1) 6월 12일.

解』·『兵要』·『訓蒙字會』조차 없어, 선조는 다음과 같이 한탄할 지경이었다.

> 『사서언해』를 구하려 해도 구할 수가 없다. 이 책이 옥당에 들어온 것이 있기는 하나 질이 맞지를 않으니 애석하다. 평소에 이 책의 활자로 인출한 『손자』·『병요』등의 책을 본 적이 있는데, 이제 다시 구해볼 수 있는 길이 없겠는가? 그리고 『19사략』 2~3건과 『양몽대훈』·『훈몽자회』 등의 책도 구하고 싶다는 것을 홍문관에게 이르라.[36)]

오랜 동안 서적을 수집한 성과가 전쟁으로 인해 산산이 부서진 것이다.

16세기의 서적수집 상황을 알 수 있는 자료로는 실록 이외에 임란 이전의 官藏목록이 있다. 즉 전주사고의 '實錄曝曬形止案'(1588/선조 21, 1591/선조 24)과, 실록에 이황이 살펴보았다는 「弘文館藏冊目錄」이다.[37)] 유희춘은 전라도관찰사로 재직할 때 '道內冊版之簿'를 열람하였다는 기록을 남겼다.[38)] 그리고 어숙권의 『攷事撮要』 1568년(선조 1) 刊本(현존 最古本)에 책판목록이 수록되어 있으니 당연히 국가차원에서 만든 목록도 있었을 것으로 짐작된다.[39)] 사화와 전쟁을 겪으면서 많은 자료들이 산실되었지만, 그래도 이 모두는 수집방안을 꾸준히 추진한 결과 얻어진 것들이다. 비록 수집정책이 지속적이고 장기적이지는 못하였다할지라도 국가차원에서 정책의 중요성은 그만큼 큰 것이었다. 더욱이 한 국가의 정치사회적인 안정이 서적문화 발전과 밀접한 관계가 있다는 보편적 사실을

---

36) 『선조실록』 122권, 33년 2월 3일(정축).

37) 『선조실록』 1권, 즉위년 11월 4일(을묘).

38) 『미암일기초』 신미(1571/선조4) 5월 10일.

39) 김치우, 1972, 「고사촬요의 서지적 연구」, 성균관대 대학원 석사학위논문, 25쪽.

여기서 또 한번 확인하게 된다.

4) 서원 : 紹修書院의 경우

성리학적 질서가 지방으로 확산되면서 사림들은 향촌에서 서원을 설립하고 그곳에 문고를 만들었다. 소수서원의 경우, 설립하던 1543년(중종 38)에 땅속에서 얻은 銅器 300여 근으로 오경·『주자대전』·『이정전서』·『대학연의』·『통감강목』·『사서』 등을 구입하였다. 그런데 이때 周世鵬은 『주자전서』·『주자어류』를 구입하지 못해 밤낮으로 근심하였고, 『강목』도 비싸서 注書 安挺然에게 구입조치를 취해 줄 것을 타진하였다.[40] 그리하여 서원에는 경서뿐 아니라 주자서까지 없는 것이 없을 정도로 갖추어졌다고, 史臣은 실록에 기록하고 있다.

> 주세붕이 안향의 옛집 터에 祠宇를 세워 봄·가을에 제사하고 이름을 白雲洞書院이라 하였다. …… 당초 터를 닦을 때에 땅을 파다가 구리그릇 3백여 근을 얻어 京師에서 책을 사다 두었는데, 經書뿐만 아니라 무릇 程朱의 서적도 없는 것이 없었으며,[41]

이황이 관찰사 沈通源에게 보내는 글에도 '경사자집 百千卷'을 수장하고 있다고 하였다.[42] 결국 사액서원으로 승격되는 1550년(명종 5) 이전에

40) 周世鵬, 『武陵雜稿』 목판본(1859/철종 10) 5권, 18-20, 23-24장. 與安挺然. 유희춘은 『사정전훈의강목』 150책을 판윤 金秀文으로부터 선물받고 '百年之大惠' 라고 기뻐하고 있는 것을 보아도 그 실정을 짐작할 수 있다(유희춘, 『미암일기초』 정묘 1567/선조즉위 11월 9일).

41) 『중종실록』 95권, 36년 5월 22일(정미).

42) 『退溪先生文集』 9권 書. "而帝立堂齋亭宇 以爲諸生遊處講讀之所 掘地得瘞銅若干

이미 637책 이상을 채우게 되었다.[43] 더욱이 1552년(명종 7)에 說經 安璲는, 소수서원이 궁벽한 고을에 있어 책이 적으니 인쇄할 때 1부씩 보내주기를 청하였다. 그래서 조선 최초의 서원인 소수서원은 중앙관청에서 찍은 서적을 1부씩 반사하는 표본이 되었다. 또 1554년(명종 9)의 臨皐書院 건립 때에도 소수서원의 예에 따라 문무루에 소장된 사서오경 1질과 교서관에서 사온『通鑑節要』·『通鑑續編』1질을 보내주었다. 명종연간에 4개이던 서원이 임란 전까지 13개로 늘어나자, 반사한 책 수도 자연히 늘어났다. 그러므로 서원문고는 기증·구입·간행이란 방법을 통해 內賜本·지방 官版本·他書院 刊本·私家 간행본 등으로 장서를 갖출 수 있었다. 그리고 장서수가 급속히 증가하면서 교육문고로서 주도적인 역할을 담당하였다.「陶山書院藏書目錄」·「屛山書院藏書目錄」·「嶺南各邑校院冊錄」등이야말로 바로 이에 대한 정보를 제공해주는 귀중한 자료가 된다.[44]

5) 개인 : 유희춘의 경우[45]

私家의 장서목록으로는 좌의정 朴淳의 '朴宅 冊目錄', 金堯選의 '家藏

斤 貿經史子集百千卷以藏之 給息米置贍田 使郡中諸生員主其事 郡士金仲文幹其務 招集學徒四面而至."

43) 배현숙, 2005,「소수서원 收藏과 간행서적고」,『서지학연구』31, 274쪽.

44) 李春熙, 1969,『李朝書院文庫目錄』, 國會圖書館.

45) 柳希春(眉巖 1513/중종 8~1577/선조 10)의 자필일기『眉巖日記』(1567/선조 즉위 10월 1일~1577/선조 10 5월 13일)는 임진왜란으로 인해 1592년(선조 25) 이전의 승정원일기가 모두 불타버리자, 이이의『경연일기』와 함께『선조실록』편찬에 참고되었다. 善山 柳氏 家藏本인『眉巖日記草』원본 14책 중 일부가 유실되고 보존된 11책(1567/선조즉위 10월 1일~1576/선조 9 7월 29일)을 조선총독부 조선사편수회에서 1936년(昭和 11)~1938년에 간행하였고, 1963년에는 국가 보물 260호로 지정하였다.

冊件記’ 등이 있으나,[46] 그 자세한 내용을 알 수 없다. 이황의 장서는 1,700여 권이 되는데, 그 목록에는 『주자대전』 등의 중국서 159종과, 『동국통감』 등의 한국서 55종이 포함되어 있다고 琴蘭秀의 『手筆日錄』에 적혀 있다.[47] 또 許筠(1569~1618)은 중국으로 가는 사신 일행에게 부탁하여 구입한 만권의 장서로 경포대 옆에 서재를 열고, 마치 송나라 李常(李公擇)의 山房처럼 고을 선비들에게 빌려주었다고 한다.

김안국의 문인에 속하는 유희춘의 장서 상황은 그의 친필일기인 『미암일기』를 통해 알 수 있다. 그는 지나칠 정도로 책을 좋아하여 음악이나 여색에 빠진 것과 같았다는 평을 들었으므로,[48] 그를 통해 당시 사대부의 독서 취향을 짐작해 볼 수 있다. 그의 장서는 1575년(선조 8) 10월 현재 3,500여 권이었으니,[49] 그 후 더 많아졌을 것이다. 유희춘은 중국으로부터 서적을 구입하기 위해 다음의 표에서 보는 바와 같이 개인적으로 사절단이나 책쾌에게 부탁하였다.

〈표 11〉 유희춘이 중국 가는 사절단이나 책쾌에게 부탁하여 구입한 서적

연도	서명	전달자
1568/선조 1	『事文類聚』 60책	謝恩使書狀官 李元祿
	『居家必用』 12책	사은사 姜暹
	『參同契』·『皇華集』·『杜詩』·『謏聞瑣錄』·중국사신의 문집(요청), 『여지승람』(열람)	책쾌 宋希精 : 부탁
1569/선조 2	『黃勉齋文集』·『近思錄』	千秋使 尹卓然 : 부탁
	『輯釋論語』·『黃氏日抄』	천추사 朴謹元 : 부탁

46) 『미암일기초』 신미(1571 : 선조4) 11월 27일 ; 동 병자(1576/선조9) 7월 27일.

47) 이수건, 2000, 「조선중기 영남학파의 내부구조와 학문세계」, 『한국문화사상대계』 v.2, 영남대출판부, 137~138쪽.

48) 『선조수정실록』 11권, 10년 5월 1일(무자).

49) 『미암일기초』 을해(1575/선조 8) 10월 29일.

1570/선조 3	『四書』·『宋鑑』(요청), 『四書』(받음)	천추사 洪天民, 軍官 金興祖
	『通考』·『四書』	사은사 姜暹 : 부탁
	『주자어류』	聖節使 洪淵 : 부탁
1572/선조 5	『百川學海』 10책	천추사通史 閔扈百
1573/선조 6	『炸艾續集』	우의정 朴淳
	『策學輯略』·『策海』	赴京通事 洪秀彦
	『四書輯釋』·『具本歐公集』·『十一家』, 소설 중 1件	通事 李汝謹 : 부탁
	『여지승람』·『杜詩』·『歐陽公集』	宋希精 : 부탁
	『文苑英華』·『太平通載』	朴溫精 : 부탁
1574/선조 7	『書叙指南』 4책	寫字官 李應福(북경)
1577/선조10	『皇朝名臣編錄』·『歐陽公集』·『空同集』·『致堂管見』·『待問會元』·『翰墨書』·『世史正綱』·『源流至論』	성절사 梁應鼎 : 부탁

그리고 국내에서 간행한 서적은 왕으로부터 반사 받거나, 교서관과 지방관청에서 인쇄한 것을 받았다. 기타 구매·선물·필사·빌리는 방법을 통해서도 얻었다. 유희춘이 구입한 서적들은 다음과 같다.

〈표 12〉 유희춘이 구입한 주요서적(교서관을 통한 구입 : 제4장 제1절 국내보급 참조)

구입처	연도	서명	비고(간행지, 보낸이·간행여부)
반사	1568/선조 1	『十九史略』	
	1569/선조 2	『東文選』·『聖學十圖』	
	1570/선조 3	『儀禮經傳通解』·『近思錄』·唐의 『百家詩』	
	1571/선조 4	「天文圖」	
	1573/선조 6	『예기』	
	1574/선조 7	『내훈』·『황화집』·『경제육전』·『향약』	
	1576/선조 9	『儒先錄』·『南軒集』·『韻會(大字)』	
		『二程全書』	安東부사 : 印送예정

지방관리(인쇄,인쇄부탁,빌린도서 포함)	1567/선조즉위	『唐鑑』	경북성주목사 韓性源 : 印送
		『理學類編』 2책·『紫陽文集』 10책·『晦菴語錄』 5책·『草堂詩集』 3책 등 5종 27책	前전라감사 姜暹
		『소학』 3책	靈光군수 尹弘中
		『詩傳』(印粧)·『性理文錦』 : 謄寫	전라도 高阜군수 : 鄭復始
	1568/선조 1	『朱子年譜』 2책	蔚山 郭郡守 : 印送
		『附錄春秋』 18책	성주목사 梁泛
		『晦菴書節要』 ; 定州本	平安兵使 金秀文 : 우송약속
		『續蒙求』	합포兵使 李大伸(4건) : 開刊 곤양군수 趙惟誠(4책) : 인쇄
		『古文選』 25책	昆陽郡守 : 印送
		『古文軌範』	강원감사 : 인출
		『소학』 4책·『역학계몽』 2책·『효경대의』 1책	평안감사 金雲甫
		『河西子集』 7책	長興府使 趙希文 : 新 印出
		『淮南子』 7책	동래부사 黃博
		『玉海』	德山의 守宰 尹成殷
		『食療纂要』	襄陽府使 李之愼 : 印送약속
	1569/선조 2	『성리대전』	慶尙右兵使 徐應千 : 印送약속
		『논어』 7책	평안도 成川府使 姜昱 : 新刊
		『주례』	慶尙兵使 李善源 : 인쇄부탁
		『대학』 1책	淳昌군수 禹世臣
		『통감前紀』·『歷代要錄』 合3책	高山 守宰(前현감) 禹昌齡 : 인쇄
		『심경』	경기감사 金德龍(雲甫)
		『예기천견록』11책·『河西集』(?)책	長興부사 柳忠貞
	1570/선조 3	『晦菴詩』	尙州목사 金億齡 : 인쇄부탁
		『朱子年譜』2책	(?)군수 鄭世弼 : 印送
		『주례』·『續蒙求』·『益齋亂藁』·『역옹패설』 등	경상감사 朴大立 : 印送부탁
		『주례』 7책	慶尙右兵使 許世麟 : 印送
		『성리대전』	경상도 晋州判官 : 간행통지
		『漂海錄』 2건, 『續文範』 1건	평안감사 成世章
		『표해록』 3책	定州목사 尹大用 : 印送
		『훈몽자회』	會寧부사 李大伸
		『續蒙求』	安東府使 崔應龍 : 印送 善山부사 尹之亨 : 인쇄부탁 榮川군수 姜景閭 : 印送
		『聯珠詩格』	안동부사 崔應龍
		『蘇文正宗』 4책	江原감사 金添慶 : 印送

		『濂洛風雅』	順天府使 李選：印送
	1571/ 선조 4	『訓義綱目』	沃川군수 徐希呂：개간예정
		『性理群書』·『大明律』	전라도 광주：인쇄
		『天運紹統』·『紫陽文集』	전라도 전주：인쇄
		『韓文(韓愈文集)』 15책·『救急簡易方』 8책·『村家救急方』 1책	전라도 남원：印送
		『시전』·『서전』	古阜：인쇄부탁
		『左傳』·『歷代要錄』·『訥齋集』·『通鑑前紀』	錦山：인쇄·修粧
		『濂洛風雅』 3건	順天：印送
		『元龜集』	谷山郡守 蘇邇
		『춘추』 8책	宝城：인쇄
		『歷代兵要』	전주부：印送부탁
		『禮記大文』·『理學類編』·『三韓龜鑑』·『景賢錄』 등	순천：인출
		『浣花流水』·『晦菴詩』등 3件	安東府使 崔應龍：印送
	1572/ 선조 5	『證道歌』	三陟府使 李震
		새로쓴『續文章正宗』5책과 唐本 5책	전라도營의 通引 張應奎
		『纂圖』 2책·『孟子』 2책	충청감사 柳墺
		『尙書』 2부	전라도營의 通引 羅彦紀
	1573/ 선조 6	『자치통감』 2책	전라감사 兪泓
		『대학연의집략』 8책	강원감사 李塈
		『續蒙求』·『宋季元明理學通錄』	경상감사 金繼輝：印送약속
		『표해록』 3책	전라감사 朴民獻：印送
		『續文章正宗』 6책	경상감사 任說：謄寫本 우송
		『證道謌』 2件	三陟부사 李昌
		『啓蒙翼傳』 3책	密陽부사 黃溥
		『楚詞』 1건·『證道謌』 1책	평안감사 李文馨
	1574/ 선조 7	『가례』·『名賢詩話』	尙州목사 李選
		『중용』 3책	평양庶尹 李惟仁：인쇄
		『주역大文』	청주목사 李龜壽：印送
		『신증유합』	황해감사 閔起文：인출
	1575/ 선조 8	『新輿地勝覽』 13책·舊件 12책	昌平 忠義衛官 朴命星
	1576/ 선조 9	『養蒙大訓』 1건·『學蔀通辨』 4책·『杜詩』	전라감사 崔應龍：印送
		『成相國集』·『三賢珠玉』 각 1책	광주목사 성수익
		『유합』	황해감사：인쇄요청
		『素問』 6책	錦山군수 洪仁範：인쇄

중앙 관리 및 개인	1567/ 선조즉위	『사정전훈의강목』 1벌	判尹 金秀文
		『국어』 6책	參判 宋純
		『향약집성방』	林川 李士溫 : 빌림
	1568/ 선조 1	唐本『性理大全』 20책, 『朱子定論』 1책	同知 柳景深
		唐本『性理大全』 19책, 『秋江冷話』	權詠 『性理大全』 19책 : 빌림
		『經筵講義』 1책	判官 尹河
		『속강목』	僉正 羅仲默 : 54책 ; 『좌전』과 바꿈
		『운회』 27책	尹軫
		『儀禮注疏』 17책	同知 金弘胤
		『崇古文』 17책·『속강목』 27책	都事 朴汝柱
		『전등신화』 2책·『吏文集覽』 2책	李星 : 修粧本
		『東國地誌』 1책	監察 金田漑
		「東國地圖」	沈淵
		『感興詩』 1책·『略韻』 1책	許篈
		『동국통감』 10책	許篈 : 빌림
		『伊洛淵源錄』 1책	李崇仁
		『文翰類選』 唐本 64책·『草堂杜詩』 10책·『東萊博議』 2책	前察訪 權守
		『주자대전』	金季應(56권이하), 金祥(39책), 李英賢(48책) : 빌림
		『주자어류』 75책	尹棐 : 빌림
		『晦菴書節要』 8책	佐郞 鄭澈 : 빌림
			同知 金德龍(前後 10數冊 포함)
		『退溪書釋』	尹根壽 : 빌림
		『명신언행록』 14책·『前漢書』 40책	沈喜壽 : 빌림
		『역대병요』 7책	金興祖 : 빌림
		『사문유취』	前제주목사 郭屹 : 빌림
		『宋鑑』 17책	朴麟壽 : 빌림
		『老子』·『文則』·『造化論』·唐本『毛氏詩』·『左傳』 10책	許浚
	1569/ 선조 2	『이정전서』 15책	朴東豪
		『詩釋』	承旨 許曄
		『황화집』	察訪 權守
		『본초』 1책	醫員 朴漢武
		『사기』 39책	金廣
	1570/ 선조 3	『자치통감』	병조참의 朴謹元 : 9책(唐本)
			鄭鴻 : 38책
		『晦翁詩』 4책	同知 姜士尙
		祁天使의 『황화집』	柳應元 : 『대학』 1책으로 사례

		『致堂管見』 1부	許篈 : 평양간행시 우송약속
		『地理全書』 1책	金江 : 빌림
	1571/ 선조 4	唐本『강목』 50책·『속강목』 22책·『韻會』 12책·『玉海』 57책 등 298책	尹弘中 : 빌림
		『직지방』 5책	林漢懋
		『崔新齋선생의 문집』 1책	光陽 徐德麟 : 갈모·부채·먹 사례
		『성삼문시집』	宋寅
		『성리대전』 26책	正郎 辛應時 인쇄본 : 筆1柄 사례
		『좌전』 22책·『주자대전』 20책	尹元禮
	1572/ 선조 5	『灼艾集』	金添慶
		『靑坡集』 2책	左尹 李鐸
	1573/ 선조 6	『주자대전』	翰林 許篈(주자본 10책, 唐本 5권) 尹元禮(10책)
		『源流至論』 8책	翰林 許篈
		『異端卞正』 3책	唱准 崔洪
		『永川柳文』	林希善 : 印送약속
		『좌전』 17책·『속강목』 27책	李思騫
		『東皐集』 1책	同知 尹致遠
		『翰墨全書』 8책	朴寧
		『宋史』·『天文志』 8책	宋應秀
		『湖陰集』 28貼	鄭士龍 : 인출
		『자치통감』	金鳳瑞(합5책), 金治(결본), 直長 黃廷福(결본20권)
		『三國志』 20책	師傅 朴光玉
		『서경강의』 16책	여주 尹孝肅
		『대학연의』	金治(2책), 金堯選(4책)
		『天原拔微』 10책	金堯選
	1574/ 선조 7	『兩山墨談』 4책	右尹 尹根壽(同9년 : 경주印本)
		『法言』 3책	金纘選 : 먹 1丁 사례
	1576/ 선조 9	『大學釋疏』 1책	奇孝曾
		『육선공주의』 4책·『南軒文集節要』 2책	府尹 金添慶
		『東峯集』 12책 (김시습)	金孝平

그가 여러 경로를 통해 얻은 도서의 종류와 양을 보면, 당시의 지방간행 활동이나 개인 간의 서적교류가 얼마나 다양하게 활발히 이루어졌는지 놀라지 않을 수 없다. 또한 그와 동시대 인물인 김안국·최세진의 경우와

비교해 보면, 구입 시기와 방법에는 다소 차이가 있지만 유사점이 많다.

〈표 13〉 김안국 · 최세진 · 유희춘이 중국에서 구입한 서적

김안국 : 중국에서 직접 구입(1518~1542)		최세진 : 중국에서 직접 구입(1521~1541)		유희춘 : 중국사절단에 구입 의뢰(1568~1573)	
1518/ 중종13 공조 판서	『語孟或問』·『家禮儀節』·『傳道粹言』·『張子語錄』·『經學理窟』·『延平問答』·『胡子知言』·『古表精粹』·『朱子大全』·『朱子語類』·『伊洛淵源』	1521/ 중종16 奏請使 質正官	『聖學心法』	1568/ 선조 1 홍문관 應敎	『事文類聚』·『居家必用』
		1530/ 중종25 僉知中 樞府事	『皇極經世書集覽』	1569/ 선조2	『黃勉齋文集』·『近思錄』·『輯釋論語』·『黃氏日抄』
1542/ 중종37 예조 판서	『春秋集解』·『大明律讀法』·『大明律直引』·『呂氏讀書記』·『古文關鍵』·『皇極經世書說』·『易經集說』·『止齋集』·『象山集』·『赤城論諫錄』·『古文苑』·『焦氏易林』·『杜詩集解』·『山海關志』·『顔氏家訓』	1539/ 중종34 副護軍	『大儒大奏議』·『皇極經世書說』	1570/ 선조3 부제학	『四書』·『宋鑑』·『통고』·『4서』·『주자어류』
		1541/ 중종36 同知中 樞府事	『京城(南京)圖志』·『女孝經』·「遼東地圖」	1572/ 선조5 同知 成均館	『百川學海』
				1573/ 선조6 교서관 제조, 예조 참판	『炸艾續集』·『策學輯略』·『策海』, 『四書輯釋』·『具本歐公集』·『十一家』, 소설 중 1종

유희춘은 양재역 벽서사건에 연루되어 19년간 유배생활을 마친 후 대사헌 등을 역임하였다. 김안국도 기묘사화로 인해 같은 기간 동안 관직에서 물러나 은둔생활을 하였고, 그 이전과 이후의 시기에 판서 등을 지냈다. 김안국·최세진은 주자성리서를 중심으로 사회교훈·지리지·시문집을, 유희춘은 주자성리·사회교훈·역사·시문집·類書 류 외에 소설도 구입하였다. 그러므로 이들 역시 주자성리·사회교훈서를 가장 중시하

였고, 유희춘은 당시 세간에 읽혀지던 소설 류도 구입한 것이다.

제3절 시상제도

1542년(중종 37)에 중종은 전국에 흩어진 서적을 수집하되, 宋 태조의 「求遺書詔書」 예에 따라 시상방안을 마련하도록 지시하였다.

> 내가 『자치통감』을 보니, 송 태조가 중외에 조서를 내려 散迭된 서책을 모으면서 진상한 책이 3백 권이면 마땅히 기록하여 포장할 것을 의논하게 하고 그 나머지는 卷帙의 숫자에 따라 등급을 매겨 충분한 상을 내리게 했으며, 관에 주고 싶지 않은 사람의 책은 빌려다가 筆寫하게 하라고 하였다. 이 때문에 사방에서 많은 책이 나왔다. 산일된 책을 찾아 모으는 것은 임금으로서 당연히 해야 할 급선무인 것이다.[50]

이에 예조는 그 세칙을 다음과 같이 제정하였다. 즉 ① 관계된 서책을 바치는 자에게는 후히 시상하고, 그것을 원하지 않는 경우는 그에 해당하는 것으로 대신하게 할 것 ② 바친 책의 긴요성이나 진귀함의 여부, 그리고 卷帙의 다소를 헤아리되 ③ 서민에게는 면포로 값을 후히 치르고 士類에게는 서적을 지급할 것 ④ 이때 반사할 책은 사서오경·『통감』·『宋鑑』·『韓柳文』·『성리대전』·『운부군옥』·『운회』·『십구사략』 등이다.[51]

---

50) 『중종실록』 99권, 37년 9월 24일(신미).

51) 『중종실록』 99권, 37년 10월 2일(무인). 시상 방안을 요약하면 다음과 같다.
① 시상 : 바친 책의 중요성·희귀성, 권수에 따라 후하게 내리되,

그러나 실제로 서적을 진헌한 사람에게는 술·화살·녹피·털요·熟馬 등을 시상하였다. 때로 승진의 기회도 주었지만 진헌한 서적을 간행하는 경우가 많았다. 예를 들면 중종대에 최세진이 『대유대주의』를 편찬하고 중국에서 『황극경세서설』을 구입하자 품계를 올려주고 술을 내렸다. 국내의 것으로 헌납한 경우는 『계고록』에 녹피 한 벌과 간행, 『고금열녀전』에 군직을 제수하였다. 1596년(선조 29)에는 益城君 李亨齡이 서적 수십 권을 바치자 선조가 超資하도록 명하지만, 사헌부에서 부당하다며 시정을 요구하였다. 그러므로 녹피·털요·숙마 등의 시상품은 15세기에 안장을 갖춘 말·말·옷 등의 생필품을 준 것과 비슷하나, 조선후기에 관직이나 호피 등을 주던 것과는 대조된다. 다만 예외적으로 1589년(선조 22)에 오랜 동안의 숙원이던 『대명회전』의 개정판을 받아오자, 잡범과 사형수 이하를 석방하고 공로자에게 超資한 특별한 경우가 있었다.

그러나 무엇보다 주목할 것은 구입한 책 중에서 필요한 것을 즉시

┌ →士類 : 서적-사서오경·『通鑑』·『宋鑑』·『韓柳文』·『성리대전』·『韻府群玉』·『韻會』·『十九史略』등과 같은 서적중에서 본인 희망대로
└ →서민 : 면포

② 원본 2부를 소지한 주인에게는-

┌ 원본은 內府(궁궐 서고)에 소장
└ 새로 인출한 1부와 상품으로 주는 책을 지급

③ 治敎, 典禮에 긴요하거나 권질이 많으면서 중국에서 구하기 어려운 것, 義理에 관계되거나 천문·지리·의약·卜筮등 국가에 도움을 주는 것은 권질이 적더라도 진헌하는 경우

┌ 당상관 : 특별한 賞
├ 당하관 : 한 資級씩 加資(품계 승진)
└ 庶人 : 희망에 따라 면포를 후하게

④ 서적을 진헌하는 것은 신하로서 聖治를 돕는 당연한 충성임을 알릴 것.

간행하도록 하였으니, 이로써 보다 많은 복간본을 사용할 수 있었다. 예를 들어 중종대에 『계고록』·『통감찬요』·『황명정요』·『황극경세서집람』·『문원영화』, 명종대에 『강목전편』·『속강목』·『발명광의』·『무경총요』·『이단변정』·『성학격물통』, 선조대에 『정충록』 등이 여기에 속한다. 이러한 사실은 바로 이 시대가 성리학적 이념이 주도하던, 서적을 통해 至治주의를 실현하려던 시대였음을 증명하는 것이다.

한편 서적을 편찬할 때 품계를 올려준 적이 있었다. 중종대에는 『소학편몽』·『운회옥편』 편찬에 僉知를 제수하고 술과 鞍具馬 1필, 명종대에는 『國朝寶鑑類抄』에 승진, 『속무정보감』에 자급을 더하면서 말과 彩段을 내렸다. 그 외에는 시상하였는데 중종대에 『戒心箴』에 鹿皮·角弓을 차등있게, 선조대에 사서삼경의 음석교정과 언해작업을 한 교정청에 論賞하면서 御酒와 풍악, 『皇華集類編』에 兒馬 1필 및 차등있게 물품과 술을 하사하였다.

제3장 서적의 편찬 및 간행활동

제1절 정치서적

조선왕조가 건국 이후 1세기동안 추진해오던 강력한 중앙집권적 체제는 16세기에 이르러 서서히 무너져갔다. 그리고 사림이 주도권을 장악해가는 과정에서 왕권·재상권·郎官權의 상호관계 아래 상대적인 군신권력 관계의 특성이 나타났다. 그 구조 안에서 조광조 등의 신진사림들은 주자성리학적 이념에 따른 정치구조를 추구하였다. 이를테면 경연의 강화, 내수사 장리와 소격서의 혁파, 현량과 설치, 언로의 활성화 등을 촉구하면서, 연산군대에 해이해진 기강을 쇄신하려 하였다. 아울러 군주의 修己를 통해 至治主義的 이상정치를 실현하려 하였다. 기묘사화가 일어나기 두 해 전인 1517년(중종 12)에 특진관 李自健은 다음과 같이 중종에게 직언하고 있다.

> 강원도에는 서리가 오고 눈이 내려 兩麥이 얼어 죽었다 하고, 변괴스러운 일이 아울러 나타나고 겹쳐 생겨 한이 없습니다. 신의 생각에는 성상께서 誠心이 지극하지 못하시어 그런가 싶습니다. …… 어찌하여

이런 재변이 생기는 것인가 하여 잘못된 일을 강구하여 마음을 풀지 않고 살피신다면 …… 민생이 소생하게 되어 다스리는 길이 세워질 것입니다.1)

이것은 사림들이 道學(성리학)사상을 바탕으로 국가의 새로운 질서를 수립하려던 정황을 시사한 것이다. 바로 중종·명종대에 홍문관에서 진행한 『戒心箴』·『東宮啓蒙』·『心學圖說』·『大學圖說』의 편찬, 2帝3王의 事績 조사, 人君治國의 道 및 원자의 교육방도 작성, 『稽考錄』·『大寶箴』·『無逸圖』·『洪範三德論』의 진헌, 『治平要覽』·『皇明政要』·魏鄭公의 『諫錄』 등의 간행 또한 그러한 성향을 반영한다. 사마광의 『계고록』이나 중국에서 구입한 『황명정요』, 당 태종에게 올린 『대보잠』, 정치의 기본을 밝힌 宋의 『홍범삼덕론』 등은 모두 사림들이 교훈을 삼던 治道에 관한 것들이다. 그중에서 『치평요람』은 이미 1445년(세종 27)에 편찬된 것으로, 여러 차례의 교정을 거쳐 비로소 1516년(중종 11)에 교서관에서 간행하였다. 역사가 정치의 거울이라는 유교적 역사관에 입각해 정치의 귀감서로서 중시된 때문에, 흉년인데도 南袞의 건의에 따라 이루어졌다.

교서관의 서적은 인쇄가 아직 끝나지 않았는데 흉년 때문에 중단하고 있으나, 『치평요람』같은 것은 인쇄를 아주 마치는 것이 옳겠습니다.2)

『치평요람』은 양이 방대하여 그 뒤 다시 간행하지 못하는데, 후에 효종은 이 책의 전질을 구하지 못해 안타까워하였다.

1) 『중종실록』 27권, 12년 4월 4일(기유).

2) 『중종실록』 26권, 11년 9월 3일(신사).

그 후 사림파의 개혁은 기묘사화로 실패하였으나, 다시 사림들이 등용되자 외척과 權臣의 정치참여가 활발해졌다. 尹元衡(小尹) 일파는 을사사화(1545/명종 즉위)와 양재역 벽서사건(1547/명종 2)을 계기로 尹任(大尹) 일파를 숙청하였다. 그런데 을사사화가 대의명분과 정당성이 결여되었다는 신료들의 비판이 있자, 소윤 일파는 그 취약점을 보강하려하였다. 그래서 1548년에 『무정보감』의 예에 따라 윤임 등의 사건에 대한 전말을 『續武定寶鑑』으로 印頒하였다. 이때 『속무정보감』의 출간을 반대한 柳堪에 대해 兩司에서는 다음과 같이 탄핵하였다.

> 국가가 『무정보감』을 찬집하여 중외에 널리 반포한 것은 모든 사람들에게 逆黨들의 情狀을 낱낱이 알리기 위한 것입니다. 이조 낭관 등이 이 책을 인출하려 하자 정랑 柳堪만이 유독 달갑지 않은 표정으로 '어디 볼 만한 책이 없어서 하필 이 책을 인출하는가?'고 하였습니다. 그는 『무정보감』이 볼 만한 책이 못 된다고 여겨 멋대로 이의를 제기, 인심을 동요시켰으니 먼 곳에 竄逐하소서.[3]

결국 반대한 유감은 소윤파의 탄핵으로 경흥에 유배되었다. 그리고 1559년(명종 14)에 이르자 황해도 지방을 중심으로 林巨正의 무리가 횡행하였다. 15세기에 확립된 지배질서가 이완되면서 민중세계가 그 지배질서를 거부하고 동요한 것이다. 백성들이 훈척정치에 대해 반감을 가지고 있던 이때의 정황을 史臣은 다음과 같이 평하고 있다.

> 도적이 성행하는 것은 수령의 가렴주구 탓이며, 수령의 가렴주구는

3) 『명종실록』 9권, 4년 2월 3일(계묘).

재상이 청렴하지 못한 탓이다. 지금 재상들의 탐오가 풍습을 이루어 한이 없기 때문에 수령은 백성의 고혈을 짜내어 權要를 섬기고 돼지와 닭을 마구 잡는 등 못하는 짓이 없다. 그런데도 곤궁한 백성들은 하소연할 곳이 없으니, 도적이 되지 않으면 살아갈 길이 없는 형편이다.[4)]

비로소 1565년(명종 20)에는 문정대비의 죽음과 20년간 政事를 전횡하던 윤원형의 실각으로 나라 안의 정세가 바뀌었다. 사림들의 대립 항쟁기를 거치면서 선조대에 붕당정치가 전개되었다. 김종직은 이미 중종반정 때에, 조광조는 1568년(선조 1)에 신원되었다. 영남사림들이 대거 진출하면서, 그들은 먼저 『國朝儒先錄』을 편찬하려 하였다. 이에 선조는 1570년(선조 3)에 성리학에 정진한 김굉필·정여창·조광조·이언적(4賢)의 행적을 모아 찬집하도록 하였고, 이어서 이황의 저술도 인출하도록 명하였다.

이언적의 문집은 내가 이미 보았으나, 김굉필·정여창·조광조는 모두 불세출의 현작들인데 남긴 저술이 어찌 없겠는가. 경은 나를 위하여 찬집하여 올리도록 하라.[5)]

이황의 저서는 한마디 한 글자도 다 후세에 전할 만한 것인데 혹 흩어져 없어지기라도 하면 반드시 후회가 있을 것이니, 교서관을 시켜 인출하도록 예조 등에 전교하라.[6)]

그리하여 유희춘은 유학을 숭상하고 이단을 배척하는 내용의 『伊洛淵源

---

4) 『명종실록』 25권, 14년 3월 27일(기해).

5) 『선조수정실록』 4권, 3년 12월 1일(갑오).

6) 『선조실록』 7권, 6년 9월 24일(신축).

錄』을 모방하여 『국조유선록』 5권 4책을 완성하였다.7) 이것은 기묘명현의 학문과 행적을 이해시켜 문묘종사를 관철하기 위한 기초 작업이었다. 이어서 이황의 저서도 인출하였다. 그리하여 정몽주를 필두로 한 정몽주-길재-김종직-김굉필-조광조-이언적-이황의 道統을 형성하는 사상적 기반을 마련할 수 있었다. 그리고 이들의 道學과 至治政治를 본받음으로써 유교 도학정치의 이상을 펴나가게 되었다. 비록 조광조는 정치적인 개혁을 이루지 못하였지만, 그가 촉구한 도덕적 각성과 제시한 성리학적 국가이상은 조선사회 발전에 한 動因이 되었다. 조광조에 대한 이황의 다음과 같은 평이 그것을 잘 말해준다.

> 그(조광조)로 말미암아 선비들의 학문이 지향해야 할 바를 알게 되었으며, 그로 말미암아 나라의 정치의 근본이 더욱 드러나게 되었으며, 이에 힘입어 유교의 근본적인 가르침이 땅에 떨어지지 않았으며, 나라의 장래가 무궁하게 되었다.8)

이로써 사림들의 지치주의는 조선사회에서 자리를 잡은 듯하지만 1575년(선조 8)부터 사림은 동서의 분당으로 분열되었다. 그리고 鄭汝立 모반사건(1589/선조 22)이 뒤따르고 사회적으로 혼란한 가운데 새 세상을 연다는 예언적 참서 『鄭鑑錄』도 유행하였다. 국가의 기강은 무너지고 민생의 곤궁은 극도에 달하고 군사적으로도 무력한 상태에 빠졌다. 이에 李珥는

---

7) 『미암일기초』 경오(1570/선조 3) 5월 24일 ; 『선조실록』 4권 3년 5월 16일(계미) ; 『선조수정실록』 4권, 3년 12월 1일(갑오).

8) 『靜菴先生文集』 권6, 행장(정두희, 1992, 「조광조의 도덕국가의 이상」, 『한국사시민강좌』 10, 68쪽).

이 위기의 상황을 中衰期로 인식하고 變法更張을 주장하였다. 이이는 퇴계의 사상을 토대로 16세기의 성리설을 절충 집대성하면서 학문과 정치의 불가분성으로 修己治人을 강조하였다. 즉 「東湖問答」(1569)에서 현실 개혁에 관한 치도의 방안들을 문답식으로 밝혔다. 그리고 「萬言封事」(1574)에서 貢案·사치풍조·選上制度·軍政의 개혁 등에 대한 현황과 개선책을 논하였다.[9] 여기에서 율곡은 때에 따라 변통하여 백성을 구하는 것이 '時宜'라며 시대 상황에 맞는 법과 제도를 만들도록 건의하였다.

제2절 법률서적

조선초기의 체제와 제도가 시간이 흐름에 따라 모순을 드러내자 법전을 개수하는 작업이 진행되었다. 즉 성종대 만든 『경국대전』·『大典(前)續錄』 이후의 법령들을 모아 『大典後續錄』으로 완성하였다.[10] 그러나 1차 『대전후속록』(1513/중종 8)은 편찬과 동시에 훈구파와 사림파의 법조항에 대한 논란으로 효력이 상실되었다. 그러자 2차 『대전후속록』(1543/중종 38)을

9) 『甲戌萬言封事』 1책(53張) 李珥 필사본(1574/선조 7, 刊地未詳)(奎1063).

10) 『중종실록』 94권, 36년 1월 16일(계묘) ; 동 36년 12월 13일(갑자) ; 동 36년 12월 24일(을해) ; 동 38년 9월 23일(갑자) ; 『대전후속록』 序. 『대전후속록』의 내용은 다음의 <표>와 같다.

	1차 『대전후속록』	2차 『대전후속록』
편찬 시기	1513년(중종 8) 11월	1543년(중종 38) 8월
편찬자	좌찬성 李蓀, 우찬성 李諿	영의정 尹殷輔, 좌의정 洪彦弼
서문 작성자	申用漑	成世昌
비고	『二樂亭集』(신용개) 권7에 '後續錄序'의 서문만 전함	법령집 『대전후속록』으로 현존

다시 편집하였다. 이 무렵 사림들은 기묘사화 이후 중앙에 복귀하여 어느 정도 세를 회복하였지만 대윤·소윤의 갈등을 겪고 있었다. 그러므로 『대전후속록』은 졸속으로 편찬되었다는 점과 을사사화로 賜死된 柳灌의 序文 삽입문제로 다음과 같은 비판이 일었다.

> (삼공이 아뢰기를) 『대전후속록』을 찬집하였는데, …… 立法하는 일이 육조와 관련된 것은 반드시 各曹의 당상과 함께 가부를 의논하여 결정해야 하는데, 이는 그렇게 않고 그 국의 당상관이 撰定한 뒤에 삼공이 하루 이틀 동안 대강 참여해 보았을 뿐입니다. …… 또 序文에 柳灌과 柳仁淑의 이름이 있으니 보기에 좋지 않습니다. 각도에 반사한 것을 회수하여 고쳐 주는 것이 어떻겠습니까?[11]

그럼에도 『대전후속록』은 이후 『受敎輯錄』(1698)을 편찬하기까지 150여 년 동안 『경국대전』을 보완하는 '錄'의 역할을 수행하였다.[12] 그리고 상품유통 경제가 확대되는 사회에서 지배층의 대응·규제가 어떻게 반영되었는지 살필 수 있는 법전이 되었다.

한편 1539년(중종 34)에는 宋의 형사 사례집인 『棠陰比事』, 1558년(명종 13)에는 『경국대전』 편찬의 근간이 된 『經濟六典』·『續六典』·『六典謄錄』·『續典謄錄』·『元集詳節』·『續集詳節』 등을 인쇄하여 보존하도록 하였다. 또한 지방에서는 충청도관찰사 安瑋가 『경국대전』을 주석한 『經國大典註解』를 청주에서 1555년(명종 10)에 편간하였다.[13] 전라도관찰사 金泰廷도

---

11) 『명종실록』 4권, 1년 12월 27일(경술).

12) 김돈, 2009, 『조선중기 정치사연구』, 국학자료원, 202쪽.

13) 『經國大典註解』 1책(21張), 명종命編 갑인자(1555/명종 10, 刊地未詳, 刊者未詳)(奎貴1271).

그의 부친 金伯幹이 민사소송 실무지침서로 私撰한 『詞訟類聚』를 전주에서 1585년(선조 18)에 간행하였다.[14]

제3절 역사서적

조선초기와 달리 국가적인 차원에서 새로 편찬한 역사서적은 없고, 『朝鮮王朝實錄』·『國朝寶鑑』을 선초에 이어 속찬하였다. 간행하거나 간행하도록 한 것은 대체로 중국 역사서로서, 연산군대에 『續通鑑綱目』·『通鑑輯覽』, 중종대에 『통감』·『南北史』·『國語』·『梁書』·『隋書』·『五代史』·『遼史』·『金史』·『元史』·『戰國策』·『胡三省音註本資治通鑑』, 명종대에 『宋鑑節要』·『19史略通攷』, 선조대에 『宋史』·『通鑑綱目』 등이 있다. 『속통감강목』·『통감집람』은 1502년(연산군 8)에 경연 교재용으로 인쇄하도록 하였으나, 바로 그 다음 해 영사 李克均이 수십 질의 인출을 재요청하였다.[15] 그런데 1602년(선조 35)까지도 관내에 1건만 있을 뿐 외부에서도 구하기 어렵다고 하는 것으로 보아, 간행하지 못한 것 같다. 『송사』는 1571년(선조 4)에 중앙의 교서관에서 100부를 간행한 반면, 『통감강목』은 지방에서 목판으로 새로 새기고 인출할 종이를 여러 邑에 분담시켰다.[16]

---

14) 『詞訟類聚』 1책(34張), 金伯幹 편, 목판본(刊地未詳, 刊者未詳)(奎474, 奎11490).

15) 『연산군일기』 43권, 8년 4월 27일(무진) ; 동 16년 1월 3일(신미).

16) 『미암일기초』 신미(1571/선조 4) 11월 3일 ; 동 계유(1573/선조 6) 6월 10일 ; 동 6년 7월 16일 ; 『선조실록』 7권, 6년 10월 2일(기유). 『강목』은 213부 인출하기로 하였으나 하삼도의 닥나무밭이 부족하여 100부만 인출하기로 하였다.

한편 개인적으로 저술한 史略형 역사서들이 이 시대에 특징적으로 나타났다. 그동안 추진했던 부국강병책이 가져온 역기능에 대한 반성에서, 사림들은 성리학적 정통론에 입각한 역사를 서술하였다. 이를테면 민족사적인 역사인식으로부터 벗어나, 명분론과 존화사상을 바탕으로 한 『東國史略』·『童蒙先習』 등을 편찬하였다. 충주목사 朴祥은 『동국사략』(1522경/중종 17)에서 역사인식 체계를 단군－기자－위만－4군－삼한－삼국(신라 문무왕 이전)－신라(문무왕 이후)의 계통으로 이해하였다. 그리고 조선 초기와 달리 반도를 중시하면서 유교적 절의인물을 부각시켜 성리학적인 성향을 보였다. 그러므로 이 책은 후에 서인들 사이에 그리고 향촌 자제들의 교육용으로 사용되었다. 이와 달리 柳希齡의 『標題音註東國史略』(중종연간)은 단군조선을 상세히 다루고 고구려를 삼국의 첫머리에 서술하는 등, 북방중심의 역사체계를 구성하였다.

또한 기자의 전통을 계승하려는 역사서도 편찬하였다. 『箕子志』(尹斗壽)와 『箕子實紀』(1580/선조 13, 이이)는 중국의 상고사를 특히 존중하면서 우리 역사에서 기자의 행적을 추앙하였다. 『기자실기』에서는 기자가 주나라 무왕에게 홍범의 왕도사상을 전하고, 조선에 와서 왕도정치를 실현한 군주라고 평하였다. 이러한 인식은 왕도정치의 뿌리를 우리나라에서 찾으려는 시도로서 주자성리학이 조선성리학으로 토착화하는 과정과 연결된다고 할 수 있다.[17]

---

17) 한영우, 2008, 『다시찾는 우리역사』, 경세원, 360쪽.

제4절 지리서적

국가주도하에 전국지리지를 제작한 것은 오직 『新增東國輿地勝覽』뿐이다. 중종은 연산군대부터 수정하기 시작한 『동국여지승람』에 대해 다음과 같이 증보할 것을 지시하였다.

> 지난번의 혼란한 때에 관제를 경신하고 군현의 이동과 분할을 아직 개정하여 기록하지 못하였으며 그동안에 생긴 효자·열녀의 행실과 아름다운 시문을 새로 가려 기록하지 못한 것이 많으니 그런 것을 상고하고 모아서 증보하여 바치라.[18]

그리하여 1530년(중종 25)에 明의 『大明一統志』를 참고하여 조선 총도와 도별 지도가 삽입된 『신증동국여지승람』 55권 25책을 완성하였다. 지도의 형태는 동서의 폭이 넓고 남북의 길이는 짧아 실측지도와 거리가 있다. 그리고 『동국여지승람』에서 보인 훈신들의 시각과 달리, 사림들은 국토를 압록강 이남으로 한정하는 등 한반도 중심의 역사의식을 보였다. 또 세종대의 지리지에서 볼 수 있던 경제·군사·행정적인 측면은 약화되고 인물·예속·시문을 강화하였다. 그러므로 조선사회가 유교 문화적인 성격으로 변해가는 모습을 보여주면서 각 지방의 문화와 역사적인 측면을 밝혀주는 조선후기 지리지와 연결된다. 『신증동국여지승람』 첫머리 '京都' 부분에는 『朝鮮賦』 全文도 수록하였다. 『조선부』란 1488년(성종 19)에 5개월간 조선을 다녀간 명나라 사신 董越이 우리의 풍속을 그려낸 賦이다.

---

18) 『신증동국여지승람』, 洪彦弼 발문.

또한 지방단위 지리지로는 16세기 후반에서 17세기까지 50여 종의 사찬읍지를 활발히 제작하였다.[19] 읍지편찬이 활성화된 것은 성리학적 소양을 갖춘 사족들이 지방에 거주하면서 자기 고장에 대한 새로운 인식과 문풍의 진작과도 관련이 있다고 하겠다. 풍부하고 충실한 내용에 그 지역의 지도도 첨부한 읍지들은 시각·공간적인 효과가 컸다. 그리고 그러한 경향은 18세기 중엽에 전국읍지인 『여지도서』에 반영된다.[20]

한편 북방야인들에 대한 기록으로는 1499년(연산군 5)에 승지 鄭眉壽가 『海東諸國記』의 예에 따라 편집하자고 다음과 같이 요청한 일이 있었다.

> 『해동제국기』는 신숙주의 찬술입니다. 일본국의 도로의 원근·풍토·씨족·접대 등에 관한 사항을 모두 그림으로 표시하고 아울러 글로써 서술하였으므로 모든 접대의 예식에 있어 국가가 이 책에 힘입고 있으나, 북방의 야인에 대하여는 …… 다만 이극균과 이계동만이 이를 알고 있으니, 청컨대 『해동제국기』의 예에 의하여 책자를 찬집함이 어떠하오리까?[21]

그렇지만 실행되지는 못한 듯하다. 단지 1501년(연산군 7)에 좌의정 成俊이 찬진한 『西北諸蕃記』를 인출하도록 하거나, 1523년(중종 18)에 야인들을 축출한 전말을 편찬하도록 할 뿐이다.

일본에 관한 자료로는 『海槎錄』·『日本往還日記』·『琉球風俗記』·『看羊錄』 등이 있었다. 그중에서 통신사의 사행록은 金誠一의 『해사록』(1590/

19) 양보경, 1998, 「조선중기 사찬읍지에 관한 연구」, 『국사관논총』 81, 70쪽.

20) 양보경, 1995, 「『대동여지도』를 만들기까지」, 『한국사 시민강좌』 16, 일조각, 98쪽.

21) 『연산군일기』 32권, 5년 1월 19일(기묘).

선조 23)과 黃愼의 『일본왕환일기』(1596/선조 29)이다.[22] 『해사록』에는 김성일이 일본僧 宗陳에게 우리나라에 대한 「朝鮮國沿革考異」·「風俗考異」를 적어 주었다는 기록이 있다.[23] 『일본왕환일기』 끝 부분에는 그들의 풍속·지리·의식주에 대한 간략한 기록이 첨부되었다. 또 『유구풍속기』는 그곳에 표착하여 살다온 朴孫의 말에 따라 1546년(명종 1)에 尹漑이 편찬하였다.[24] 이 기록들은 『해동제국기』 이후의 견문기가 되고, 여기에 기재된 水車는 그대로 제작되어 당시 농작에 활용하였다. 정유재란 때 포로로 잡혀갔던 姜沆이 1600년에 일본의 풍속·지리·군사정세 등에 대해 기록한 『간양록』은 훗날 1656년(효종 7)에 간행된다.

중국에 관한 자료로는 1511년(중종 6)에 參贊官 李世仁이 다음과 같이 『漂海錄』 간행을 청한 일이 있었는데, 그 후 1571년(선조 4)에 전주감영에서 『錦南集』으로 開刊되었다.

> 崔溥의 『표해록』은 金陵에서 帝都에 이르기까지의 산천·풍속·습속을 갖추 기록하지 않은 것이 없으니, 우리나라 사람들이 비록 중국을 눈으로 보지 않더라도 이것으로 하여 알 수 있습니다. 청컨대 함께 개간 전파하게 하소서.[25]

그 내용인즉 1488년(성종 19)에 崔溥가 중국 해안에 표착하여 북경·요동·

22) 『日本往還日記』 1책(31장), 黃愼(1596/선조 29)(奎7019) ; 金胄義, 1977, 「日本往還日記解釋」, 『국역 해행총재』 v.8, 민족문화추진회.

23) 『鶴峰全集』 6권, 雜著 「海槎錄」.

24) 『명종실록』 3권, 1년 2월 1일(무자) ; 『패관잡기』 3-4.

25) 『중종실록』 13권, 6년 3월 14일(갑자).

의주를 거쳐 서울로 돌아오기까지 6개월간의 여정을 기록한 것이다. 그 속에는 당시 明의 사회상뿐 아니라 저자의 놀라운 기억력, 관찰력, 역사와 지리에 대한 해박한 지식이 함축되어 있다. 북경대학 葛振家(거전자) 교수가 『漂海錄』을 圓仁의 『入唐求法巡禮行記』, Marco Polo의 『東方見聞錄』과 함께 3대 중국기행기로 꼽고 있는 만큼,[26] 그 진가를 짐작할 수 있다. 따라서 『서북제번기』·『해사록』·『일본왕환일기』·『유구풍속기』·『표해록』 등은 주변국에 대한 정세를 알 수 있는 귀중한 자료가 된다.

제5절 지도

세계지도로서 조선시대에 두 번째로 제작한 「混一歷代國都疆理地圖」(1526/중종 21~1534년 추정)는 明의 「대명국지도」(1526)를 저본으로 한 것으로 추정된다.[27] 이 지도는 지도학적 차원에서 조선초의 「混一疆理歷代國都之圖」(1402/태종 2) 보다 최신의 지리정보를 담았다. 그러나 중국의 「大明混一圖」(1389)나 「혼일강리역대국도지도」에서와 같은 확대된 세계인식이 없이, 중국과 한반도 이외의 지역을 거의 다루지 않고 있다. 성리학적 이념이 강화되면서 「대명국지도」가 보여준 중화주의적인 '職方世界' 중심의 「華夷圖」(1136) 계열로 복귀한 것이다. 이 무렵 세계지도에 대한 관심이 실록에서 보인다. 중종은 1536년(중종 31)에 중국으로 가는 성절사에게 천하지도 구입비를 미리 주면서 반드시 구해올 것을 일렀다.

26) 박원호, 2008, 「표해록」, 『한국사시민강좌』 42, 일조각, 46쪽.

27) 문중양, 2006, 『우리역사 과학기행』, 동아시아, 103쪽.

지금 만일 價布를 보내지 않고 私的으로 사오라고 하면 혹 사지 못하였다고 핑계할 수도 있을 것이니, 곧 該曹를 시켜 가포를 마련하고 書狀을 만들어서 특별히 말을 주어 빨리 가서 하유하게 하라. 그리고 이것이 중국 조정에서 금하는 물건이라 할지라도 다방면으로 널리 구하여 사가지고 올 일로 아울러 하유하라.[28]

그런데 이 천하지도가 「혼일역대국도강리지도」, 그리고 1511년(중종 6)에 홍문관에서 진상한 「天下輿地圖」와는 어떤 관련이 있는지 알 수 없다.

한편 국내지도는 조선초기처럼 전국적인 규모로 실측 제작되지 않았다. 단지 「朝鮮方域(之)圖」가 국가에서 제작한 조선전기의 지도 중에서 가장 정확한 것으로서 유일한 현존원본이 된다.[29] 그리고 정척·양성지가 제작한 「동국지도」의 전통을 이은 것이므로 「동국지도」의 형태와 내용을 추정할 수 있는 유일본이 된다. 아마도 1557년(명종 12)에 濟用監에서 전국 8도의 진상품을 파악하기 위해 제작한 것으로 짐작된다. 또한 『新增東國輿地勝覽』의 「八道總圖」 및 「八道州縣圖」(「東覽圖」)는 15세기의 「동국지도」와 『해동제국기』의 「일본도」에 이어, 국가에서 판각한 목판지도이다. 그러므로 여기에서 지도제작의 문화적 역량과 지리정보의 공개성을 동시에 볼 수 있다.[30]

그 외 주요행정 및 군사지역 지도는 판중추부사 李克均의 「慶尙右道圖」,

---

28) 『중종실록』 81권, 31년 5월 10일(갑자).

29) 「朝鮮方域圖」 채색필사본. 국보 제248호. 임진왜란 때 유출되어 대마도 宗家(소가)에 소장되어 있던 것을 1930년대에 입수하여 국사편찬위원회에 소장되어 있다.

30) 김기혁, 2007, 「조선시대 목판본 고지도의 발달연구」, 『조선시대 인쇄출판정책과 역사발전』, 청주고인쇄박물관, 170쪽.

李宗準의 「慶尙左道圖」(1497/연산군 3)를 비롯해 다수가 만들어졌다.[31] 그 중에서 평안·함경·경상도의 지역지도는 어수선한 국내외의 정세를 반영한 것이겠으나 아쉽게도 이것들은 현재 전하지 않는다. 여기서 보인 지도 제작술은 조선후기에 전국지도·도별도·疆域圖·關防圖뿐 아니라 군현지도로 광범위하게 이어진다. 그리고 김정호의 「대동여지도」(1861)에서 절정에 이르게 된다.

第6절 사회교훈서적

조선초의 신분제는 점차 붕괴되면서 양인의 계층분화가 촉진되고 士族계층이 새롭게 형성되었다. 이에 사림들은 성리학적 이상정치의 실현을 위해 이념적 교화를 우선시하며 교훈서들을 출판하였다. 곧 『小學』·『朱子家禮』·『三綱行實圖』·『續三綱行實圖』·『二倫行實圖』·『正俗』·『警民編』·『呂氏鄕約』·『酒戒文』·『孝經』·『列女傳』·『女誡』·『女則』·『女訓』·『閨中要覽』 등으로서 성리학적 사회윤리 체제를 극대화하려 하였다.

『소학』은 유교적 윤리를 정착하기 위한 기본 교화서로서 조선초기부터 성균관·四學·향교, 그리고 경연에서 교재로 사용하였다. 1517년(중종 12)에 홍문관에서는 『소학』 보급의 필요성을 다음과 같이 강조하였다.

---

31) 지도는 그 외에 1500년(연산군 6)에 동북·서북계의 長城圖本과, 警邊使 李克均의 「평안도江邊지도」, 1501년(연산군 7)에 「서북지도」, 1513년(중종 8)에 순변사였던 黃衡의 「함경도지도」, 1523년(중종 18)에 평안도절도사 李之芳의 「閭延·茂昌·虞芮 形勢圖」, 1562년(명종 17)에 金澍의 「평안도 成川·義州·安邊의 圖記」, 1588년(선조 21)에 「경상도지형」 등이 있다.

『삼강행실』에 실려있는 것은 거의가 변고와 위급한 때를 당했을 때의 특수한 몇 사람의 激越한 행실이지, 일상생활 가운데에서 행하는 도리는 아닙니다. 그러므로 누구에게나 그것을 요구할 수 없는 것이지만 『소학』은 곧 일상생활에 절실한 것인데도 일반서민과 글모르는 부녀들은 讀習하기가 어렵게 되었습니다. 바라옵건대 여러 책 가운데에서 일용에 가장 절실한 것, 이를테면 『소학』이라든가 『열녀전』·『여계』·『여측』과 같은 것을 한글로 번역하여 印頒하게 하소서. 그리하여 위로는 宮掖으로부터 조정 卿士의 집에 미치고 아래로는 여염의 小民들에 이르기까지 모르는 사람없이 다 강습하게 해서 일국의 집들이 모두 바르게 되게 하소서.[32)]

당시 사용하던 『삼강행실도』류가 보편적으로 실천할 수 있는 사례들이 아니기 때문에, 일상생활의 실천윤리서로서 『소학』을 제시한 것이다. 이에 중종도 교화의 중요성을 강조하면서 그것을 속히 인쇄 반포하도록 하였다.

자식이 아비를 죽인 변은 교화가 행해지지 않은 데에 연유한 것이다. 자신을 책하는 뜻으로 傳旨를 정원에 내리니 팔도 관찰사에게 유시하여 향교를 일으키는 데 힘쓰게 하고, 또 『소학』을 속히 인쇄 반포하게 하며, 『女戒』와 『女則』 등 책도 우선적으로 撰集하게 하라.[33)]

그 결과 1518년(중종 13)에는 『소학』(『飜譯小學』) 1,300부를 찍어 관리와 종친뿐 아니라 각 鎭과 浦의 병사들에게도 보냈다. 1554년(명종 9)의

32) 『중종실록』 28권, 12년 6월 27일(신미).

33) 『중종실록』 31권, 12년 12월 28일(기사).

『고사촬요』 책판목록을 보면 전국 17곳에서 『소학』을 간행한 것으로 나타난다. 최세진도 1537년(중종 32)에 아이들이 편리하게 읽을 수 있는 『小學便蒙』을 편찬하였다.

> 우리나라는 『소학』으로 자제들을 가르치는데 …… 신이 그 중에서 본받을 만한 일을 類대로 뽑아서 네 권으로 나누어 만들어서 바칩니다. 本篇에서 더하거나 덜어 버린 것이 없습니다. 간단하고 복잡하지 않으며 편리하고 쉬우니 만약 간행하도록 명하신다면 아이들이 배우는 데 보탬이 있을 것입니다.[34)]

그리고 율곡도 이제까지 사용하던 여러 가지 『소학』의 주석서를 종합하는 선에서 『小學諸家集註』(1579/선조 12)를 완성하였다. 이것으로 조선에서는 『소학』의 인식수준이 일단 마무리되는 의미를 지닌다.[35)]

또한 『삼강행실도』는 세종대에 편간한 이래 중종대에 3차례(1510/중종 5, 1511, 1515)에 걸쳐, 그리고 1545년(인종 1)·1554년(명종 9)에도 간행하였다. 1511년(중종 6)의 경우는 교서관에서 2,940부나 인쇄하였다. 이 엄청난 출판량은 사림들이 至治主義를 강력히 추진하려던 시기여서 가능한 일이다. 1515년(중종 10)에는 낙안군 사람이 모친을 죽인 일이 생기자 그 郡을 강등시키면서, 우선 治道의 근본이 교화에 있다는 교지를 내렸다.

> 化民成俗의 근원은 교화에 있고 교화의 근본은 君上의 表率여하에 있다. 내가 정사에 임한 지가 이제 10년이나 되었는데, 생각으로는

34) 『중종실록』 86권, 32년 12월 15일(경신).

35) 김준석, 2005, 『한국중세 유교정치 사상사론』 v.1, 지식산업사, 134쪽.

교화를 돈독히 숭상하고 폐습을 크게 개혁하여 禮讓의 풍속에 이르게 하려고 하였다.[36]

그리고 『삼강행실도』를 5부에 나누어주며 백성들에게 가르치도록 하였다. 그 전해인 1514년(중종 9)에는 申用漑 등이 왕명으로 『삼강행실도』의 속편인 『續三綱行實圖』도 편찬하였다. 『삼강행실도』와 동일한 목적에서 비롯된 것임을 서문에서 알 수 있다.

근래에 삼강이 땅에 떨어져 풍속이 문란하므로 백성이 本性을 잃어 순후하여질 줄을 모른다. 조종 때에 강상을 굳게 세우기 위하여 충신·효자·열녀들의 초상을 그리고 사적을 기록하여 하나의 책을 만들되, 이름을 『삼강행실』이라 하여 중외에 반포하였다. 閭巷의 小民이 보고 감동하니 어찌 다스림에 도움이 되지 않았겠는가. 내가 이런 생각이 나서 전과 같이 형상을 그려서 속편을 편찬하고자 하니 속히 局을 설치하도록 하라.[37]

『속삼강행실도』에 수록된 인물의 내용을 보면, 중국인 위주이던 『삼강행실도』와 달리 조선인 사례를 추가하였다. 더욱 1581년(선조 14)의 重刊本은 원본과 달리 한글만으로 되어있고 충신의 수도 더 늘어났다.[38] 그리고

36) 『중종실록』 21권, 10년 2월 15일(계묘).

37) 『중종실록』 17권, 7년 10월 8일(무신) ; 동 9년 6월 27일(무오) ; 『속삼강행실도』 序 ; 『續三綱行實圖』 1책(75張), 申用漑 奉敎撰 목판본(1514/중종 9 序)(가람古貴 70.951-Si62s).

38) 『속삼강행실도』는 『삼강행실도』(刪定本, 1489/성종 20)의 체제를 따르고 있지만 다른 점은 ① 조선인의 사례가 중국인보다 많다(효자편 36인 중 33인, 충신편 6인 중 4인, 열녀편 28인 중 20인이 조선인) ② 수록인물의 사례 수가 각 편마다

그 후에 편찬하는 『東國新續三綱行實圖』에는 조선인만으로 구성되어 자주적인 의식의 변화를 보여준다. 아울러 1517년에도 경상도관찰사 김안국이 백성들의 교화를 위해 『二倫行實圖』를 편찬 개간하였다.

> 『이륜행실』은 臣이 전에 승지로 있을 때 개간을 청하였습니다. 삼강이 중요함은 비록 어리석은 사람들도 모두 알거니와, 朋友兄弟의 윤리에 대해서는 보통 사람은 알지 못하는 이가 있기 때문에 신이 『삼강행실도』에 의하여 유별로 뽑아 엮어서 개간하였습니다.[39]

『이륜행실도』에서는 長幼·朋友의 윤리를 강조하여 사림의 성장과 함께 대두되기 시작한 鄕黨윤리를 제시하였다. 그리하여 실제적인 五倫圖가 완결되었음이 『이륜행실도』의 姜渾 서문에서 밝혀진다.

> 本朝의 『삼강행실』이란 책은 중앙과 지방에 이미 널리 반포되어 사람마다 알고 있으며 충신·효자·열녀의 행실을 우러러보고 감격하고 권장하며 힘써 착한 마음을 일으키지 않는 자가 없었다. 그러나 장유·붕우의 이륜에 대한 것은 아직 보지 못했을 것이다. 이제 경상도관찰사 金公安國이 일찍이 政院에 있을 때, 경연에 入侍하여 임금께 청하기를, "『이륜행실』을 지어 『三綱』에 첨부하여 백성들이 보고 느끼는 자료를 구비하게 하시옵소서"라고 하였다.[40]

다르다(『삼강행실도』는 충·효·열 각 항목별 사례수가 같으나, 『속삼강행실도』는 충신편 6인, 효자편 36인, 열녀편 28인이다).

39) 『중종실록』 32권, 13년 4월 1일(기사).

40) 『이륜행실도』, 姜渾 序.

『이륜행실도』는 1517(중종 12)·1539(중종 34)·1550(명종 5)·1579년(선조 12, 교서관)에 간행하여 『삼강행실도』와 함께 통용되었다.[41] 그리고 조선후기에 이르면 『삼강행실도』와 『이륜행실도』를 합한 『五倫行實圖』(1797/정조 21)로 편간하게 된다. 그러므로 『이륜행실도』는 『삼강행실도』의 전통을 이어받으면서 후대로 연결되는 중간다리 역할을 하였다고 볼 수 있다.[42] 『이륜행실도』의 내용은 전·후면 1장으로 되어있다. 전면에는 기사의 내용을 압축한 도판이 있고 도판의 상단 여백에는 언해문을 수록하였다. 후면에는 한문으로 된 행적기사와 그 내용을 압축한 贊詩가 있다. 그리고 여기에 수록한 48명은 모두 중국인으로, 조선인이 한 명도 없는 점이 같은 시기에 편찬한 『속삼강행실도』와 대조된다. 『이륜행실도』의 초간본(1518) 삽화는 刻線이 부드럽고 고르지만, 점차 판각기술이 粗化되면서 刻畵의 수준이 떨어진다. 15세기의 판화가 안정된 구도에 유려한 선과 사실적인 표현을 갖춘데 비해, 16세기에는 그 아름다움이 많이 상실된 것이다. 그렇지만 불교일색의 고려시대와 달리, 조선시대의 판화는 유학·의례·천문·지리·군사·의궤·역학 등 다양한 분야에서 사용되었다.

같은 시기 김안국의 동생인 황해도관찰사 金正國은 1519년(중종 14)에 延安府에 사는 李同이 부친을 구타한 사건을 계기로 『警民編』을 만들었다.

---

41) 현존하는 『이륜행실도』 판본은 1539년(중종 34)의 原刊本(옥산서원 소장), 1579년(선조 12)의 改刊本(金誠一 宗家 소장), 1727년(영조 3)의 箕營本, 1730년(영조 6)의 各道監營本 등 4종류가 있다. 옥산서원에 소장되어 있는 판본은 1517년(중종 12) 김안국이 경상도에서 간행한 초간본의 冊版을 底本으로 사용한 판본으로, 原刊本의 가치를 지니고 있다.

42) 이광렬, 2007, 「行實圖 도판의 의미와 이륜행실도 도판분석」, 『조선시대 문화사』 상, 일지사, 81~82쪽.

「경민편」 12조항과 「學令」 24조항으로 된 내용에는 저자가 추구했던 향촌교화의 취지가 담겨있다.

> 백성이 쉽게 따를 수 있고 쉽게 범할 수 있는 12가지 조목을 취하고 이를 엮어 '警民'이라 하였으며 이를 村閭에 刊布하였다. 또 學令 24조를 만들어서 학자들을 훈육하였는데 온 道가 흡족히 化服하였다.[43]

이 책에서는 이제까지의 전통적인 『소학』류의 내용이나 삼강오륜의 덕목과 달리 君臣·朋友·長幼 등의 덕목을 제외하였다. 그 대신 향촌질서 유지에 필요한 族親·勸業 등의 항목을 추가하였다. 그러면서 이황·이이의 향약 내용과 비슷하여 향약보급의 전단계적인 의미를 지닌다. 또 구결과 언해를 첨부하여 일반백성들에게 보급하려던 의도도 나타났다. 그러므로 소농층이 성장하면서 그들을 교화의 대상으로 삼았다는 의의를 지닌다.[44]

한편 『呂氏鄕約』도 김안국이 1517년에 『正俗』과 함께 언해서로 배포하였다.[45] 김안국은 그 다음 해에도 성리학적 실천윤리를 권장하기 위해 이것들을 전국에 印頒하도록 요청하였다.

---

43) 『慕齋集』, 「弟嘉善大夫禮曹參判金公墓誌銘」; 『思齋集』, 「墓誌」, 「警民編跋」. 실록에서는 김안국·김정국 형제가 '한 집안의 聯璧(한쌍의 구슬)'이라고 기록하였다.

44) 金勳埴, 1990, 「중종대 『경민편』 보급의 고찰」, 『이재룡박사환력기념 한국사학논총』, 한울, 470쪽.

45) 『朱子增損呂氏鄕約』 1책(50張), 金安國 언해 목판본 圖(刊年未詳)(가람古貴 352-G413j); 『중종실록』 36권, 14년 6월 8일(경오); 동 14년 7월 18일(기유). 현재 많은 異本들이 전하는데 原刊本으로 추정되는 책은 日本 東京의 尊經閣(손케이)문고본이다(安秉禧, 1975, 「여씨향약언해의 原刊本에 대하여」, 『학술원논문집』 14).

> 臣이 경상도관찰사로 있을 적에 …… 지금 바야흐로 따로 찬집청을 설치하여 문집을 찍어내고 있으니 이러한 책들을 다시 더 교정하여 찍어내어 8도에 반포하게 하신다면 풍화를 힘씀에 조금이나마 도움이 될 것입니다. 『여씨향약』이나 『정속』같은 책은 바로 풍속을 돈후하게 하는 책들입니다.[46]

김안국이 보급한 『여씨향약』이 사회적으로 끼친 영향에 대해, 홍문관 응교 韓忠은 충청도에서 목도한 사실을 다음과 같이 전하였다.

> 臣이 시골에서 아이들이 읽는 『향약』을 보니 곧 김안국이 교정한 언해본이었습니다. 이것을 널리 인출하여 8도에 반포하는 것이 가합니다.[47]

그런즉 『이륜행실도』·『여씨향약』·『정속』은 기묘사화(1519/중종 14)가 일어나기 두 해 전에, 『경민편』은 바로 그 해에 간행한 것이다. 1515년(중종 10)~1519년(중종 14)은 조광조의 혁신정치가 영향력을 강력히 행사하던 무렵이다. 김안국·김정국 형제는 기묘사림의 중심인물로 활동하면서 이 교훈서들을 통해 조선사회를 재편하려고 하였다. 곧 국가의 예제뿐만 아니라 가족제도, 향촌사회 질서까지 성리학적 이념에 따라 정립하려한 것이다. 그러나 『소학』·『이륜행실도』·『경민편』·『향약』 등은 기묘사화의 여파로 사회로부터 멀어지고, 『삼강행실도』·『위선음즐』같은 교훈서가 더 관심을 끌게 되었다. 사림들이 주도하던 횡적관계의 성리학적 사회윤리보다 종적관계의 三綱的 사회질서가 강조된 때문이다.[48] 그러다가 사림들

46) 『중종실록』 32권, 13년 4월 1일(기사).

47) 『중종실록』 33권, 13년 6월 19일(정해).

이 정계에 재서용되는 것을 계기로 이 책들은 다시 부활되었다. 한 예로서 『이륜행실도』는 김안국의 요청에 따라 다시 간행되었다.

> 『삼강행실도』는 벌써 간행이 되었으나 오륜 가운데 장유·붕우 두 가지 일이 따로 간행된 것이 없습니다. 때문에 신이 경상도관찰사로 있을 적에 『이륜행실도』를 찬집하면서 형제의 유에다 친척 조항을 붙이고 붕우의 유에다 師生 조항을 붙여 책을 만들었습니다. 그런 다음 간행하여 반포해서 온 도의 사람으로 하여금 모르는 자가 없게 하였습니다. 신은 이 『이륜행실도』를 많이 간행하여 널리 반포하는 것이 매우 좋겠다고 생각합니다.[49]

사림들은 조광조를 비롯한 피화인의 伸寃, 향약실시의 장려, 효행 천거제, 旌表·復戶, 詢問, 耆老政策, 鄕射禮·鄕飮酒禮 등도 시행하였다. 그러므로 향약은 1573년(선조 6)에 進上 5부와 國用 300부를 인쇄하여 지방의 향교와 서당에도 나누어주었다. 1576년(선조 9)에는 전래의 「향약절목」에 향약성격의 조목들이 더 포함된 鄕規約을 만들었다. 그리고 중국의 『여씨향약』이 아닌, 각 지방의 실정에 맞게 토착화한 향약을 작성하였다. 특히 퇴계는 『禮安鄕約』(1556/명종 11), 율곡은 『西原鄕約』(1571/선조 4)·『海州鄕約』(1579)·『社倉契約束』 등을 작성하여 향민교화에 사용하였다. 마침내 조선사회는 『주자가례』·『삼강행실도』 등을 통해 가르치던 충효 등의 단순한 '德目에 의한 사회규율'에서 독자적으로 전개되는 '이론에 의한 체제 합리화' 차원으로 발전할 수 있었다.[50]

---

48) 정재훈, 2005, 『조선전기 유교정치사상연구』, 태학사, 189쪽.

49) 『중종실록』 87권, 33년 7월 7일(무인).

기타 일반교훈서로는 일상생활 규범 류인 『酒戒文』·『孝經』, 그리고 여성의 덕목을 적은 『內訓』·『列女傳』·『飜譯女訓』 등을 간행하거나 『여계』·『여칙』을 번역하여 사용하였다. 『열녀전』에는 중국의 것이 아닌 당대의 조선화가 李上佐의 그림을 넣어 자주적인 면모를 나타냈다. 또한 이황이 자신의 견해와 경험을 바탕으로 적은 『閨中要覽』(1544/중종 39)은 양반 부녀자들이 필사본으로 간직하여 가정생활 지침서로 사용하였다.

아동수신서로는 기본예절을 다룬 주자의 『童蒙須知』, 한자 입문서인 『千字文』·『續蒙求』·『類合』·『新增類合』을 간행하였다. 그 외에 『訓蒙字會』(최세진)·『童蒙先習』(박세무)·『擊蒙要訣』(이이) 등도 편간하였다. 『천자문』·『유합』·『신증유합』·『훈몽자회』는 당시 널리 사용하던 한자 입문서이다. 1527년(중종 22)에 편찬한 『훈몽자회』는 한자의 음과 뜻을 우리말로 기록하되, 일상생활에서 접하는 사물의 형태나 이름을 위주로 편집하였다. 그러한 실용성 때문에 그 후 수백 년 동안 아동의 교본으로 널리 사용되었다.[51] 『몽구』를 보완한 『속몽구』(1566/명종 21), 『유합』을 증보 수정한 『신증유합』(1576/선조 9)은 유희춘이 편찬하였다. 『속몽구』는 1558년(명종 13)에 만들었으나 그 뒤 몇 차례의 수정을 거쳐 완성되었고, 『신증유합』은 『유합』이 한자의 수가 적고 불교숭상의 내용이 있다는 이유로 증보 수정되어 교서관에서 간행하였다.[52]

---

50) 윤사순, 1982, 『韓國儒學論究』, 현암사, 56쪽.

51) 『훈몽자회』, 「訓蒙字會引」. 『훈몽자회』는 3권 총3,360자를 수록하였는데, 초간본으로 추정되는 을해자 활자본(1527/중종 22)이 일본 叡山(에이산)文庫에 소장되어 있다. 그후 중간 개정판본도 임진왜란 이전에 몇 차례 간행하였는데 일본 東京(도쿄)대학 중앙도서관, 尊經閣문고 등에 소장되어 있다(윤형두, 2007, 『옛책의 한글판본』, 범우사, 118쪽).

52) 『미암일기초』 기사(1569/선조 2 윤6월 23일 ; 동 갑술(1574/선조 7 5월 6일).

제7절 경제서적

조선초기의 경국대전 체제가 16세기에 이르러 무너지면서 국가의 강력한 통제아래 운영되던 경제질서도 흔들렸다. 지방장시와 사무역의 발달로 상품유통경제는 확대되고 지방 중소지주인 사림들의 세력은 성장하였다. 반면 방군수포제의 성행과 수취체제의 모순으로 사회계층은 분화되고 농촌사회는 피폐해졌다. 따라서 이를 극복하기 위해 1498년(연산군 4)에 「奢侈禁制節目」, 1502년(연산군 8)에 「시장에서의 取利者 금지절목」을 계속 반포하였다. 그 절목을 정할 때 다음과 같은 논의가 있었다.

> 사헌부에서 아뢴 시장에서 이득보는 사람을 금제하는 절목에 "비싼 것을 싼 것으로 하고 싼 것을 비싼 것으로 하는 사람은 杖 80대를 치는데, 이 律이 가벼운 듯하니, 장 80대를 치고 온 가족을 변방으로 옮기도록 하며, 또 적발하기가 어려우니 고발한 사람에게 범죄한 사람의 재물로써 상주자" 하였는데, 신 등의 생각에는, 장 80대가 진실로 가벼운 율이 아니며 더구나 온 가족을 변방에 옮기는 것은 법이 너무 과람한 듯합니다. 또한 간사한 짓을 다스리려고 범죄한 사람의 재물로써 고발한 사람에게 상을 준다면, 사사로이 서로 고자질할 폐단이 적지 않을 것입니다.[53]

『유합』은 1574년(선조 7, 황해도 해주), 1664년(현종 5, 안성 七長寺)판 외에 松廣寺·仙巖寺·安心寺 등의 사찰판이 있어 사찰에서도 교육용으로 사용한 것으로 보인다. 『신증유합』의 임란 이전의 목판본은 현재 일본의 東洋(도요)문고·尊經閣(손케이카쿠)문고 등에 전한다.

53) 『연산군일기』 44권, 8년 6월 6일(병오).

중종대에는 은광이 잠시 재개되다가 봉쇄되고 면포의 저질화가 심각한 논란의 대상이 되었다. 그래서 도량형의 일원화를 기하고 저화와 동전의 사용을 적극 장려하는「楮貨行用節目」(1515/중종 10)도 마련하였다. 1524년(중종 19)에는 양전을 전라·강원·평안도에서 실시하였으나 군역의 布納化, 공물의 防納化가 농민경제에 큰 타격을 주었다. 급기야 惡布금단을 둘러싼 논란 끝에「惡布禁斷節目」(1522/중종 17)을 반포하였고,「의복·음식·혼인 등에 대한 사치와 낭비를 금하는 禁斷節目」(1530/중종 25)에 대해서도 논의하였다. 명종대에는「富商大賈들의 銀鐵매매 금지절목」(1551/명종 6)을 만들도록 조치하였고, 북경에 가는 通事들이 銀兩을 많이 가져가 함부로 무역한 것에 대해 처벌하는 일도 있었다.

한편 기근이 심하자 진휼청에서는 1541년(중종 36)에「쌀·콩·鹽醬 등의 분배절목」을 내렸고, 1554년(명종 9)에는 구황에 요긴한 내용을 뽑아 언해한『구황촬요』1권을 배포하도록 하였다.

> 근래에는 해마다 큰 흉년이 들었는데 영남과 호남 두 도가 더욱 심하였습니다. 국가에서는 사신을 보내 진구하게 하고, 또 구황에 가장 요긴한 것들을 뽑아 모아서 하나의 方文으로 만들어서, 언문으로 번역하여 이름을『구황촬요』라 하고 인출하여 중외에 반포하여 집집마다 알게 하였으니, 이는 실로 민생들을 구제하는 좋은 방책입니다. …… 이번의 좋은 방문도 만일 엄격하게 신칙하지 않는다면 또 다시 버려두고 거행하지 않을 것이니 바라건대 두루 중외에 효유하여 누구나 알고 있게 하소서.[54]

---

54)『명종실록』17권, 9년 11월 25일(임술). 1554년에 간행한『구황촬요』원간본은 현재 전하지 않는 것으로 알려지고 '萬曆甲申(1584/선조 17)春 海州牧開刊'이란 간기를 가진 책의 필사본(고려대도서관 소장)이 가장 오래된 판으로 알려져 있다.

내용은 구급법·대용식물의 조리법 등을 기록한 것으로, 영·호남에서의 극심한 기근을 구제하기 위한 것이다. 세종대에 편간하여 배포하였다는 『救荒辟穀方』은 현재 전하지 않으나 『구황촬요』에서 그 내용을 많이 인용하였을 것으로 짐작된다. 성리학적 기반 위에 성립한 조선사회에서 구황은 당연히 군주의 통치력과 관련된 것으로 해석하였다. 그러므로 모든 災異의 궁극적 책임을 군왕에게 묻는 신유학 체계 속에서, 구황서의 보급은 재해의 결과가 사회동요로 이어지지 않도록 배려한 것이기도 하다.[55)]

제8절 농업서적

조선초기에 달성한 과학기술의 성과는 16세기에 이르러 점차 침체되었다. 경학중심의 학문풍토로 인해 과학은 최고지배층의 문화로부터 유리되고 중인 신분층의 것으로 치부되었다.[56)] 민간수공업은 다소 발전하였으나 관청수공업은 쇠퇴하고 전반적으로 기술은 답보상태였다. 지주전호제의 발달로 계급분화는 촉진되고 심해진 빈부의 격차는 농민의 부담을 가중시켰다. 이에 중종은 1517년(중종 12)과 1518년 연이어 '農桑敎書'를 팔도에 반포하였다.

하늘은 모든 백성을 낳아 나라의 근본이 되게 하고, 땅은 온갖 곡식을

55) 朴星來, 1979, 「한국사상에 나타난 천재지변의 기록」, 『한국과학사학회지』 1, 138쪽.

56) 박성래, 1995, 「조선전기 과학기술의 발달」, 『한국사』 8, 한길사, 333쪽.

> 내어 백성의 생명이 되게 하였으니, 백성이 아니면 나라가 설 수 없고 먹을 것이 아니면 백성이 살아갈 수가 없는 것이다. …… 천하에 지극히 노고하면서도 항상 곤궁한 사람은 농부와 蠶女이다. 위에 있는 사람이 성심으로 인도하여, 전력해서 철에 맞추고 즐겁게 살며 생업을 이루어가도록 하지 않는다면, 누가 길쌈하는 노고를 감당하고 농사짓는 고통을 참으며 곤궁한 길을 달게 여기려 하겠는가? 그러나 위에서 비록 부지런히 인도하더라도 백성과 친근한 관원들이 마음을 다해 거행하지 않는다면, 이렇게 말하는 것이 단지 번거로운 법령만 되고 마는 것이다.[57]

이 교서는 1444년(세종 26)의 권농교서 이후 처음 나온 것으로서, 중국에서 수입되던 비단류를 양잠으로 대체하는 등 농업을 독려하기 위한 것이다. 그러므로 당시 어렵게 된 경제상황을 농업기술로 극복하려던 통치자의 의지가 보인다.[58] 그러나 이를 계기로 국가차원에서 선진농법을 개발하거나 농서를 편찬하는 보다 적극적인 대책은 강구되지 못하였다. 단지 기존에 사용하던 농서를 그대로 간행하거나 언해하였다. 예를 들면 1543년(중종 38)에는 農桑·灌漑 내용이 포함된 明나라 東魯王의 농서를 開刊하도록 하였다. 또 지방에서는 안동부사 李偶가 기존의 농서에 새로운 농법을 추가한 『農書輯要』를, 그리고 경상도관찰사 김안국이 언해한 농서와 잠서를 간행하였다. 昌平縣에서는 목면의 재배관리법을 증보한 새로운 판각도 만들었다.

57) 『중종실록』 27권, 12년 2월 26일(임신).

58) 이태진, 2008, 『한국사회사 연구』, 지식산업사, 300쪽.

제9절 의약서적

조선초기에 발달하였던 과학기술 중, 16세기에 보강 내지 발전한 것은 의학 분야이다. 그 중에서 전염병 치료를 위한 구급 언해서와 외과 분야가 단연 두각을 나타내었다. 15세기 후반에 이르러 농장의 발달은 향촌 내에서 빈부의 격차를 심하게 만들었다. 여기에 자연재해가 닥치자 기근이 장기화되는 가운데 전염병이 조선을 휩쓸었다. 이 급성전염병은 바로 천연두(痘瘡)·홍역·콜레라, 그리고 장티푸스나 발진티푸스로 추정되는 瘟疫(癘疫) 등이다. 그러므로 이를 위해 주로 왕명으로 전염병치료 언해서를 편찬하였다. 예를 들면 연산군대에 『救急易解方(언해)』, 중종대에 『辟瘟方언해』·『瘡疹方언해』·『簡易辟瘟方』·『續辟瘟方』·『村家救急方』·『分門瘟疫易解方』·『牛馬羊猪染疫病治療方』, 명종대에 『救急良方』·『黃疸瘧疾治療方』등이다.

전염병의 유행은 1524년(중종 19)~1526년, 1541년(중종 36)~1542년에 유난히 심하였다. 그 가운데서도 1524년 가을부터 다음 해 봄까지 평안도에는 온역이 휩쓸고 겨울 혹한까지 겹쳐 사망자가 속출하였다. 이에 『醫方類聚』로부터 온역에 대한 내용을 초록한 『辟瘟方』을 언해·傳寫하여 먼저 함경·평안도에 보내고, 전국에 반사하였다.[59] 그리고 그 치료한 결과를

---

59) 『중종실록』 52권, 20년 1월 18일(정축) ; 동 20년 1월 23일(임오) ; 동 20년 5월 6일(갑자) ; 『간이벽온방』 1책, 金希壽 序, 훈련도감자 활자본(1613/광해군 5, 內賜本)(奎3199, 5227, 5696).
『간이벽온방』의 내용에는 전염병이 일어나는 시기·기후, 전염병의 원인, 避禳法, 예방법, 대처법, 조제방법 및 복용법 등을 설명하였고, 한자에 讀音까지 표기하고 약초명에는 우리말의 속명을 添記하였다. 이어 철저한 소독과 문병할 때의 주의점, 각종 草藥과 그 草藥의 사용·복용방법 등을 설명하였다.

함경·경기·충청·전라 4도 관찰사들에게 다음과 같이 속히 보고하도록 하였다.

> 대저 질병에 걸려 사망하는 자들은 대부분 굶주리던 민중들이다. 비록 돌보아 구제하는 것이 근본이지만 비손하고 약으로 구료하는 것도 마땅히 거행해야 하기에 이미 諭示를 내리게 했으니, …… 제사를 거행한 월일 및 내려보낸 벽온방 중에서 어느 약으로 몇 사람이나 치료했는지를 치계하고, …… 마음을 쓰지 않는 수령도 아울러 시급히 치계하라.[60]

당시 세간에서 전염병이 돌 때는 厲祭를 드렸다. 또 方書에 기록된 예방법대로 큰 솥에 물을 끓여서 마당에 놓고 향을 태워 역귀가 대문으로 들어오지 못하게 하였다. 때로는 평안도관찰사 윤은보의 보고에서 보듯이, 『삼강행실도』의 내용대로 손가락을 끊어 狂疾 치료를 염원하기도 하였다.[61] 교훈서가 민간요법으로 사용될 정도로 일반화된 것이다. 1542년(중종 37) 6월에도 함경도의 종성·경원·회령 등에 온역이 크게 유행하였다. 그러자 김안국은 그해 왕명으로 수집한 여러 方書를 삽입하여 『分門瘟疫易解方』으로 간행 배포하였다. 그 서문에는 누구나 쉽게 볼 수 있도록 번역하였다는 취지가 실려 있다.

> 중종 37년 5월 하순에 온역이 전국으로 돌아 멸문하는 집이 속출하였기에 聖上이 이를 염려하여 의원을 각도에 파견하고 救療策을 써서 치료에

---

60) 『중종실록』 56권, 21년 3월 4일(정해).

61) 『중종실록』 57권, 21년 7월 25일(병오).

> 힘썼으나 의원의 손에 미치지 못하는 곳에 대비하기 위하여 聖上이 김안국에게 명하여 『벽온방』을 편찬하게 하였다. 이에 김안국은 …… 諸書 중에서 시술하기 쉬운 처방과 갖추기 쉬운 약을 취하여 …… 약명과 취급법을 더한 다음 모두 언문으로 번역하여 愚夫愚婦일지라도 해득할 수 있게 올리니 성상께서 이를 『분문온역이해방』이라 賜名하였다.[62]

의서 편찬은 주로 내의원에서 의서찬집청을 설치하여 진행되었고, 그 활동은 중종대에 두드러지게 나타났다. 내의원 도제조 尹弼商 등이 찬집한 『救急易解方(언해)』는 1499년(연산군 5)에 교서관에서 간행 반포한 후, 1523년(중종 18)에 경남의 곤양군에서 개간하였다.[63] 『구급이해방』은 세종대의 『향약집성방』·『의방유취』의 내용이 너무 방대하고 세조대의 『구급방』이 너무 간략한 까닭에, 민간구급용으로 다시 편집한 것이다. 그리고 『瘡疹方諺解』·『辟瘟方諺解』는 경상도관찰사 김안국이 1517년(중종 12)에 간행하였다. 또 세조대에 任元濬이 찬진한 것으로 추정되는 『瘡疹方』은 의원取才 講書로 사용되었는데, 그 후 허준이 『諺解痘瘡集要』로 개편하였다.

김안국의 동생인 김정국도 전라도관찰사로서 1538년(중종 33)에 『村家救急方』을 편간하였다. 그 서문에도 역시 시골백성들이 쉽게 구할 약재로 처방하였다고 밝히고 있다.

> 이 책(『촌가구급방』)을 책상 위에 올려놓고 시골에서 수십 년을 보내는

---

62) 『慕齋集』, 「分門瘟疫易解方序」.

63) 『구급이해방』, 洪貴達 序文 ; 『조선의서지』.

> 동안에, 병든 사람이 있어 약을 주어 보면 시장과 마을의 밖으로 나가지 않고도 약재를 찾으면 반드시 얻을 수 있었고 자못 모두 효험이 있어 치료된 사람이 대단히 많았다. 그러나 이 책이 민간에 널리 유포되지 못하는 점이 염려스러웠다. 나는 무술년 봄에 조정으로 돌아오라는 부름을 받았고, 같은 해 여름에 호남관찰사의 명을 받들어 호남으로 들어갔는데, 이틀 밤을 묵고 남원에 이르러 맨 먼저 이 책을 通判에게 주어서 그로 하여금 널리 유포시키게 하였다.[64)]

1550년(명종 5)에도 말라리아가 크게 번지고 심한 황달이 퍼졌다. 그러자 『黃疸瘧疾治療方』을 각 도에 보내 관찰사 및 州府巨邑으로 하여금 인출하여 궁벽한 시골에서도 볼 수 있게 하였다. 아울러 내의원에서 펴낸 『救急良方』도 1559년(명종 14)에 전라도관찰사 安瑋가 『治腫秘方』 뒤에 붙여 간행하였다. 이 구급서들은 조선후기에 『新纂辟瘟方』·『辟瘟新方』·『痲疹奇方』의 편찬으로 이어진다. 또한 1541년(중종 36)에는 평안도에서 소의 전염병이 크게 유행하자, 가축에게 필요한 『牛馬羊猪染疫病治療方』을 만들었다. 그 내용은 이두와 한글로 번역하고 약명도 鄕名으로 적어 이용에 편리하게 하였다. 동시에 개성부와 8도에도 分送하여 즉시 刻版한 후 다량을 찍어 여러 지역으로 보냈다.[65)]

그 외에 침구·진맥에 관한 『銅人經』·『直指脈』·『纂圖(方論)脈訣(集成)』, 부인에 관한 『姙娠最要方』·『産書』·『胎産集』, 치종에 관한 『治腫秘方』·『治腫指南』도 간행하였다. 그 중에서 『동인경』·『직지맥』·『산서』·『태산집』은

---

64) 한국한의학연구원, 2007, 『국역 의방합부』 v.1, 한국한의원연구원, 3~4쪽(박수진·김순희, 2009, 「『촌가구급방』의 인용문헌 연구」, 『서지학연구』 42, 498쪽).

65) 『우마양저염역병치료방』 序 ; 安秉禧, 1977, 「양잠경험촬요와 牛疫方의 이두연구」, 『동양학』 7.

1543년(중종 38)에 간행하였는데,[66] 『동인경』·『직지맥』은 각 22부를 인쇄하여 20부는 兩 醫司에 分藏하고, 2부는 경상·전라도에 보내 開刊하여 유포하도록 하였다. 아울러 『산서』·『태산집』도 각 2부를 인출하도록 하였다. 『산서』·『태산집』은 우리나라 서적이지만 『동인경』·『직지맥』은 중국 의서로서, 중앙관청에서 인출한 것을 지방에서 다시 간행하여 배포하도록 한 것이다. 또 맥법진단의 원리를 밝힌 『찬도(방론)맥결(집성)』은 허준이 중국 六朝의 『찬도맥결』을 발췌·교정하여 1581년(선조 14)에 번각하였다.[67]

특히 서양 의학에서의 외과학과 같은 분야도 발달하였다. 한 예로 1559년(명종 14)에 전라도 錦山郡에서 간행한 『治腫秘方』에는 任彦國이 靈隱寺 노승에게 침술의 비법을 배우고 개발한 내용이 실렸다. 임언국의 저술로 짐작되는 『治腫指南』에도 30여 종에 이르는 각종 농양의 수술 圖形과 해설이 있다. 이 두 책에는 오늘날의 외과적 수법인 觀血的 절개요법에 해당하는 내용이 있어 조선 외과학에서 독자적인 경지를 개척한 의의를 갖는다. 『치종비방』의 서문에서, 安瑋는 당시 임언국의 활동에 대해 다음과 같이 소개하고 있다.

---

66) 『중종실록』 101권, 38년 7월 16일(기미). 『찬도맥결』·『동인경』·『의학입문』·『화제지남』은 科試의 誦 또는 背講 과목이다. 의서 가운데 『醫學正傳』·『東垣十書』·『의학입문』·『素問』은 의학 총론 내지 원론, 『찬도맥결』·『직지방』·『十四經發揮』는 진단의학, 『동인경』·『鍼經指南』·『子午流注』·『玉龍歌』·『資生經』·『鍼經摘英集』은 침구, 『婦人大典』·『태산집요』는 부인과, 『득효방』은 임상의학, 『瘡疹集』은 천연두, 『구급방』은 응급처방, 『화제방』은 조제, 『本草』는 약리학, 『外科精要』는 外科書에 속한다.

67) 『纂圖(方論)脈訣(集成)』, 許浚 校正, 「纂圖脈訣跋」(1581)(奎中 520). '萬曆九年辛巳(1581/선조 14)五月日 通訓大夫行內醫院僉正臣許浚 拜手稽首謹跋', '萬曆四十年(1612)閏十一月日 內醫院奉敎開刊.'

> 일찍이 (임언국이) 이웃 마을을 지나는데 한 사람이 죽어 염을 하려고 하였다. (그가) 침을 놓자 잠시 뒤에 사람이 깨어났다. 조정에서는 이를 듣고 서울에 불렀다. 거주한 지 몇 년 만에 완전히 살린 사람이 무려 만여 명이나 되었다.

16세기에 의서는 다음의 <표 14>에서 보듯이 중종·명종대에 지방에서 간행된 경우를 많이 볼 수 있다. 그 가운데는 당연히 중앙관청의 지시에 의한 것들이 포함되나, 지방 관료들이 자체적으로 간행한 것들도 다수 눈에 띈다.

〈표 14〉 지방에서 간행한 주요 의약서적

연도	서명	간행지
1517/중종12	『辟瘟方諺解』·『瘡疹方諺解』	경상감사 김안국 간행
1523/중종18	『救急易解方(諺解)』	경남 昆陽郡 開刊
1538/중종33	『村家救急方』: 현존	남원 : 전라감사 김정국 개간
1540/중종35	『崑山顧公醫眼論弁方』	경북 慶州府 개간
1541/중종36	『牛馬羊猪染疫病治療方』	개성부, 8도 각판
1543/중종38	『銅人經』·『直指脈』	경상·전라도 개간命
1547/명종 2	『脈訣理玄秘要』	충남 洪州牧 간행
1550/명종 5	『臞仙活人心法』	경북 경주부 개간
	『黃疸瘧疾治療方』	각도 및 州府 巨邑 간행命
1559/명종14	『治腫秘方』·『救急良方』 합본	錦山郡 : 전라감사 安瑋
명종 연간	『治腫指南』	
1571/선조 4	『村家救急方』	남원
1572경/선조 5	『村家救急方』: 現存	함흥重刊 : 함경감사 李友閔

물론 이 같은 의서의 활발한 간행은 국가의 의술장려 조치와도 관련이 깊다고 하겠다. 중종은 다음과 같이 의술교육의 중요성을 강조한 적이 있었기 때문이다.

요즈음 우리나라의 기술에 관한 일을 보면 다 예전만 못하여, 천문과 지도는 본디 중요한 일이고 의술은 사람의 목숨을 살리므로 그 임무가 더욱 큰데, 지금의 여러 기술은 이름은 있을지라도 教授가 거의 다 미열한 사람이므로 녹만을 먹을 뿐이고 한 사람도 기술에 정통한 자가 있다는 말을 듣지 못하겠다. …… 가르치고 권려하는 방도를 예조를 시켜 마련하여 아뢰게 하라.[68]

그런데 고려말부터 발달해온 향약연구는 점차 침체되고 明 의학이 풍미하게 된다. 15세기에 수용하기 시작한 중국 金·元代의 의학은 더욱 본격적으로 조선에 들어오게 되고, 여기에 明의 의학까지 가세하였다. 중국의서는 의과시험과 의학取才 등의 교재로 사용되었으므로 의존도도 그만큼 더 커졌다. 1518년(중종 13)에 참찬관 金淨이 중국의서가 제대로 보급되지 못해 안타까워한 모습은 그 비중을 잘 말해주고 있다.

또 의서를 인출하지 않았기 때문에 『纂圖』·『靈樞』·『難經』 등의 의서는 하나도 남아있는 것이 없고 다만 중국에서 사온 것으로 겨우 고열하고 있으니 의서도 또한 인출하여 널리 반포해야 합니다.[69]

이러한 상황으로 인해 초기에 『鄕藥集成方』·『醫方類聚』같은 의서로서 독자적인 수준을 구축했던 조선의학의 발전상은 멈춘 듯하다. 그러나 이 시점에서 朝·中의 의약방을 망라한 『東醫寶鑑』을 1610년(광해군 2)에 완성하였으니 참으로 다행한 일이다. 허준이 1596년(선조 29)에 선조의

68) 『중종실록』 64권, 23년 12월 16일(계미).

69) 『중종실록』 32권, 13년 3월 10일(기유).

명을 받고 15년의 산고 끝에 『동의보감』을 마친 것이다. 이때 광해군은 그의 수고를 다음과 같이 치하하면서 내의원에서 간행하도록 지시하였다.

> 양평군 허준은 일찍이 先朝 때 醫方을 찬집하라는 명을 특별히 받들고 몇 년 동안 자료를 수집하였는데, 심지어는 유배되어 옮겨 다니고 유리하는 가운데서도 그 일을 쉬지 않고 하여 이제 비로소 책으로 엮어 올렸다.[70)]

그리하여 같은 시기에 성리학이 퇴계·율곡 등으로 인해 '조선성리학'으로 집대성된 것같이, 의학은 허준으로 인해 '조선한의학'으로 집대성되었다.

제10절 천문 역법서적

15세기 전반기에 본격적으로 발달한 천문 역법서는 불행히도 침체기를 맞았다. 역법에 대한 연구는 세종대 이후 진척이 없는 채, 1504년(연산군 10)에 曆書를 한글로 번역할 뿐이었다. 관측기구도 세종대의 체제가 그대로 유지되어 농업과 관련한 천문관측 기구들을 보수·개조하는 정도에 그쳤다. 중종대인 1525년(중종 20)에는 成均館司成 李純이 『革象新書』에

---

70) 『광해군일기』 32권, 2년 8월 6일(무인). 『동의보감』은 고려시대의 『고려대장경』·『직지심체요절』, 조선시대의 『훈민정음』·『조선왕조실록』·『승정원일기』·『일성록』·『조선왕조의궤』, 그리고 『5.18민주화운동기록물』과 함께 총 9종이 유네스코 세계기록문화유산에 등록되어있다.

기재된 目輪을 보고, 기상변동에 관한 관측기를 만들었다. 이를 시작으로 1526년(중종 21)에는 세종대에 만든 簡儀와 渾象 등의 천문관측 기구를 보수하였고, 1536년(중종 31)에는 새 보루각을 창경궁에 세웠다. 명종대인 1546년(명종 1)에는 간의와 규표의 중수, 1548년(명종 3)에는 渾天儀의 제조 등, 일련의 작업을 진행하였다. 그리고 천문연구를 위해 1538년(중종 33)에 천문·지리·命課學에 관한 신간서적을 명에서 구입하도록 하였다.

> 천문·지리·命課가 그리 중요한 일은 아니라 해도 천문은 그중 긴요한 듯하다. 三學을 설립한 뜻이 어찌 우연이겠는가. 그리고 삼학에서 공부하는 책도 우리나라에서 만든 것이 아니고 중국에서 나온 것으로 유래가 오래다. 근래 공부하는 것이 정밀하지 못하여 매우 좋지 않다. 중국에 정밀하게 지어진 새 책이 없겠는가? 삼학의 관원을 從事官으로 차출하던가 혹 打角夫로 차출하여 중국에 가는 사신으로 하여금 해마다 한 사람씩 차례차례 대동하고 가게 한다면 삼학에 관계되는 책들을 거의 사들일 수 있을 것이다.[71]

또 관상감에서는 1571년(선조 4)에 「天文圖」 120축을 만들어 각 관청과 대신들에게 반사한 일이 있었다. 그중 30부는 문신 2품 이상에게 나눠주었는데, 박응남·노수신·유희춘 등이 이를 받았다. 災異 기록 중 천문현상에 대한 기록은 『실록』에 많으나, 실제 상황을 그대로 반영하고 있지는 못한 듯하다. 정치적 입장에 따라 때로는 과장되게 기록하거나 또는 실제 일어났던 현상을 지나쳐 버리는 경우가 많았을 것으로 보인다.[72]

---

71) 『중종실록』 87권, 33년 5월 19일(신묘).

72) 박성래, 2004, 「한국천문 역산학사」, 『한국문화사상대계』 v.3, 영남대 출판부, 249쪽.

한편 15세기말 사림파들이 중앙으로 진출하면서 중인계층은 점차 독립된 사회계층으로 등장하게 된다. 1492년(성종 23)만해도 문신인 崔溥·金勘·柳崇祖·李顆·鄭汝昌 등에게 천문과 算學을 익히게 한 일이 있었다. 그중 한 사람인 유숭조는 성리서인 『性理淵源撮要』를 저술하였을 뿐 아니라 천문·曆象에 통달해 손수 혼천의를 만들기도 하였다고 한다. 그런데 의원·역관·산학자 합격 명단인 『醫科榜目』·『譯科榜目』·『籌學入格案』 등이 연산군대에 나타나는 것으로 보아, 기술분야 종사자들은 士類에 속하지 못하게 되는 것을 알 수 있다.[73] 따라서 조선초기와 달리 전통과학기술에 대한 인식이나 과학자의 사회신분에 대해 포괄적으로 수용하지 못하는 한계를 지니게 된다.

제11절 군사서적

성리학 위주의 학문 분위기로 기울어지면서 국방에 대한 관심은 약화되고 군역제도도 문란해졌다. 방군수포제가 성행하면서 병농일치의 개병제 원칙은 무너져갔다. 1500년(연산군 6)에는 왜인과 야인의 침입을 의식해 備戎司를 두고 鐵甲胄를 제작하였다. 두꺼운 종이나 가죽으로 만들던 군사들의 갑옷을 철갑옷으로 바꾸어 생산한 것인데, 그나마 1504년에 혁파되었다. 중종대에는 4군지대에 거주하는 야인의 퇴거를 권유하고, 6진지대에 巡邊使를 파견하였다. 또 의주산성을 수축해 북방 방어에

---

73) 박성래, 1994, 「조선전기 과학기술의 발달」, 『한국사』 v.8, 한길사, 333쪽.

노력하였으나 분쟁이 끊이지 않았다. 그래서 1528년(중종 23)에는 평안도 관찰사 許硡에게 성종대에 편찬한『北征日記』를 보내 수비에 참고하도록 한 일도 있었다. 명종대에는 1552년(명종 7)에 軍籍都監을 설치하고「軍籍事目」도 작성하도록 하였다. 왜구의 방어책을 강구하는 과정에서 비변사도 설치하였다. 그러나 급변하는 정세에서 국방정책이 탄력적으로 운영되지 못한 채 임진왜란(1592/선조 25)을 맞게 된다. 화약·병기 제조술은 水軍의 대형화포로 활용되고 거북선·비격진천뢰 등과 더불어 그 전통이 계승되었다. 이에 반해 육지에서의 화포는 왜군의 조총에 밀려 거의 제구실을 못하였다. 그러자 1593년(선조 26)에 화약원료인 염초제조법을 중국에서 배워오도록 다음과 같이 전교하지만 시행하는 데는 역부족이었다.

> 중국에는 바닷물을 졸여서 焰硝를 만드는 법이 있다는데, 그 일행에게 효유하여 그 법을 배워 가지고 오는 자에게는 크게 포상한다고 하라. 士人일 경우는 堂上을 시켜줄 것이다. 이 뜻을 동지사 許晉에게도 파발마를 보내어 하서하도록 하라.[74)]

병서는 1593년(선조 26)에 중국으로부터『紀效新書』를 사온 일이 있지만, 대체로 기존의 도서를 重刊하여 사용하였다. 예를 들면 연산군대에『對款議頭』·『武經七書』, 중종대에『陣法』·『武經七書』·『吳子』·『陣書』·『兵將說』·『兵政』, 명종대에『銃筒式』·『火器書』, 선조대에『六韜直解』등을 간행하거나 간행하도록 하였다. 그중에서『무경칠서』는 1495년(연산군 1)에 이어, 1518년(중종 13)에도 文武官의 소장 권수를 조사하여 인출

74)『선조실록』42권, 26년 9월25일(병자).

반포하도록 하였다. 평안도절도사 李長生이 강습용으로 『將鑑博議』·『武經』·『兵要』·『孫子』·『吳子』 등을 本營 및 각 鎭堡에 나눠 주도록 요청한 때문이다. 『무경칠서』 중의 하나인, 『육도직해』는 『六韜』를 해설한 전술서로서 임란 직전의 시황에 맞추어 간행한 것이라고 하겠다. 이 책은 1574년(선조 7)에 이어 1607·1717·1787년에도 계속 간행하였으니, 군사훈련에서의 비중을 알 수 있다. 또 1528년(중종 23)에는 병조에서 무과취재 교재로 사용할 『진서』·『병장설』·『병정』 등을 인출해주기를 제의하였다.

> 『진서』·『병장설』·『병정』 등의 글은 인출한 해가 오래되어 거의 모두 흩어져 없어지고 사람들의 집에 사사로이 간직한 것도 희소하여, 비록 무신중에 배우려고 하는 사람이 있어도 구득해 볼 수가 없습니다. 또한 諸將을 취재할 때나 試講할 때도 매양 책 수량이 부족하여 걱정입니다. 위의 세 가지 글은 책마다 모두가 몇 십장에 지나지 않으니, 바라건대 많이 인출하여 널리 배포함이 어떻겠습니까.[75]

『경국대전』에는 『병장설』·『兵說』·『진법』 가운데 1책, 『무경칠서』와 『兵要』 가운데서 1책을 강론해야 선전관으로 임명하도록 규정하였으나, 사용할 책자조차 마련되지 않았던 모양이다. 또한 1551년(명종 6)에도 특진관 安玹이, 무인이란 武才가 있다 할지라도 병서를 본 연후에야 가능한 것이라며 병서 印頒하기를 청한 것을 보면 병서간행이 이때까지 제대로 이루어지지 않은 것 같다.

그러나 주목할 것은 1565년(명종 20)에 벽지인 함경도 三江郡(오늘날의 三水)에서 자체적으로 『銃筒式』·『火器書』를 간행한 일이다.[76] 아마도

---

75) 『중종실록』 61권, 23년 4월 7일(무신).

명종 때 지방에서의 출판활동이 활발했던 것과 맞물려 진행된 것으로 보이는데, 이미 1556년에는 총통 주조용으로 銅鐵 6만 근을 수입하려고 논의한 적이 있었다. 이 화약 兵器書는 당시 神器로서 중시되었으므로 야인의 침입에 그리고 임란 때 사용하였을 것이며, 그후 『神器秘訣』(1603/선조 36)로 보완하게 된다.

한편 국가 주도하에 병서를 새로 편찬한 것은 『武藝諸譜』(1598/선조 31)이다. 그 외에는 단지 중종대에 兵曹의 청에 따라 前後 倭變의 사적을 기록하거나, 『西征記』의 예에 따라 西征의 전말을 謄錄하는 정도에 불과하였다. 이와 달리 개인적으로 저술한 것은 『己卯日記附北征日記』·『軍門要覽』·『將訓元龜』·『增損孫武經註疏』(1526/중종 21)가 있고, 『制勝方略』(1588/선조 21)은 증수하였다. 그 가운데 『기묘일기부북정일기』는 북도의 각 鎭堡·驛站·창고 등의 실태 및 산천에 대한 기록과, 金誠一이 함경도 巡撫어사 재직 시에 적은 『北征日記』를 수록하였다.[77] 『제승방략』은 조선초에 여진족의 침입을 막기 위해 함경도 8鎭과 이에 소속된 각 堡를 지키는 방법을 논한 것으로, 함경북도 북병사 李鎰이 1588년(선조 21)에 다시 정리하였다.[78] 그런데 이 책은 임란 때 적군을 제압할 방책이 못되었다는 논의가 있게 되지만, 당시의 변방수비 전략은 물론 두만강 주변의 야인들의 사정도 살펴볼 수 있다. 『군문요람』·『장훈원구』·『증손손무경주소』를 진헌한 徐厚는 홍문관 직제학 재임 중에 120근 짜리 弩弓(큰활), 70步에 이르는 鞭條箭, 水戰用 霹靂砲도 만들었다. 이에 병조에서는 「벽력포 교습절목」을 만들고 그것을 시험·보완하는 자리도 마련하였다.

---

76) 『神器秘訣』 1책, 韓孝純 편(1603/선조 36)(奎133), 韓孝純 발문.

77) 『己卯日記附北征日記』, '鶴峰金誠一宗孫家所藏典籍'(보물 제905호, 56종 261책).

78) 『制勝方略』 2권 1책(98張), 金宗瑞 저, 李鎰 增補 목판본(1670/현종 11)(奎貴132).

군기시가 아뢰기를, 전일에 서후가 벽력포 만들기를 청했기 때문에 지금 다 만들었는데, 내일은 곧 봄의 끝 달의 丁日이어서 式例대로 시험 삼아 쏘아보고 싶으니 바라건대 서후로 하여금 제도를 참고하여 미진한 데가 있으면 고치도록 함이 어떠하리까?[79]

중종은 서후를 불러 중국 화포에 관한 『聖製攻守圖術』에 대해 문답도 나누었다. 그는 서장관으로 명나라에 다녀온 문신이면서도 그 책에 그려진 戰器에 대해 설명할 정도의 식견을 가진 인물이었다. 또 韓嶠는 1598년(선조 31)에 조선의 군대와 지형에 맞는 『武藝諸譜』를 편찬하였다. 선조가 척계광의 『기효신서』를 보고 한교에게 明의 六技를 배워와 圖譜로 만들도록 지시한 때문이다. 우리나라의 전통적인 무예는 弓矢 위주였지만 임란을 계기로 短兵(槍·劍·拳 등)의 필요성이 대두되자, 실제적인 병법의 중요성을 인식한 것이다.

임란을 겪은 훈련도감에서는 한동안 남북의 지형에 따라 각기 다른 병서의 새 전법으로 군사훈련에 임하였다. 이를테면 경기 이남은 왜병을 막기 위해 明의 『기효신서』를, 강원 이북은 여진족 방어를 위해 『鍊兵實記』를 참고하였다. 그러나 그것도 미흡하여 조선의 상황에 맞게 변형시킨 『練兵指南』(1612/광해군 4)을 한교가 다시 마련하게 된다.[80] 국난을 겪고 난 선조가 1605년(선조 38)에 우리나라 실정에 맞는 병서를 편찬하도록 다음과 같이 독려한 결과이다.

---

79) 『중종실록』 44권, 17년 3월 9일(병진).

80) 『練兵指南』 1책(36張), 韓嶠 撰 목판본(1612/광해군 4 後刷, 刊地未詳 : 함흥간행 추정)(古 9950-6), 卷末 ; "萬曆四十年(1612)七月上浣 體府標下 西北敎練官 副司果 韓嶠 書于咸山之豊沛館."

> 우리나라는 산천·풍습·인심·物力 등이 모두 중국과 같지 않다. 그런데 지엽적인 절목과 車乘의 제도로써 무사를 교련시켜 오랑캐를 방어할 계책을 삼고자 한다면 후일에 輿尸(전쟁에 패하여 시체를 지고 돌아오는 것)의 흉사가 되지 않을 줄 어찌 알겠는가. 兵家書는 …… 크게는 국가의 성패가 달려 있고 작게는 사람의 사생이 달려 있는 것이다. 그러니 두려워하지 않을 수 있겠는가.[81]

그러므로 한교는 훈련도감에 속하여 『紀效新書』의 번역, 『操鍊圖式』의 수정·보완, 『武藝諸譜』·『練兵指南』의 편찬을 수행하였다.[82] 그의 그러한 능력은 훈련도감에서의 평을 통해 더욱 잘 드러난다.

> 병서를 번역하는 일에 있어서는 한교만큼 모두 알아서 잘 편찬할 수 있는 사람이 없으니, 起復시키고 급료를 주어서 그 일을 마치게 하소서.[83]

> 한교는 (훈련)도감이 설립되었을 때부터 군사들의 훈련이나 兵書의 교정 등을 주관하여 많은 노력을 기울여 왔으니, 그에게 實職을 제수하여 앞서 말씀드린 일을 맡기고 더욱 전심전력하여 가르치게 한다면 유익함이 없지 않을 것입니다.[84]

---

81) 『선조실록』 186권, 38년 4월 20일(갑자).

82) 『선조실록』 51권, 27년 5월 17일(갑오) ; 동 37년 12월 16일(신유). 韓嶠(1556/명종 11~1627/인조 5)는 『東潭集』·『家禮補註』·『洪範衍義』 등도 저술하였고, 성리학을 비롯하여 천문·지리·卜筮·兵略 등에 통달하였을 뿐 아니라, 임진왜란이 일어나자 의병을 일으켜 적을 토벌하였다.

83) 『선조실록』 51권, 27년 5월 17일(갑오).

84) 『선조실록』 102권, 31년 7월 25일(무신).

제12절 어학서적

대외교류가 활발해지자 이에 부응하기 위한 운서·외국어 학습서·외교문서 참고서, 그리고 각종 분야의 언해서를 편찬하였다. 韻書는 과거시험의 시문을 짓는 데, 또는 중국사신을 접대하는 데 중요하여[85] 시상품으로 『韻府群玉』·『韻會』를 지급하기도 하였다. 연산군대에는 지중추부사 金自貞과 李昌臣이 일종의 한자발음 字典운서인 『日用漢語飜譯草』를 1500년(연산군 6)에 편찬하였다. 그리고 중종대에는 최세진이 『四聲通解』·『韻會玉篇』·『續添洪武正韻』을 저술한 외에, 중국의 『(排字)禮部韻略』·『(古今)韻會擧要』·『大廣益會玉篇』·『韻府群玉』·『雅音會編』을 간행하거나 간행하도록 하였다. 이러한 일련의 작업들은 字典을 재검토하는 계기가 되었다.

한편 漢語학습서로는 『노걸대』·『박통사』를 문신들에게 읽히고, 한어·吏文(외교문서)교육을 위해 「吏文·漢語·寫字勸課節目」(1512/중종 7)도

---

85) 운서의 종류는 다음의 <표>와 같다(姜信沆, 1969, 「한국운서에 관한 기초적 연구」, 『논문집』 14, 성균관대).

<table>
<tr><th colspan="2">종류</th><th>서명</th></tr>
<tr><td colspan="2">중국운서</td><td>『切韻』·『廣韻』·『禮部韻略』·『壬子新刊禮部韻略』·『古今韻會』(『古今韻會擧要』로 개편)·『中原音韻』·『洪武正韻』</td></tr>
<tr><td rowspan="3">조선시대운서</td><td>① 중국(한자만의)운서</td><td>『신간배자예부운략』 5권(1524), 『예부운략』(1574) 『배자예부운략』 4권(1615)·5권(1678)·5권 2책(1679)·5권 2책(연대미상), 『고금운회거요』 30권(1593), 『홍무정운』16권 5책(1770)</td></tr>
<tr><td>② 중국운서에 한글로 표음한 운서</td><td>『홍무정운역훈』과 이의 색인격으로 만들어진 『四聲通考』, 중국 본토자음을 표시하기 위한 최세진의 『사성통해』(1517)</td></tr>
<tr><td>③(우리나라 한자음을 나타내기 위한) 한국운서</td><td>『東國正韻』, 『三韻通攷』(연대 미상), 『三韻聲彙』 2권(洪啓禧 1751) 『奎章全韻』 2권 1책(丁若鏞, 1800)</td></tr>
</table>

마련하였다. 이에 따라 전문 인력들이 배출되는 성과가 있었다. 李顆는 服中임에도 불구하고 조정에서 불러들일 정도로 이문에 능하였다. 李昌臣도 중국어·이문에 능하여 『日用漢語飜譯草』를 저술하고 「수우경」을 번역하였으나 갑자사화에 희생되었다. 그 안타까움을 『실록』에서는 다음과 같이 표현하고 있다.

> 사대하는 吏文은 중히 여기지 않을 수 없는데, 이문을 아는 사람이 없고 오직 이창신 한 사람이 있었는데, 죄를 지고 외방으로 정배되어 이문을 가르치는 일이 앞으로 폐지되게 되었습니다.[86]

승문원 제조·동지중추부사를 지낸 최세진도 중종은 물론 영의정 柳洵으로부터 다음과 같이 칭찬받았다.

> (영의정 유순은) 지금 문신 중에 이문 및 한음을 잘 아는 자는 다만 최세진 한 사람뿐이므로, 이 사람이 아니면 무릇 주청·통자하는 문서 및 중국에 응답하는 文移에 있어서 홀로 맡아서 손을 댈 자가 없으니, 이는 매우 염려스러운 일입니다.[87]

중종대에 뛰어난 저술을 남긴 崔世珍은 운서·중국어·이문에 정통하여 사대문서 작성이나 사신접대에서 중요한 역할을 담당하였다. 그의 저서로는 중국어의 正音과 俗音을 한글로 표시한 운서의 최고봉 『四聲通解』 2권 2책(1517/중종 12), 『사성통해』의 보조편으로 『古今韻會擧要』를 자획

86) 『연산군일기』 53권, 10년 5월 15일(갑진).

87) 『중종실록』 23권 10년 11월14일(병신).

중심으로 배열한 자전 『韻會玉篇』 2권 1책(1537/중종 32), 『洪武正韻譯訓』을 보완 증보한 한어발음사전 『續添洪武正韻』, 이문학습 교재인 『吏文謄錄』·『至正條格』·『大元通制』를 대신한 외교문서작성 참고서 『吏文輯覽』 5권 2책(1539/중종 34)·『吏文續集』·『吏文續集輯覽』, 아동한자 학습서 『訓蒙字會』 3권(1527/중종 22), 중국·몽고어 학습서인 『노걸대』·『박통사』를 번역한 『飜譯朴通事』 3권 3책·『飜譯老乞大』 2권 2책, 『노걸대』·『박통사』에서 중요단어를 선정하여 풀이한 어휘집 『老朴集覽』, 언해서 『世子親迎儀註諺解』·『冊嬪儀註諺解』(1524/중종 19)·『소학언해』(?1542/중종 37 이전)·『번역여훈』(1532/중종 27)·『언해효경』(?1542/중종 37 이전) 등이 있다.[88]

그중 『사성통해』는 『古今韻會擧要』·『蒙古韻略』·『韻學集成』·『中原雅音』 등을 참고하면서 신숙주의 『四聲通考』를 증보한 것이다. 또 『운회옥편』은 우리나라에 『운회』가 있으나 옥편이 없어서 글자의 類를 모아 편집한 자전이다. 그리고 『훈몽자회』는 종래의 『천자문』·『類合』의 범주에서 벗어나 한자 3,360자의 음과 뜻을 다양하고 풍부한 우리말로 표현한 아동용 한자교재이다. 저자는 서문에서, 아이들에게는 무엇보다 먼저 사물에 관한 구체적인 지식을 알려주고, 그 다음에 그 사물에 해당하는 이론적인 글자를 가르쳐야 한다고 주장하였다. 즉 글자만이 아닌 事物·形名의 실제를 함께 익히는 실증주의와 경험주의를 표방한 것이다.[89] 최세진은 질정관

88) 최세진(?1473/성종 4~1542/중종 37)의 업적은 ① 『번역박통사』·『번역노걸대』에 번역된 문장은 당시 국어의 구조를 정리·파악한 것으로 풍부한 어휘가 실려 있다. ② 『사성통해』에는 정음과 속음 외에 당대의 時音이 기록되어 있다. ③ 『훈몽자회』는 한글 실용화와 옛말 연구의 귀한 책이다. ④ 『이문집람』은 당시 외교문서의 지침서가 된다 등을 들 수 있다(박태권, 1974, 『최세진연구 : 그의 언어학적 업적을 중심으로』, 친학사).

으로 중국에 다녀오면서 『皇極經世書集覽』(1530/중종 25), 『大儒大奏議』·『皇極經世書說』(1539/중종 34), 『京城圖志』·『女孝經』·「요동지도」(1541/중종 36) 등을 구입하여 진상하기도 하였다.

이 같은 어학서 편간사업의 성과에도 불구하고 譯官은 학문이나 신분에 대한 차별로 점차 중인계층으로 자리잡게 된다. 그러한 인식의 변화 현상은 金安老의 말을 통해서도 짐작할 수 있다.

> 우리는 사대하는 나라이니 이문과 한어는 사람들마다 모두 배워야 하는데, 역관 중에도 그 업에 정통한 자가 하나도 없습니다. 승문원 같은 데에서는 권장하고 가르치기를 정밀하게 함이 매우 대단한데도 힘써서 하는 자가 없습니다. 또 이문과 한어는 사람들이 천한 기술이라 여겨 힘쓰려고 하지 않습니다. 문장에도 역시 능한 자가 없습니다.[90]

한편 한글은 왕실에서 大妃가 교지를 내릴 때, 그리고 曆書·궁중 용어·祭文에 사용되었다. 연산군대에 曆書는 한글로 번역하고 악장은 구결을 써넣었다. 궁중의 흥청이나 운평이 왕 앞에서 사용할 존칭은 한글로 번역했다. 그러나 갑자사화(1504/연산군 10) 이후 한글은 혹독한 탄압을 받게 된다. 연산군의 폭정에 항거하는 언문 벽서·투서·괘서가 빈번하자 한글 교습 및 사용 금지령을 내리는 등, 강력한 제재가 가해졌다. 한글이 백성들의 요구와 주장을 음성적인 형태로 펼치는 수단이 되자,[91] 사대부

89) 황용구 공저, 1986, 「최세진론」, 『국어학사논고』, 집문당, 118쪽 ; 이숭녕, 1965, 「최세진연구」, 『아세아학보』 1, 영남대.

90) 『중종실록』 84권, 32년 4월 25일(계유).

91) 강만길, 1979, 『분단시대의 역사인식』, 창작과비평사, 212~213쪽.

집에 있던 구결을 단 책도 불태웠다. 이로써 반세기 동안 진행되던 한글보급과 출판활동은 된 서리를 맞았다. 그러나 탄압의 회오리바람이 지나자 한글은 오히려 발전하는 양상을 띠었다. 한글은 민족의 글자로서 학문과 문화를 발전시키는 밑거름이 되어 많은 언해본을 탄생시켰다.

〈표 15〉 조선중기에 간행한 주요 언해서적

연대	서명
1495/연산군1	『반야심경언해』 1권·『묘법연화경언해』 중간·『능엄경언해』 중간·『금강경언해』 1권 중간·『(선종)영가집언해』 2권 중간·『석보상절』 중간
1496/연산군2	『육조법보단경언해』 3권·『진언권공·삼단시식문언해』 2권
1499/연산군5	『구급이해방(언해)』 1권
1500/연산군6	『목우자수심결』 1권 중간
1511/중종 6	『삼강행실도』 3권 중간
1514/중종 9	『속삼강행실도』 1권
1517/중종12	『여씨향약언해』·『정속언해』 1권·『농서언해』·『잠서언해』·『이륜행실도』 1권·『벽온방언해』·『창진방언해』
1518/중종13	『번역소학』 편간 : 金詮 언해 : 1,300부 간행
1520/중종15	『(선종)영가집언해』 2권 중간
1523/중종18	『묘법연화경언해』 7권 중간
1524/중종19	『세자친영의주』
1525/중종20	『간이벽온방』 1권
1529/중종24	『懸吐소학』 인출命
1532/중종27	『여훈언해』
1541/중종36	『우마양저염역병치료방』 1권
?1542/중종37이전	『소학언해』 : 최세진 편찬
1543/중종38	『유향열녀전언해』
중종 연간	『칠서언해』·『효경언해』
중종대로 짐작	『몽산화상수심결』 1권
1545/인종 1	『묘법연화경언해』 중간
1545/명종즉위	『소학언해』 5권 중간
1547/명종 2	『묘법연화경언해』 중간
1553/명종 8	『심경언해』 1권 중간
1554/명종 9	『삼강행실도』 중간·『구황촬요』 1권
명종 연간	『백련초해』 1권·『남화진경대문구결』
1576/선조 9	『四書栗谷諺解』 편찬命

1587/선조20	『소학언해』 6권 4책 : 校正廳 번역(이이·유희춘 直譯) 간행
1590경/선조23	『대학언해』·『중용언해』·『맹자언해』 : 교정청 간행 추정

위의 <표 15>에서 주요 언해서를 보면, 중종대에 『속삼강행실도』·『소학』·『이륜행실도』·『여씨향약』·『창진방』·『벽온방』·『우마양저염역병치료방』, 명종대에 『구황촬요』, 선조대에 『사서율곡언해』 등이 있다.[92] 그중 『이륜행실도』·『여씨향약』·『창진방』·『벽온방』 등은 김안국이 경상도관찰사로 있던 1517년(중종 12)에 번역 간행한 것이다. 이때 김안국은 백성을 교화하기 위한 목적에서 언해서를 만들었다고 다음과 같이 밝혔다.

> 신이 경상도관찰사가 되었을 때 …… 완악한 풍속을 변혁하고자 하는데, 가만히 그 방법을 생각해보니 옛 사람의 책 중에서 풍속을 바로잡을 수 있는 것을 택하여 거기에 언해를 붙여 도내에 반포하여 가르치게 하는 것이었습니다. …… 지금 별도로 찬집청을 설치하여 文籍을 인출하고 있으니, 이 책들을 다시 교정하여 8도에 반포하게 하면 풍화를 고취시킴에 조금이나마 도움이 있을 것입니다.[93]

한글 번역은 諺解·諺譯·譯解·飜譯이라고도 한다. '언해'라는 용어는 선조대에 교정청에서 간행한 『소학언해』(발문/1587)와 같이 대부분의

---

92) 최현배, 1970, 『한글갈』, 정음사, 129쪽 ; 신정엽, 2009, 「조선시대 간행된 소학언해본 연구」, 『서지학연구』 44, 421쪽 참조. 이상의 언해서를 주제별로 보면, 경서 ; 『사서』·『심경』·『효경』·『칠서』, 교훈서 ; 『삼강행실도』·『속삼강행실도』·『이륜행실도』·『정속』·『소학』·『여씨향약』·『여훈』·『열녀전』, 농서 ; 『농서』·『잠서』, 의서 ; 『벽온방』·『창진방』·『우마양저염역병치료방』·『간이벽온방』, 구황서 ; 『구황촬요』, 그리고 다수의 불교서 등이다.

93) 『중종실록』 32권, 13년 4월 1일(기사).

유교경서에 명기하였다.[94] 경전의 구결이나 언해작업은 우리말 경전해석의 한 표준을 제시하는 것이고, 경서의 내용과 의미를 정확히 파악하는 학문연구의 심화를 뜻한다. 그러므로 언해작업은 이러한 과정을 통해 역사적인 발전과 밀접한 관련을 맺으며 발전하였다. 경서구결은 세조대에 이룬 기초작업을 발판으로,[95] 언해작업은 성종대에 이룬 『삼강행실도』 언해(1481/성종 12)의 뒤를 이어 진행하였다. 4서를 비롯한 유교경서·불경·의학·농업·구황·사회 교훈서 등에 이르기까지 분야가 광범위하였다. 특히 유교경서의 구결이나 언해작업은 성리학 연구가 심화되는 16세기에 나타났다. 그리고 이 언해서의 상당수는 18세기 후반에 윤음·의학·군사·어학 등의 분야에서 다시 重刊하여 사용된다.

그중 『소학』의 언해본은 『飜譯小學』(1518/중종 13), 『懸吐小學』(1529), 『소학언해』(?1542/중종 37 이전), 『소학언해』(1587/선조 20) 등이 있다. 책판 목록에 수록되어 있는 소학 언해본의 판본수는 15종으로 전국 29곳에 소장되었다.[96] 중종대의 『번역소학』(1518, 明 何士信의 『小學集成』이 저본)은 15세기의 불경언해에서 수립된 직역의 전통을 따르지 않고, 우리말의 자연스러운 표현을 살렸다. 그래서 당시 사용하던 어휘의 모습이 생동감 있을 뿐 아니라, 유교경전 언해체를 기본으로 하는 독특한 언해체도 생겼다. 그러나 본문만으로 이해하기 어려운 부분은 주석까지 넣어 번역한 결과, 글이 산만해졌다는 비판을 받게 되었다. 그러자 선조대에 교정청을 설치하고 이황·유희춘·이이 등이 원문에 충실한 직역 방식을 원칙으로

---

94) 김영배 공저, 1998, 「세종시대의 언해」, 『세종문화사대계』 v.1, 세종대왕기념사업회, 317쪽.

95) 안병희, 1983, 「세조의 경서구결에 대하여」, 『규장각』 7, 13쪽.

96) 申政燁, 2009, 「조선시대 간행된 소학 언해본 연구」, 『서지학연구』 44, 409쪽.

『소학언해』(1587, 程愈의 『小學集說』이 저본)를 만들었다.[97] 그러므로 두 언해본은 번역의 원칙과 방법에 대해 논의한 중요한 사례가 되고, 번역양식의 차이와 언어사실의 변화도 확인할 수 있다.

또 유교경서 중 4서언해는 세종대에 집현전에서 번역하게 한 것을, 중종대에 柳崇祖가 구결 또는 토만 달아놓았다고 한다. 성리학의 학문체계는 사서를 중심으로 하고 삼경을 羽翼으로 하는 칠서체제로 되어있다. 그런데 16세기 후반부터 주자의 학문이 절대성을 갖게 되면서 주자의 주석을 넣은 『朱子註七書』가 중요하게 인식되었다. 이에 퇴계는 『주자주칠서』를 우리말로 완역하여 이해의 기반을 다져놓았다. 그는 학자들과 문답한 經文해석을 『四書三經釋義』, 즉 『四書釋義』·『三經釋義』 등으로 저술하여 7書를 다루었다.[98] 이 경서석의는 경서의 해석과 번역상의 기준을 제시하였기 때문에 이후 교정청본 경서언해에 적용하게 된다.

4서언해의 처음 작업은 1576년(선조 9)에 율곡이 선조의 명을 받아 시작하였다. 그런데 그는 1584년(선조 17) 죽을 때까지 『四書栗谷諺解』의 초고만을 이루어 놓았다.[99] 이에 선조는 교정청을 설치하고 1590년(선조

---

97) 李山海, 『鵝溪集』 권5, 諺解小學跋文(1587/선조 20 4월), 內賜記(1588/선조 21 1월).

98) 琴應壎, 經書釋義 跋 ; 金恒洙, 1987, 「16세기 경서언해의 사상사적고찰」, 『규장각』 10, 27쪽.

99) 『中庸栗谷先生諺解』 1책(61張), 이이(1749/영조 25)(奎1613), 戊申字(刊地未詳,刊者未詳) 跋文(洪啓禧). 『중용율곡선생언해』 권말에 수록된 洪啓禧의 발문에 의하면, 율곡의 4서언해는 柳希春이 1574년(선조 7)에 사서오경의 구결 언해를 상정하려다가 1576년에 율곡을 추천하였고, 율곡은 1584년(선조 17)에 죽을 때까지 4서언해의 초고만을 작성하고 5경은 손을 대지 못하였다. 이것이 傳寫되어 후세에 전하다가 1749년(영조 25)에 洪啓禧 등이 그 謄本을 선생의 후생과 문하생의 집에서 求得하여 교서관에서 간행하였다. 현재 도산서원에 소장되어 있다.

23)경에 사서의 언해만을 완성시켰다. 이것이 소위 官本 언해이다. 그런데 교정청의 언해작업은 퇴계학파에 의해 주도되어 율곡의『사서언해』는 크게 반영되지 못하였다. 조선성리학계의 양대 학파가 경서언해 과정에서 학파 사이의 학문적 차이를 해소하지 못하고 대립을 보여준 것이다.[100] 율곡의 사서언해는 그가 죽은 지 166년만인 1749년(영조 25)에야 洪啓禧에 의해 교서관에서 간행하게 된다. 그러므로 사서언해는 이이가 언해하여 후에 그 후손이 간행한 것과 교정청에서 간행한 것, 두 종류이다.『실록』 기록에는 임란을 겪은 후인 1600년(선조 33)에 사서언해를 구하려 해도 없다고 하였다. 또한 1603년에『시경언해』는 부분만 남고『주역언해』·『서경언해』는 완전히 산실된 형편이므로 이를 인출하자고 요청한 일이 있었다.

> 『주역언해』는 한때에 많은 관원들을 모아놓고 여러 가지 서적을 가지고서 商確하고 절충하여 만들어낸 책입니다. …… 만일 지금 인출하여 반포하지 않았다가 소멸되어 전하지 못하게 된다면 애석한 일이 아니겠습니까. 전란이 일어나기 전에 삼경을 飜校해 놓고 미처 간행하지 못했다가 병화에 유실되어 버렸습니다. 그 중에『시경』은 몇 권만을 수습했을 뿐 전질을 찾지 못했고,『역경』과『서경』은 번교한 대본이 완전히 없어졌습니다.『역경』은 다시 번교를 했고『서경』은 이제 다시 飜校를 하여 쓸모없이 되어 버린 前功을 이룩하려 하니, 이는 이왕의 일을 경계로 삼을 수 있습니다.[101]

100) 金恒洙, 1987,「16세기 경서언해의 사상사적 고찰」,『규장각』10, 40쪽.

101)『선조실록』162권, 36년 5월 13일(무진).

이와 같은 여건에서 중앙관청이 주도한 언해서는 이후 관찬본으로 통용된다. 유교경서의 언해작업은 선조대인 16세기 중반 이후에 본격화하여, 16세기말에야 비로소 완성된 것이다. 결국 교정청에서 편찬한 사서언해는 훈민정음이 창제된 지 140여 년 뒤에, 간경도감의 불경언해가 간행된 지 120년 뒤에 이루어진 셈이다. 이처럼 유교경서의 언해작업이 늦어진 것은 불경의 구결 확정과 언해작업이 여말선초에 집중적으로 이루어진 데 비해, 구결확정 단계부터 늦어진 때문이다.[102)]

제13절 문학서적

시문집으로 조선초에 이어 계속 편간한 것은 『續東文選』·『皇華集』이다. 그리고 우리나라 문집으로 간행하거나 간행하게 한 것은 연산군대에 『濡溪集』·『佔畢齋集』·『東國名家集』·『歷代帝王詩文雜著』·『止止堂詩集』, 중종대에 成俔·曹偉·朴誾·金孟性·魚世謙·金時習·南孝溫의 문집, 朴堧의 樂詞, 『三灘集』·『韓文正宗』·『須溪先生評點簡齋詩集』, 명종대에 李荇·南袞·姜渾·金宗直의 문집, 선조대에 薛文清·南軒의 문집 등이다. 그 중에서 兪好仁의 『濡溪集』(1496/연산군 2), 김종직의 『佔畢齋集』(1498/연산군 4), 李承召의 『三灘集』(1514/중종 9) 등은 성종의 을람을 거쳤으나 성종의 죽음으로 그 이후에 간행된 것이다.[103)]

102) 김영배 공저, 1998, 「세종시대의 언해」, 『세종문화사대계』 v.1, 325쪽.

103) 辛承云, 1995, 『성종조의 문사양성과 문집편간』, 성균관대 대학원 박사학위논문, 75쪽.

『續東文選』(21권 10책, 목록 2권, 1518/중종 13)은 성종대에 펴낸 『동문선』의 후속으로, 40년만에 申用漑 등이 抄集하였다. 『동문선』은 불교문헌이 풍부하고 중국에 보내는 表文의 비중이 큰데 비해, 『속동문선』은 신진사림의 지도급인 김종직의 작품을 많이 다루었다. 崔淑生은 進箋에서 續集이 나오게 된 배경을 다음과 같이 밝혔다.

> 浮華함을 물리치고 아담함을 숭상하니 많은 선비들이 性理의 관문을 엿보았다. 諸家의 文章正宗을 모아서 태평 세대의 文敎를 빛내도다. …… 일세를 雅頌의 아름다움으로 이루었고, 溫柔 敦厚하여 三代 때 制作의 風度를 따랐도다. …… 지금 우리 주상전하께서는 성인의 영역에 마음을 두시고 道의 脈을 손수 북돋우셨도다.[104]

즉 선비들이 典雅함을 숭상하여 性理의 관문을 엿보았고, 溫柔敦厚하여 道脈을 이었다는 것이다. 도학적인 관점이 이처럼 강화된 것은 기묘사림의 활동이 활발하던 1518년(중종 13)에 편찬한 것이어서, 성리학 중심으로 전환되던 시대 분위기를 반영한 것이라고 할 수 있다.[105] 한편 조선에 온 중국사신과 조선 접대관들의 시를 모은 『皇華集』은[106] 인쇄가 고르지 못해 관련자들을 처벌하는 문제가 있었다. 그렇지만 이 책은 중국에서 다음과 같이 호평을 받게 된다.

---

104) 『중종실록』 34권, 13년 7월 12일(기유).

105) 『속동문선』의 문체는 『동문선』의 체재를 따랐으나 김종직·김일손 등 사림의 시문이 많이 선정되고 찬집관도 김안국·조광조·金淨 등이 참여하고 있다.

106) 『중종실록』 43권, 17년 1월 20일(무진) ; 동 34년 5월 28일(을미) ; 『선조실록』 7권, 6년 2월 20일(신미) ; 동 36년 3월 20일(병자). 1450년(세종 32)~1633년(인조 11) 180여 년간 24차례에 걸쳐 편집하였다.

> 姜紹書의 『韻石齋筆談』에 이르기를, "내가 조선에서 판각한 『황화집』을 보니, 중국사신과 저 나라의 문신들이 창화한 시를 모은 것인데, 鏤板이 정교하고 정연한데다가 또 繭紙도 정결하기가 옥 같았다. 海邦에서 만들어진 緗帙이 진실로 족히 그 기묘함을 칭찬할 만하다." 하였다.[107]

역대 왕의 시문 雜著도 成俔에 의해 인쇄하도록 하였는데, 연산군 자작詩의 경우는 『연산군일기』에 등재되어 있다. 그 글에는 백성에 대한 연민, 천지의 조화, 자연의 아름다움, 적막한 심정을 노래한 것들이 있다.

> 백성들이 굶주린 기색이 있음을 매우 근심하고/ 윗사람을 업신여기는 풍습을 몹시 한스럽게 여긴다./ 때때로 생각이 진실한 충성을 보고 싶고/ 날로 마음에 거짓 정성을 막도록 했으면 한다.

> 어지러이 나부끼는 복숭아꽃 붉게 땅을 물들이고/ 흩날리는 버들개지 하얗게 하늘에 떴네.

> 사물을 궁리하니 하늘보다 높고/ 인간사 헤아리니 꿈속과 같네/ 공명에 얽맴은 한갓 부질없는 것/ 길이 취해 꽃구경함만 못 하리.[108]

그리고 중국 시문집으로는 연산군대에 『唐詩鼓吹』·『續鼓吹』·『三體詩』·『唐音詩』·『唐賢詩』·『宋賢詩』·『瀛奎律髓』·『元詩體要』, 중종대에 『古表精粹』, 韓愈·柳宗元의 문장, 이백·두보·소식·黃庭堅의 시, 선조대에 唐의

107) 『증보문헌비고』 242권, 예문고1 역대서적 42쪽.

108) 『연산군일기』 38권, 6년 8월 11일(계사) ; 동 8년 3월 22일(갑오) ; 동 11년 7월 23일(병오).

『百家詩』 등을 인출하도록 하였다. 韓愈·柳宗元의 문장은 세종대를 이어 중종·선조대에도 계속 인출하여 문장의 본보기로 사용되었다. 그들은 당시의 騈儷文을 배격하고 자유롭고 간결한 문체를 주장하며 古文운동을 제창한 사람들이다. 그러므로 대제학 李荇도 그들의 문장을 간행하도록 다음과 같이 요청하였다.

> 經史에 관한 책은 인쇄하여 반포하고 있지만, 근래 文章家의 일이 매우 허소합니다. 문장은 韓愈·柳宗元만한 이가 없고 시는 이백·두보·蘇軾·黃庭堅만한 이가 없으니, 교서관으로 하여금 많이 인쇄하게 하는 한편 없는 책은 通事로 하여금 사오게 하는 것이 어떠하겠습니까?[109)]

또한 사대부 사이에서 배척되던 소설류는 연산군대에 표면으로 등장하였다. 『三國志』·『剪燈新話』·『剪燈餘話』·『孝顰集』·『嬌紅記』·『西廂記』·『聯芳集』·『香臺集』·『游藝錄』·『麗情集』 등을 중국에서 사오도록 하면서, 『전등신화』·『전등여화』는 간행하도록 조치하였다.[110)] 무오·갑자사화를 겪는 가운데 사림파가 축출되면서 경서 위주의 학문 분위기가 침잠한 것과 관련이 있다고 하겠다. 반면 중종대에 이르면 사림들이 경학에 치중함에 따라 시문학이 오히려 침체되었다. 장령 金硡이 시문집은 임금의 학문에 방해된다고 만류하자, 다음과 같이 변명하는 중종의 모습에서 그 분위기를 감지할 수 있다.

---

109) 『중종실록』 48권, 18년 7월 19일(정해).

110) 『연산군일기』 25권, 3년 7월 7일(병오) ; 동 12년 4월 13일(임술) ; 동 12년 8월 7일(갑인).

> 시문을 좋아하려는 것이 아니라, 이전부터 內藏했던 시집들이 교서관에 흩어져 있기 때문에 수습하여 類대로 모아 두게 한 것이다.111)

그러나 명종대 이후에는 소설과 패설 류가 세간에 확산되었다. 『전등신화』가 1568년(선조 1)에 교서관에서 인출되자, 奇大升은 진강하는 자리에서 패설류를 교서관에서 인쇄한 것 자체가 잘못이라고 지적하였다.

> 시문·詞華도 중하게 여기지 않는데, 더구나 『剪燈新話』나 『太平廣記』와 같은 사람의 心志를 誤導하는 책들이겠습니까. …… 『전등신화』는 놀라우리만큼 저속하고 외설적인 책인데도 교서관이 재료를 사사로이 지급하여 刻板하기까지 하였으니, 識者들은 모두 이를 마음 아파합니다. 그 판본을 제거하려고도 하였으나 그대로 오늘에 이르렀습니다. 일반 여염 사이에서는 다투어 서로 인쇄하여 보고 있으며 …… 『삼국지연의』는 괴상하고 誕妄함이 이와 같은데도 인출하기까지 하였으니, 당시 사람들이 어찌 무식한 것이 아니겠습니까.112)

교서관에서 괴상한 『三國志衍義』와 심지를 오도하는 『전등신화』·『태평광기』를 사사로이 판각하고 있을 뿐 아니라 민간인들도 다투어 찍어낸다는 것이다. 실제로 고금의 怪談奇聞을 엮은 『전등신화』는 몽환적인 아름다움을 지니고 문체도 화려하여 조선초기에 이미 베스트셀러였고, 동아시아에도 적지 않은 영향을 끼치고 있었다. 김시습은 이를 본떠 한국최초의 한문소설인 『金鰲新話』를 창작하였다. 유희춘은 『전등신화』·

111) 『중종실록』 17권, 7년 10월 14일(갑인).

112) 『선조실록』 3권, 2년 6월 20일(임진).

『삼국지』뿐 아니라 금기시하던 김시습의 『東峯集』도 읽었고, 朴光玉으로부터 『삼국지』를 받고 그 기쁨을 『미암일기』에 적어놓았다.113) 당시 중국에서도 『삼국지연의』·『수호전』을 필두로 백화소설의 출판량이 급격히 증가하는 동시에, 거질이면서 화려한 책들을 간행하였다.114) 明중기까지도 매우 적던 출판량은 嘉靖(1522~1566)·萬曆(1573~1620) 연간 이후 많이 증가하였다. 이때 관각본 출판은 역사상 규모가 가장 클 뿐 아니라 민간 출판도 활발하여 시골까지 인쇄술이 보급되었다. 경사자집 외에 통속물·희곡·소설도 대량 출판되었다. 상업과 수공업의 번영과 함께 일반인들은 서적의 가장 큰 독자층이 되었고, 책의 소비량도 크게 증가하였다. 明대의 문학은 시문보다 소설·희곡 등의 서민문학이 꽃을 피웠고, 『삼국지연의』·『수호전』·『서유기』 등을 중심으로 『西廂記』·『琵琶記』·『紅佛記』 등이 매우 큰 비중을 차지하며 유통되고 있었다.115)

한편 중앙집권력이 약화되고 재지사족층이 향촌에 광범위하게 형성되면서 지방에서도 출판사업이 활기를 띠었다.116) 성리학적 학문분위기가

113) 『미암일기초』 신미(1571/선조 4) 3월 7일 ; 동 계유(1573/선조 6) 1월 21일.

114) 大木 康 저, 노경희 역, 2007, 『명말강남의 출판문화』, 소명, 9~10쪽.

115) 羅樹寶, 2008, 『중국책의 역사』, 다른생각, 130~221쪽.

116) 지방에서 간행한 주요 문집은 다음의 <표>와 같다.

연대	서명	간행지
1535/중종30	『三灘(先生)集』(李承召)	평북 定州牧 : 충청감사(外孫) 이수동 간행
1544/중종39	『須溪先生評點簡齋詩集』	전북 茂長縣
1547/명종 2	『殿策精粹』	경북 慶州京邸
1549/명종 4	『古文軌範』	강원도 杆城郡
1553/명종 8	『朱子感興詩』	충북 청주목
1565/명종20	『增刪濂洛風雅』	전남 順川府
1574/선조 8	『晦齋先生文集』(이언적)	慶州府(初刊本)
1591/선조24	『菊磵集』(尹鉉)	전북 南原府

지방에 조성되자 이를 기반으로 서원이나 향교에서도 문집류를 중심으로 서적을 간행하였다. 평북 정주목, 충북 청주목, 전북 남원부, 전남 순천부, 경북 경주 등은 그 주요 활동지였다.

제14절 유학서적

조선왕조 500년간의 학문과 사상의 중심은 유학이고, 통치원리로서 유학사상의 주류를 이룬 것은 성리학이다. 성리학은 16세기에 사회적으로 정착되고 학문적으로 융성해졌다. 특히 명종대에 학자들의 학문적 탐구와 이론적 모색을 통해 성리학은 심화되기 시작하였다. 성리학 연구에는 16세기 초반까지 성리학을 탐구하는 수준에서 『성리대전』을 주로 이용하였다. 『성리대전』은 宋代 이래 諸儒들의 다양한 학설을 수록해, 성리서가 널리 보급되지 못하던 조선사회에서 일종의 성리학 백과사전으로 활용되었다. 그러므로 주자의 견해와 다른 학설들도 비교적 공존할 수 있었다. 반면 방대한 분량 때문에 『성리대전』에 대한 체계적인 이해가 절실하였다. 이에 전라도관찰사 金正國은 1538년(중종 33)에 그 내용을 간략히 볼 수 있도록 『性理大全書節要』를 편간하였다. 그런데 『성리대전』은 明의 영락제가 성리학의 자유로운 비판정신을 억제하고 통제력을 발휘하기 위해 官주도로 집대성한 것이다. 그러므로 16세기에는 15세기의 체제교학화된 『성리대전』류의 성리학에서 벗어나 점차 『소학』·『근사록』류의 주자성리학이 강조되었다. 기묘사림들은 성리학적 이념을 구현하기 위해 주자의 성리학 입문이론서인 『근사록』과 수신서인 『소학』이 필요했던 것이다. 그래서 『소학』(1499/연산 5 간행命, 1518/중종 13 1,300부 간행)에 이어 『근사록』도 1518년(중종 13)에 사간 金希壽의 요청으로 인쇄하였다.

> 근자에 『소학』을 반포하여 사람마다 다 강습하게 하였으니 참으로 아름다운 일입니다. 또 『근사록』도 儒者들이 토론해야 하는 것인데 민간에서는 매우 드물어서 유자가 얻어 보지 못하니, 모름지기 『소학』을 반포한 예에 의하여 인출하도록 하는 것이 좋겠습니다.[117]

그해 홍문관 박사 안처순도 구례현감으로 부임하면서 『근사록』 1질을 받아가 바로 다음 해 출판하였다.[118] 1515년(중종 10)에는 홍문관 부제학 金謹思의 요청대로 홍문관에 간직한 『朱子語類』·『朱文公集』·『眞西山讀書記』·『伊洛淵源錄』·『二程全書』 등의 주자성리서를 간행하도록 하였다. 이때 道의 규모에 따라 발간부수를 배정하면서, 私家에도 배포하도록 조치하였다.[119] 한편 주자도감(1516)은 곧 중단되기는 하지만 설치를 계기로 출판이 본격화되는 분위기를 조성하였다. 1518년 공조판서 김안국도 중국으로부터 『家禮儀節』·『朱子大全』·『朱子語類』·『伊洛淵源』 등을 구해온 후, 간행하여 홍문관과 사대부에게 널리 보급할 것을 건의하였다.[120] 이렇게 주자성리서는 사림들이 추구하던 체제유지와 긴밀한 관련

---

117) 『중종실록』 34권, 13년 7월 26일(계해).

118) 『중종실록』 32권, 13년 2월 29일(무술) ; 『근사록』 刊記 : "正德己卯(1519/중종 14)夏鳳城精舍刊", 충남대소장, 갑인자복각본(강혜영, 2005, 「남원지역 인쇄문화에 관한 연구」, 『서지학연구』 32, 17쪽).

119) 『중종실록』 23권, 10년 11월 4일(병술).

120) 『중종실록』 34권, 13년 11월 22일(무오) ; 『선조실록』 8권, 7년 4월 23일(정묘) ; 『慕齋集』, 「先生行狀」.

을 가지며 간행 보급되었다.

중종초에 등장하는 조광조(1482/성종 13~1519/중종 14)를 비롯한 사림들은 왕도정치의 실현을 목적으로 주자성리학에 대한 관심을 집중하였다. 그동안 15세기에는 유교적 문물제도의 정비를 위해 類書類에 치중하였다. 그러나 類書學을 통한 중앙집권적 지배체제의 한계가 드러남에 따라, 이를 극복하려는 노력이 새롭게 일어났다.[121] 다시 말하면 제도개혁과 관련하여 治人에 초점을 맞추어 수용된 성리학이, 도덕적 자기완성을 목표로 하는 修己의 방향으로 바뀐 것이다. 그러다가 사림들은 기묘사화(1519)를 계기로 중앙정계에서 밀려났다, 1535년(중종 30)경부터 다시 중앙에 진출하기 시작하였다. 그리고 1539년(중종 34)에 승문원 제조 崔世珍은 『大儒大奏議』·『皇極經世書說』, 1542년(중종 37)에 예조판서 김안국은 『春秋集解』·『易經集說』·『皇極經世書說』·『呂氏讀書記』 등을 중국에서 들여와 인출을 요청하였다. 이미 김안국은 1537년(중종 32)에 교서관 제조가 되어 『주자대전』을 인쇄 배포했다고 한다.[122] 1543년(중종 38)에 인쇄한 『주자대전』 1질이, 곧 중종이 좌참찬 權橃에게 내사기를 찍어 하사한 활자본이 현재 전한다.[123] 주자의 저술을 모두 수록한 『주자대전』이 1543년에 간행되자, 주자학 연구는 새로운 국면을 맞았다. 조선학자

---

121) 李泰鎭, 1995, 『조선유교사회사론』, 지식산업사, 74쪽.

122) 『선조실록』 8권, 7년 4월 23일(정묘).

123) 『주자대전』 內賜記 : 嘉靖 22년(중종 38) 6月日 內賜 議政府左參贊權橃 朱子大全一件 命除謝恩 都承旨臣洪(手決) (권벌 선생의 宗家소장 : 경북 봉화군 소재, 보물 896-9호) ; 權橃, 『冲齋先生文集』 권2, 雜著, 「朱子大全考疑」 ; 『冲齋先生文集』 卷首, 「冲齋先生文集年譜」.
『주자어류』 內賜記 : 嘉靖 23年(중종 39) 6月日 內賜 侍講院右司書盧守愼 朱子語類一件 命除謝恩 都承旨臣鄭(靜嘉堂文庫 소장).

들은 주자의 全 사상 체계를 본격적으로 접하게 되고, 이를 기점으로 주자학 연구는 본 궤도에 오르는 중요한 轉機가 되었다.[124] 이로부터 성리학은 『주자대전』 중심으로 심화되면서 학문적 정당성을 주자에게서 구하는 경향이 강화되었다. 16세기 들어 중국에서는 주자학이 쇠퇴기에 접어들고 있는 반면, 조선에서는 학파가 형성되고 주자학 전성시대를 맞게 된 것이다.

그런데 김안국이 인쇄한 이 『주자대전』(1543)은 오류가 많아, 1573년(선조 6)에 柳希春이 『주자대전』의 새 교정본 인출을, 1575년(선조 8)에 趙憲이 『주자어류』·『주자대전』의 인출을 요청하였다.

> (유희춘은) 전에 중종 계미년(1523/중종 18)에 『주자대전』을 인출했으나, 그 때에는 교서하는 관원이 거칠고 정하지 못함이 많았으므로 識者가 한탄했습니다. 이제는 이황이 교정한 문자를 얻었고 아울러 愚臣(유희춘)의 좁은 소견으로 여러 장점을 모아서 바로잡았습니다.[125]

> (조헌은) 『주자어류』·『주자대전』등의 책을 …… 전하께서 주자의 가르침을 미루어 밝히려 하신다면 주자의 글들을 널리 인쇄하여 반포하는 것이 실로 우리나라 천백 년의 다행이 될 것입니다. 바라건대 8도와 土官이 있는 4, 5곳에 모두 이 책을 간직하여 감사·병사·수령·邊將들과 기타 뜻있는 곤궁한 선비들로 하여금 각각 그 事類를 찾아보게 하소

124) 고영진, 1999, 『조선시대 사상사를 어떻게 볼 것인가』, 풀빛, 323쪽 ; 고영진, 1997, 「성리학의 이해와 왕도·민본」, 『한국사상사의 과학적 이해를 위해』, 청년사, 101쪽.

125) 『선조실록』 7권, 6년 1월 12일(계사). 계미년(1523/중종 18)이 아니라 계묘년(1543/중종 38)의 오자인 것으로 보인다.

서.[126]

유희춘은 이황이 교정한 내용을 적극 참고하여 재교정하고, 1575년(선조 8)에 문집과 語類로 나누어 『주자대전』·『주자어류』(1575/선조 8, 을해자 활자본 正集100권, 續集11권, 別集10권)를 간행하였다.[127] 이로써 『주자대전』의 간행은 1543년과 1575년에 이루어졌다. 그 후에 전라도관찰사 元斗杓는 이 1575년판 『주자대전』이 적은 양만 인쇄되어 안타깝다고 상소를 통해 토로하였다.

> 선묘조 을해년(1575)에 교서관에 명령하여 인쇄하도록 했는데, 그때에는 板刻을 사용하지 않고 鐵印을 사용했습니다. 이 때문에 인쇄한 이후에는 毁板을 하여 배포된 것이 넓지 않습니다.[128]

불행히 1575년판 활자본은 임진왜란을 거치면서 대부분 없어졌으나 그 이후 『주자대전』의 저본이 되고, 영조대의 목판본(1771)과 더불어 조선시대 판본 중 대표적인 것이 된다.

---

126) 『선조실록』 9권, 8년 3월 16일(을묘).

127) 『선조실록』 7권, 6년 11월 30일(병오) ; 『미암일기초』 갑술(1574/선조 7) 10월 20일 ; 『주자대전』 卷首, 「朱子文集語類改刊凡例」. 이황의 『주자대전』 校勘 내용은 1575년(선조 8, 柳希春 교감) 판본뿐 아니라, 1771년(영조 47, 洪啓禧 교감) 판본에도 참고되었다. 『주자대전』, 국립중앙도서관 소장(古貴3747-14 : 16권 9책, 古3747-307 : 5권 3책, 古3747-293 : 1책) ; 『朱子語類大全』 41冊(零本), 黎靖德(宋) 類編, 목판본(奎中345).

128) 『승정원일기』 인조 13년 4월 24일(계묘). “往在宣廟朝元年乙亥之歲, 命書館印出, 而其時不用板刻, 造用鐵印, 故隨卽毁, 所布不廣, 加以變亂之後, 散失無餘, 能保此書者千一, 故士之得見者, 蓋寡, 而其所或傳者, 亦非全帙, 亦豈非斯文之不幸歟?”

> 내가 교정한 『주자대전』·『주자어류』는 사림이 모두 교정이 잘되어 전의 판본과는 아주 같지 않다고 하면서 다투어 애지중지하였다. 외방의 수령 중에 자제를 위해 사려고 하는 사람이 五升木 1同(면포 50필)을 값으로 치르고도 도리어 구할 수가 없다고 한다.[129]

한편 퇴계는 1543년(중종 38)에 교서관에서 간행한 『주자대전』을 보고 본격적으로 성리학을 연구하게 되었다.[130] 『누판고』의 『주자서절요』 해제 항목에, 이황이 『주자대전』을 읽은 대목이 보인다.

> 이황이 비로소 이 책(『주자대전』)을 보고 (주자를) 독실하게 믿게 되어, 그 책 가운데 날마다 학문을 하는 데 가장 간절한 것을 뽑아서, 文理에 해석하기 어려운 부분을 만나면 간략히 주석을 달았다. 우리나라 사람이 주자의 책을 존경하고 숭배하게 된 것은 실제로 이 책으로부터 시작된다.[131]

『주자대전』외에도 주자의 저서들은 다음의 <표 16>과 같이 전국에서 많이 간행되었다.[132] 그 책들을 보면 내용이 대체로 시기별로 구분된다.

---

129) 『미암일기초』 병자(1576/선조 9) 6월 25일.

130) 『退溪全書』, 「朱子書節要序」. "此書(朱子全書)之行於東方 絶無而僅有 古士之得見者 蓋寡 嘉靖癸卯(1543/중종 38)中 我中宗大王 命書館 印出頒行 臣滉 於是始知有是書而求得之."

131) 서유구, 『鏤板考』 집부, 별집류, 1968, 보련사, 168쪽(리상용, 2005, 「누판고 수록도서의 질적수준에 관한 연구」, 『서지학연구』 31, 255쪽).

132) 최경훈, 2009, 「조선전기 주자저술의 간행에 관한 연구」, 『서지학연구』 42, 453~489쪽에서 대부분을 인용하였음.

〈표 16〉 15~16세기에 간행한 주자의 저술

서명	15세기		16세기	
	연도	출판사항	연도	출판사항
『소학』(주자)	1427/세종 9	강원감사 鄭孝文 간행	1499/연산군 5, 1517/중종12, 1545/명종즉위 : 간행命	
『집성소학』(何士信)(明)	1428/세종10	주자소 인출命		
	1436/세종18	金汶교정 : 갑인자인출		
『小學集說』(程愈)(明)	성종연간	목활자 간행	중종연간	을해자 5회 간행
『小學集註』(陳選)(明)	1451/문종즉위	갑인자 간행		
『小學書集解』(吳訥)(明)			1554/명종 9	을해자 인출 ; 內賜 : 이황
			16세기	갑인자 인출
『楚辭集註』	1428/세종10	주자소 :『文章正宗』 함께		
	1454/단종 2	密陽부사 李皎然 번각		
『孝經』	1429/세종11	주자소 250질		
『孝經刊誤』	1476/성종 7	全州府尹 尹孝孫 개판		
	1477/성종 8	善山都護府使 : 金宗直 판각		
『孝經大義』			1590/선조23	을해자 인출
『資治通鑑綱目』	1427/세종 9	주자소 인출	1502/연산군8	계축자 인출
	1434/세종16	갑인자 인출	중종연간	목활자혼입의 갑인자
			1573/선조 6	永同 목판 : 개판
			1578/선조11	간행 : 유희춘 교정
『資治通鑑綱目集覽鐫誤』	성종연간	을해자 인출	명종연간	을해자 인출
『資治通鑑綱目集覽』·『資治通鑑綱目發明』			1502/연산군8	계축자 인출 :『통감강목』 합본, 『통감집람』 : 연산8 인출명
『續資治通鑑綱目』			1503/연산군9	갑인자인출 : 연산8 인출명
			1504/연산군10	목판간행
『宋名臣言行錄』	세종연간	경자자 인출	1502/연산군 8	경상감사 金應箕 : 淸道
	성종연간	갑인자 인출		

『朱文公校昌黎先生集』	1438/세종20	갑인자 인출 : 『강목』함께	중종연간	목활자가 혼입된 갑인자본과 병자자본 인출
	세종연간	갑인자 인출		
『朱子感興詩』			1553/명종 8	淸州목사 李楨 : 목판간행
『근사록』	1436/세종18	갑인자 인출	1518/중종13	인출命
			1519/중종14	전라도 求禮 鳳城精舍 간행
			1578/선조11	禮山縣 : 번각
			1581/선조14	밀양 佔畢서원 : 번각
			선조연간	文川郡 간행
『家禮大全書』			1563/명종18	谷城縣監 蘇邂·전라감사 金德龍 간행 : 목판본
『文公家禮儀節』			1518/중종13	김안국 간행요청
			1555/명종10	충청감사 閔箕·청주목사 李楨 간행
『儀禮經傳通解』			1569/선조 2	교서관 간행
『儀禮經傳通解續』			1571/선조 4	교서관 간행
『童蒙須知』			1517/중종12	山陰縣 김안국 간행
			1570/선조 8	趙憲 간행요청 : 간행命
『伊洛淵源錄』			1515/중종10	8도분장 간행命
			1562/명종17	慶州府尹 李楨 요청 : 경상감사 南宮沈 간행
『延平答問』			1554/명종 9	청주 : 李楨 간행
			1556/명종11	순천 : 李楨 간행
『주자어류』			1515/중종10	8도분장 간행명
			1543/중종38	內賜 : 盧守愼
			1575/선조 8	이황 교정본 바탕 : 유희춘 校勘 : 병자자 인출
『晦菴先生語錄類要』			1576/선조 9	潭陽간행 : 崔應龍 감사
『晦菴文鈔』			1509/중종 4	尙州목사 金彦琚 간행
『주자대전』			1543/중종38	內賜 : 權橃
			1575/선조 8	이황 교정본 바탕 : 유희춘 校勘
『二程全書』			1515/중종10	8도분장 간행명
			1566/명종21	內賜 : 朴承任
			임란 이전	목판본 1종

즉 16세기에는 『주자대전』·『주자어류』·『근사록』·『연평답문』·『동몽수지』·『이락연원록』·『가례대전서』·『의례경전통해』, 15~16세기에 걸쳐서는 『소학』·『자치통감강목』이 주로 차지하였다. 16세기에는 『소학』·『근사록』을 기초로 하면서 『주자대전』·『주자어류』를 중심으로 주자성리학 연구가 심화 발전하였기 때문이다. 그래서 『소학』은 여러 간행본을 집주 또는 언해하고, 『주자대전』은 새로 교정본을 내기도 하였다.

한편 지방관청에서는 주로 성리학적 소양을 갖춘 지방관찰사나 수령이 중앙관청의 지시에 따라 또는 자체적으로 출판사업을 진행하였다. 주로 중앙의 활자본과 지방의 목판본을 병행하여 국가운영에 필요한 서적들을 인쇄하였다. 지방 출판사업이 국가적인 차원에서 총체적으로 추진된 것은 아니지만 인쇄작업은 제법 활기를 띠었다. 그리하여 지방판은 세종대 이후 임란 전인 1585년(선조 18)까지 980종이나 판각되었다.[133] 자연히 여기서도 주자성리학적 성향의 서적들이 그 중심을 이루고 있다.[134] 그 예로 지방관청에서 간행한 주요 유학·문집 류를 뽑아보면 다음의 <표 17>과 같다.

이때 경상도관찰사 김안국은 『이륜행실도』·『여씨향약』·『정속』·『삼강행실도』·『벽온방』·『창진방』, 그리고 농서와 잠서의 언해서(1517/중종 12)를 간행하였다. 또한 전라도관찰사 김정국은 자신이 편찬한 『촌가구급방』·『성리대전서절요』(1538/중종 33)를 출간하였다.

---

133) 서지학개론 편찬위원회, 2004, 『서지학개론』, 한울, 122쪽.

134) 본서, 제5장 「서적문화의 성격」, <표> '지방관청에서 간행한 서적' 참조.

〈표 17〉 지방관청에서 간행한 주요 유학 · 문집 류[135)]

<table>
<tr><th>연도</th><th>서명</th><th>간행처</th><th>주요 간행지</th></tr>
<tr><td rowspan="2">1495/ 연산군1</td><td>『忠武錄』</td><td>경상감영</td><td rowspan="3"></td></tr>
<tr><td>『점필재집』중 文集篇</td><td>전라감사 鄭錫堅 간행</td></tr>
<tr><td>1502/ 연산군8</td><td>『宋名臣言行錄』</td><td>경상감사 金應箕 : 경자자본 번각 : 淸道郡</td></tr>
<tr><td>1509/ 중종 4</td><td>『晦庵文鈔』 : 『주자대전』抄略</td><td>尙州牧使 金彦琚 간행</td><td rowspan="4">榮州, 求禮, 羅州, 慶州, 忠州, 昆陽, 황해도 海州, 濟州, 南原, 平壤, 淸州, 金海, 함경도 安邊, 茂長, 文川</td></tr>
<tr><td>1515/ 중종10</td><td>『주자어류』·『주문공집』·『진서산독서기』·『호삼성음주자치통감』·『歐陽文忠公集』·『伊洛淵源錄』·『二程全書』</td><td>각도 분담 간행명</td></tr>
<tr><td>1530/ 중종25</td><td>『효경』</td><td>南原府 重刊</td></tr>
<tr><td>1538/ 중종33</td><td>『性理大全書節要』</td><td>錦城字(목활자판) : 전라감사 김정국 간행</td></tr>
<tr><td>1547/ 명종 2</td><td>『입학도설』</td><td>榮川군수 琴椅 간행</td><td rowspan="11">淸道, 榮州, 洪州, 杆城, 海營, 慶州, 平壤, 星州, 淸州, 晋州, 潭陽, 錦山, 全州, 黃州, 寧邊, 會寧, 谷城, 順天, 文川, 豊基 등, 특히 순천부, 경주부, 청주목에서 활발</td></tr>
<tr><td>1553/ 명종 8</td><td>『朱子感興詩』 : 주자의 詩歌</td><td>淸州牧使 李楨 간행</td></tr>
<tr><td>1554/ 명종 9</td><td>『延平(李先生師弟子)答問』</td><td>淸州牧使 李楨 간행 : 개간</td></tr>
<tr><td>1555/ 명종10</td><td>『文公家禮儀節』</td><td>충청감사 閔箕, 淸州牧使 李楨 간행</td></tr>
<tr><td>1556/ 명종11</td><td>『延平答問』</td><td>순천부사 李楨 간행</td></tr>
<tr><td>1559/ 명종14</td><td>『文公講義』·『眞西山經筵講義』</td><td>전주부윤 宋純 간행</td></tr>
<tr><td rowspan="2">1560/ 명종15</td><td>『역학계몽요해』</td><td>영변부 : 중간</td></tr>
<tr><td>『東萊先生音註唐鑑』</td><td>경주부 : 刊板</td></tr>
<tr><td>1561/ 명종16</td><td>『주자서절요』</td><td>星州본 : 星州牧使 黃俊良 간행</td></tr>
<tr><td>1562/ 명종17</td><td>『伊洛淵源錄』</td><td>慶州府尹 李楨 요청 : 경상감사 南宮沈 간행</td></tr>
</table>

135) 『미암일기초』 ; 윤상기, 2004, 「조선전기 인쇄문화」, 『한국문화사상대계』 v.3, 107~110쪽 ; 최경훈, 2009, 「조선전기 주자저술의 간행에 관한 연구」, 『서지학연구』 42, 453~489쪽 ; 김문식, 2007, 「조선본 『주자대전』의 간행과 활용」, 『조선시대 문화사』(상), 일지사, 103쪽 외 기타 참조.

<table>
<tr><td>1563/
명종18</td><td>『家禮大全書』</td><td>谷城縣監 蘇邂, 전라감사 金德龍 간행 : 개간</td><td rowspan="10"></td></tr>
<tr><td rowspan="2">1564/
명종19</td><td>『程氏遺書分類』</td><td>순천부 : 개간</td></tr>
<tr><td>『주자서절요』</td><td>黃海감사 柳中郢 간행</td></tr>
<tr><td rowspan="2">1565/
명종20</td><td>『심경』</td><td>황해감사 柳仲郢 간행</td></tr>
<tr><td>『景賢錄』</td><td>順天府使 李楨</td></tr>
<tr><td rowspan="4">1566/
명종21</td><td>『延平(李先生師弟子)答問』</td><td>순천부 개간</td></tr>
<tr><td>『延平答問補錄』</td><td>순천부</td></tr>
<tr><td>『近思錄集解』</td><td>中和군수 安瑞</td></tr>
<tr><td>『心經附註』 : 이황의 後論첨가</td><td>文川郡 : 신간</td></tr>
<tr><td>1567/
명종22</td><td>『주자서절요』</td><td>정주목사 柳仲郢 간행</td></tr>
<tr><td>1568/
선조 1</td><td>『朱子年譜』</td><td>울산군수 郭趪 간행</td><td rowspan="9">水營, 南海, 河東, 榮州, 晋州, 慶州, 定州, 전라도光州, 安東, 全州, 潭陽, 綾城, 평양, 제주, 延安, 昇平(順天), 海州, 原州, 羅州, 寧邊, 泰仁, 慶尙左兵營 등</td></tr>
<tr><td>1570/
선조 3</td><td>『성리대전』</td><td>진주判官 : 인출</td></tr>
<tr><td>1576/
선조 9</td><td>『晦菴先生語錄類要』</td><td>潭陽 간행 : 崔應龍 감사</td></tr>
<tr><td>1578/
선조11</td><td rowspan="2">『근사록』</td><td>禮山縣 : 번각</td></tr>
<tr><td>선조
연간</td><td>文川郡 간행</td></tr>
<tr><td>1583/
선조16</td><td>『牧隱文藁』</td><td>충청도 홍주목사 崔興遠 간행</td></tr>
<tr><td>1584/
선조17</td><td>『松齋集』</td><td>충청도 충주목사 吳澐 간행</td></tr>
<tr><td>1591/
선조24</td><td>『菊磵集』</td><td>南原府</td></tr>
<tr><td>1600/
선조34</td><td>『益齋集』·『櫟翁稗說』</td><td>鷄林府 경주부윤 李時發</td></tr>
</table>

또한 이황의 문인인 李楨은 청주목사로서 『주자감흥시』(1553/명종 8)·『연평답문』(1554)·『문공가례의절』(1555), 순천부사로서 『연평답문』(1556)·『경현록』(1565), 경주부윤으로서 『이락연원록』(1562/명종 17), 황해도관찰사 柳仲郢은 『심경』(1565/명종 20), 中和군수 安瑞은 『근사록집해』(1566/명종 21)를 간행하였다.[136] 그리고 1585년판의 『고사촬요』를

비롯, 1576년(선조 9)~1585년(선조 18) 동안 평안도관찰영과 평양지방에서 간행한 서적은 『聖學十圖』·『心經』·『효경』·『家禮補注』·『童蒙先習』·『童蒙須知』 등을 포함하고 있다.137)

위의 <표 17>에서 보듯이 지방에서 간행한 유학·문집 류는 시기별로 명종대가 많고, 종류별로 주자성리서가 15세기에 비해 더 많아졌다.138)

---

136) 최경훈, 2006, 「조선전기 주자저술의 간행에 관한 연구」, 『서지학연구』 42, 468~469, 485쪽.

137) 윤병태, 1993, 「조선시대 평양의 인쇄문화」, 『고인쇄문화』 v.1, 청주고인쇄박물관, 54쪽. 그 외에 『高廉草書』·『古文眞寶』·『龜文圖』·『銅人經』·『百聯秒解』·『兵衛森』·『三十二體篆隸書』·『三韻通考』·『宋元節要』·『詩大文』·『赤壁詩』·『治疱易驗』·『政經』·『春種』·『黃疸虐方』 등도 포함된다.

138) 16세기 지방에서 간행한 서적들은 다음의 <표>를 통해 15세기의 경우와 비교하면 그 특징이 더 잘 나타난다(윤상기, 2004, 「조선전기 인쇄문화」, 『한국문화사상대계』 v.3, 104~107쪽 ; 이재영, 2007, 「조선시대 『효경』의 간행과 그 간본」, 『서지학연구』 38, 338쪽 외 참조).

연도	서명 (*표 : 경서·문집류 외의 것)	간행처	판종
1393/태조 2	『歐蘇手簡』 : 조선조 최초의 지방 관판본	醴泉甫州官번각	목판
1394/태조 3	『삼국사기』*	경주부 改刻	〃
1397/태조 6	『입학도설』前集	晋陽府 都護府使 金爾音 간행	〃
1399/정종 1	『향약제생집성방』·『우의방』·『마의방』합간*	강원감사 金希善 간행	〃
1400/정종 2	『釋尊儀式』*	전라도감영 간행	〃
1418/태종18	『禮記淺見錄』	제주목 判官 河澹 번각	〃
1425/세종 7	『입학도설』後集과의 합간본	晋州牧 중간	〃
1427/세종 9	『성리대전』 50부	경상도 번각	〃
1429/세종11	『역경』·『서경』·『춘추』	경상도 판각	〃
	『시경』·『예기』	전라도 판각	〃
	『사서대전』 50부	강원도 판각	〃
1431/세종13	『音註全文春秋括例始末左傳句讀直解』	錦山 번각	〃
	『보주동인경』*	경상도 각판명	〃

그러니 실제 전국 8도에서 출간한 주자성리서는 매우 많았을 것이다. 이러한 사실은 이미 주자성리학에 대한 연구가 지방에서도 이루어질 수 있는 기반이 마련된 것을 뜻한다. 마침내 중앙과 지방관청에서의 활발한 주자성리서 간행으로 주자학 연구는 본 궤도에 오르게 되었다.

명종대에 이르러 본격적인 사림활동이 전개되면서, 주자성리학은 『주자대전』·『심경』을 탐구하는 단계로 진전하며 다양한 사상체계를 갖추었다. 이언적·기대승·이황·이이 등을 중심으로 한 일련의 학자들은 그 기반 위에서 토론과 논쟁을 통해 우주론에서부터 인간의 심성론에 이르기까지 성리학사상을 발전시켰다. 그리고 유교경전에 대한 주석·언해작업을 하면서 주자학 관련 저작물들을 편찬하였다.[139] 다음 <표 18>에서 보는 바와 같이 그 저작활동은 점차 개인에 의한 민간주도의 흐름을 타면서 본격적으로 진전되어 주제별로 많은 문집들을 세상에 내놓았다.

<table>
<tr><td></td><td>『경제육전』*</td><td>강원도 간행</td><td>〃</td></tr>
<tr><td>1433/세종15</td><td>『향약집성방』*</td><td>전라·강원도 간행</td><td>〃</td></tr>
<tr><td>1445/세종27</td><td>『三元參贊延壽書』*</td><td>전주부 간행</td><td>목판·활자</td></tr>
<tr><td>1456/세조 2</td><td>『역대병요』*</td><td>강원·전라·경상 판각명</td><td>목판</td></tr>
<tr><td>1466/세조12</td><td>『대명강해율』·『율학해이』·『율해변의』*</td><td>경상·전라·충청도 간행명</td><td>〃</td></tr>
<tr><td rowspan="2">1474/성종 5</td><td>『老子鬳齋口義』·『列子鬳齋口義』*</td><td>원주 번각</td><td>〃</td></tr>
<tr><td>『莊子鬳齋口義』*</td><td>영남 각읍 分刊 : 경주부 인출</td><td>〃</td></tr>
<tr><td>1475/성종 6</td><td>『효경』</td><td>全州府 開板</td><td>〃</td></tr>
<tr><td>1478/성종 9</td><td>『纂圖互註周禮』</td><td>영남 13읍 分刊 : 淸道郡 인출</td><td>〃</td></tr>
</table>

139) 정재훈, 2005, 『조선전기 유교정치사상연구』, 태학사, 219쪽 ; 이영호, 2004, 『조선중기 경학사상연구』, 경인문화사, 37쪽 ; 고영진, 1991, 「16세기후반 상제예서의 발전과 그 의의」, 『규장각』 14, 61쪽 외 기타 참조.

〈표 18〉 조선시대에 개인적으로 저술한 주요 주자성리서

주제	15세기	16세기	17세기	18세기 이후
대학	「大學指掌之圖」(權近), 『大學衍義輯略』(李石亨), 『大學三綱八目箴』(柳崇祖)	『大學圖』·『讀大學法』·『大學經一章演義』(朴英), 『大學章句補遺序』·『大學章句補遺』·『續大學或問』(李彦迪), 『大學或問』·『大學圖』(李滉), 『大學講義跋』(金麟厚), 『改正大學』·『晦齋先生大學補遺後跋』(盧守愼)·『大學經一章血脈』(鄭希輔), 『大學』(金富倫), 『大學八條目辨』·『大學質疑』(李德弘), 『大學序節解』(安敏學), 『大學』·『大學章句補遺』(柳成龍), 『大學童子問答』(曺好益), 『大學講語』(李廷龜 : 1593강론)	『經書辨疑』·『대학』(김장생), 『大學箚錄』(李愼儀), 『大學圖』(朴仁老), 『大學』(鄭經世), 『大學困得』·『大學困得後說』(趙翼), 『論大學格致章』(崔攸之), 『講大學衍義』(崔誢), 『大學答問』(李惟泰), 『讀書記·대학』(尹鑴), 『大學輯要』(高汝興), 『思辨錄·대학』(朴世堂), 『大學補遺辨』(朴世采), 『大學正心章問答』(吳道一), 『大學答問』(金榦), 『大學箚錄·대학』(林泳)	
예기	『禮記淺見錄』(권근)·『禮記大文諺讀』(성삼문 등)		『五先生禮說分類』(鄭逑), 『典禮問答』·『疑禮問解』(金長生), 『疑禮問解續』(金集), 『南溪禮說』(박세채), 『禮記類編』(崔錫鼎 1693/숙종 19 간행/1700 중간)	『四禮便覽』(李縡)
성리대전		『性理大全書節要』(金正國), 『西銘考證講義』·『(易學)啓蒙傳疑』·『宋季元明理學通錄』(이황)		
가례		『家禮考誤』(金麟厚), 『家禮便考』·『家禮附錄』·『家禮註說』(宋翼弼), 『家禮輯覽補註』(1573편찬, 鄭逑), 『四禮訓蒙』·『禮學纂要』(이항복), 『家禮註解』(李德弘), 『家禮考證』(曺好益)	『家禮輯覽』·『家禮輯覽圖說』(金長生), 『家禮諺解』(申湜), 『家禮附贅』(安玑), 『家禮源流』·『家禮源流續錄』(兪棨), 『家禮便考』·『家禮附錄』·『家禮或問』(17~18C 李衡祥)	『家禮集考』(金鍾厚), 『家禮集要』(鄭重器), 『家禮彙通』(鄭煒), 『家禮增解』(李宜朝), 『家禮變儀』(金啓運), 『家禮或問』(鄭碩達), 『家禮疑解』(鄭大源)

祭禮		『奉先雜儀』(이언적), 『祭儀鈔』와 『격몽요결』 중의 喪祭·祭禮(이이), 『祭禮』(李賢輔), 『行祀儀節』(宋麒壽)		
喪祭禮書		『喪祭禮答問』(이황), 『喪禮考證』(金誠一), 『喪禮考證』(유성룡), 『喪禮備要』(申義慶), 『喪禮抄』(劉希慶), 『喪禮雜儀』(沈守慶)	『五服沿革圖』·『禮記喪禮分類』(鄭逑), 『古今喪禮異同議』(金集), 『喪禮備要』(김장생·김집 증보, 교정), 『四禮問答』(金應祖)	
心經		『心經心學圖』(周世鵬), 『心經(附註)釋義』·『心經質疑考誤』·『心經後論』(이황), 『心經質疑』(李德弘), 『心經質疑考誤』(曹好益), 『心經稟質』(趙穆)	『心經發揮』(鄭逑), 『心經標題』·『心經質疑附註』(李咸亨), 『心經要解』(朴世采)	『心經續說』(李萬敷), 『心經講義』(李源祚), 『聖學續圖』(金秉宗) 등 영남학파의 저술, 『心經附註箚義』(韓元震), 『心經篇末吳氏說後辨』(鄭澔), 『心經附註記疑』(李恒老) 등 기호학파의 저술, 『心經疾書』(李瀷), 『心經密驗』(丁若鏞), 『心經集義』(鄭齊斗)
주자대전		『朱子大全考疑』(權檖), 『朱子文錄』(기대승), 『朱子書節要』·『朱子書節要記疑』(이황), 『朱書節要講錄』(李德弘)	『朱文酌解』(鄭經世), 『朱子大全拾遺』(박세채), 『朱子大全箚疑』(송시열)	『朱子大全箚疑問目』(金昌協), 『朱子大全箚疑後語』(李宜哲), 『朱子大全箚疑補』(金敏材), 『주자문집대전』(洪啓禧 교정), 『朱子大全箚疑問目標補』(金邁淳), 『朱子大全箚疑輯補』(이항로), 『朱子會選』·『兩賢傳心錄』·『易學啓蒙集箋』·『紫陽子會英』·『朱子選通』·『朱書百選』·『朱文手圈』·『雅頌』·『朱子書節約』(정조연간 : 관찬)

주자어류				『朱子語類考文解義』(李宜哲), 『朱子語類節要』(안정복)

『退溪文集』 51권 31책(原集 49권, 別集 1권, 外集 1권 1600/선조 33, 庚子本 목판본)과 『栗谷集』(시집 1권, 문집 9권, 1611/광해군 3, 해주 목판본)뿐 아니라 『高峯集』(기대승)·『牛溪集』(성혼)·『南冥集』(조식) 등의 개인문집도 1600~1620년대에 집중적으로 쏟아졌다.[140] 그런데 아쉽게도 학파에 따라 저작물의 성격이 규정되는 문제가 일어난다. 이황·이이의 저술은 국가의 적극적인 지지 속에 장려되었지만, 그들과 대립된 입장에 있던 徐敬德·李球·許曄 등의 저술은 전하는 것이 거의 없다. 오직 서경덕의 『花潭集』 한 책만이 전할 뿐이다.

따라서 16세기의 편찬활동은 활짝 피어난 학문적 분위기로 말미암아, 15세기 관주도 중심에서 17세기 이후 왕성해지는 사찬서의 편찬활동으로 넘어가는 과도기적 단계가 되었다. 그리고 주자성리학은 16세기 중·후반에 그 출발점이 되어, 17세기에 본격적으로 전개되고 '조선주자학'으로서 확고한 지위를 누리게 된다. 바로 그 16세기에 있어 조선의 학자들은 조선화된 모델을 개발하는 성과를 이끌어냈다. 즉 주자의 이론에 조선의 현실을 독자적으로 반영시켜 성리학 체계를 재편성한 『聖學十圖』(1568/선조 1, 이황), 성리학에 바탕을 둔 경세론을 학문적으로 체계화한 『聖學輯

140) 김윤제, 2005, 「조선시대 문집간행과 성리학」, 『한국사시민강좌』 37, 91쪽. 개인문집으로 김안국의 『慕齋集』 15권 7책, 유숭조의 『眞一齋集』 1권 1책, 조광조의 『靜菴集』 15권 5책, 서경덕의 『花潭集』 4권 2책, 김인후의 『河西集』 16권 8책, 유희춘의 『眉巖集』 20권 10책, 기대승의 『高峰集』 5권 5책, 성혼의 『牛溪集』 6권 6책, 김성일의 『鶴峰集』 16권 10책, 유성룡의 『西厓集』 20권 14책, 조헌의 『重峰集』 20권 10책 등이 있다.

要』(1575/선조 8, 이이) 등이 그것이다. 그러므로 조선의 성리학은 선진사상을 적극적으로 수용하고 이를 적절히 자기 것으로 소화한 특징으로 말미암아,[141] 한국유학 자체의 독립된 학통을 형성하고 중국 송대 성리학의 수준을 뛰어넘는 계기가 되었다. 드디어 조선시대의 道學은 江을 벗어나 大海로 흘러들어간 것이다.[142] 그러나 사림들은 중앙정계의 핵심으로 권위를 갖게 되면서 점차 주자서 위주의 편향된 견해로 그들의 가치관을 이끌어갔다. 따라서 주자성리서는 지주전호제를 이론적으로 합리화하는 가운데, 군주의 지배체제를 뒷받침하고 사림중심의 지배질서를 옹호해 주는 논리에 사용된다.

제15절 불교서적

성리학이 지배이념인 조선사회에서 불교는 자연히 위축되었다. 성리학 연구가 심화되면서 불교는 더욱 탄압의 대상이 되었다. 도교·샤머니즘·풍수 도참사상 등도 당연히 배척되었다. 국가주도로 불교서적을 간행한 것은 왕실에서 왕비가 주축이 되어 지원하던 기간뿐이다. 세조 사후에 仁粹大妃는 유신들의 반발에도 불구하고 1496년(연산군 2)까지 불교서적을 간행하였다. 이를테면 불교경전, 고승의 저술, 불교의례에 관한 것으로 대부분 고려본을 복각 또는 번각한 것들이다. 그 가운데는 『(六祖)法寶壇經언해』 외에, 사찰 의식집인 『眞言勸供·三壇施食文언해』, 의례서인 『水陸

141) 김준석, 2005, 『한국중세 유교정치사상사론』 v.1, 지식산업사, 221쪽.

142) 금장태, 2003, 『조선전기의 유학사상』, 서울대출판부, 349쪽.

雜文』이 포함되었다. 바로 성리학적 분위기가 팽배해가던 시기에 불교가 실용적인 성격으로 변해가는 단면을 보여준 것이다.

1495년(연산군 1)에 인출한 『법화경언해』·『능엄경언해』·『석보상절』은 불경간행 때만 사용하는 '印經목활자'를 발문에서 처음 사용하였다. 인경목활자로 찍은 현존본은 『법보단경』·『진언권공·삼단시식문』·『수륙잡문』 3종뿐인 것으로 알려져 있다. 그중 『법보단경』·『진언권공·삼단시식문』은 인수대비가 內帑金으로 원각사에서 찍은 목활자본이다. 얼핏 보면 금속활자로 여겨질 정도로 자획이 균정하고 자체가 단정하며 솜씨가 정교하다.[143] 균일한 붓놀림, 균형잡힌 편집, 뚜렷하고 선명하게 조각된 필체가 한국인쇄사에서 독립된 章을 차지할 정도의 업적으로 평가된다.[144]

인수대비가 죽자 억불정책이 적극적으로 시행되면서 원각사를 폐지하였다. 중종대에는 고려시대부터 실시하던 僧科를 폐지하고 세종대에 만든 선·교 양종도 중단시켰다. 1535년(중종 30)에는 「僧侶禁斷節目」을 제정하고, 1538년(중종 33)에는 『동국여지승람』에 기재되지 않은 사찰을 철거하였다. 명종대에 이르면 불경 자체도 불태울 것을 강요하였다. 한 예로 유생들이 사찰에서 불경을 절취한 사건이 생기자, 성균관 유생 安士俊은 도리어 불경을 태워버리라고 강력히 주장하였다.

> 불경은 이단의 뿌리이고 …… 불경을 가져갔으면 바로 불태워 버림으로써 백성들을 속이는 근원을 막아 버렸더라면 斯文이 존속되고 도가 땅에 떨어지지 않았을 것입니다. 그런데 중에게 죄를 내리지 않았을 뿐만 아니라 도리어 …… (사찰에서 소란을 피워 기물을 파손한 유생인)

143) 천혜봉, 1991, 『한국서지학연구』, 삼성출판사, 704쪽.

144) 김두종, 1981, 『한국고인쇄기술사』, 탐구당, 172~175쪽.

황언징을 죄줌으로써 국가의 사기가 꺾이게 되고 한권의 불서를 도로 줌으로써 성현의 經籍이 버려지게 되었습니다. …… 앞으로 우리 백성들이 머리를 깎고 윤리를 어지럽히는 일이 이를 계기로 하여 일어날까 두렵습니다.145)

계속된 사화와 불교 중흥책으로 한동안 위축되었던 사림들이 성리학적 질서를 재강화하기 위해 반격한 것이다. 이때 동지중추부사 申瑛이 중국에서 구입한 『異端辨正』을 인쇄 배포하자고 요청한 것도 바로 이러한 분위기와 관련된다. 신영은 불교와 육상산의 학문을 배격한 『이단변정』이야말로 이단의 학설을 바로 잡은 책이라고 설득하였다.

신(신영)이 중국에서 구한 이 책은 당시의 이름있는 선비가 편집한 것으로, 吾道를 보위하고 邪說을 비판하는 선현들의 격언을 빠짐없이 모았으며 조목마다 반드시 자신의 의견을 붙였는데 그 立論이 매우 간절하고 분명하여 세상 선비들이 보기 드문 논설이 또한 많습니다. 경연에서 강독하시는 여가에 특별히 힘써서 乙覽하신다면 성상의 학문에 도움이 없지 않을 것입니다.146)

그러나 사림들의 이 같은 반대 속에서도 명종의 모친인 文定王后는 불교중흥을 꾀하여, 普雨의 기용, 선·교 양종의 부활, 승과와 도첩제의 시행을 주도하였다. 승려의 使役 금지, 寺社田의 免稅·復戶 특혜, 「兩宗應行節目」에 의한 不法僧의 推刷 등도 추진하였다. 유생의 上寺문제에도

145) 『명종실록』 9권, 4년 9월 20일(병술).

146) 『명종실록』 11권, 6년 3월 16일(갑진).

강력한 처벌로 대응하였고, 불경과 불교서적을 번역하여 사찰에서 간행하였다. 성리학의 심학화가 진행되는 가운데서도 왕실 한편에서 불교정책을 이같이 추진하자, 왕후의 수렴청정에 대해 曺植은 辭職 상소에서 다음과 같이 신랄하게 비판하였다.

> 전하의 國事가 이미 잘못되고 나라의 근본이 이미 망하여 天意가 이미 떠나갔고 인심도 이미 떠났습니다. …… 慈殿께서는 생각이 깊으시지만 깊숙한 궁중의 한 寡婦에 지나지 않으시고, 전하께서는 어리시어 단지 선왕의 한낱 외로운 後嗣에 지나지 않습니다. 그러니 천백가지의 天災와 억만 갈래의 人心을 무엇으로 감당해 내며 무엇으로 수습하겠습니까?[147]

결국 새롭게 정립되던 불교의 사회적 위상은 크게 약화되었다. 인수대비와 문정왕후의 섭정이 끝나자 왕실과 국가차원의 간경사업도 종지부를 찍었다. 그러나 왕실불교는 성리학적 사회의 모순을 극복하는 방안이나 방향을 제시하지 못하였지만, 조선사회가 복합적인 종교현상을 일정기간 갖는데 기여하였다.

한편 사찰에서의 서적간행은 고려시대나 조선초기보다 크게 위축되고, 주로 지방에서 민간신도의 후원으로 명맥을 유지하였다. 자연히 인쇄상태나 지질·장정·調印術도 왕실판에 비해 훨씬 빈약하다. 그러나 서적을 개판한 사찰은 임란 이전까지 91개 지역에 163개의 사찰로 집계되었다.[148]

---

147) 『명종실록』 19권, 10년 11월 19일(경술).

148) 김치우, 1999, 「임란이전 지방刊本의 開板地考」, 『서지학연구』 18, 303쪽(임진왜란 이전 각 지방에서 개판된 刊本의 개판처는 傳來本과 「고사촬요」 팔도程途의 책판목록을 통하여 조사하여 본 결과 다음과 같다. 官的 開板處로는 官署 37개처,

당시 서적을 개판한 지방관청과 비교하면 엄청나게 큰 규모라 할 수 있다. 한 예로 『법화경언해』의 경우, 간경도감에서 간행(1463/세조 9)한 이후 간기가 확인된 3종 중 2개가 16세기에 간행한 것(1523/중종 18 지방의 한 사찰, 1545/인종 1~1547/명종 2 전라도 나주 中峰山 쌍계사)일 정도다.[149]

사찰에서 찍은 불교판화 중에는 『부모은중경』과 『법화경』이 가장 많다. 특히 『부모은중경』 언해본은 16세기 중기 이후 판본만도 35종 이상이나 된다.[150] 불교판화의 전형으로는 『(佛說)大目連經』(=『大目犍連經』, 1536/중종 31)·『父母恩重經』(1534/중종 29)을 들 수 있다.[151] 『부모은중경』의 兜率庵本(1534/광주 瑞石山)은 간결하면서도 구도가 안정된 것이 특징이다. 대체로 15세기의 삽화가 선이 유려하고 구도가 안정적이고 표현이 사실적인 데 비해, 16세기의 판화는 그 아름다움이 많이 상실되어 있다. 대신에 刻線은 굵어지고 툭툭 끊어지는 선의 단순한 도각법이 화면에 악센트를 준다. 『대목련경』 烟起寺本(1536, 소요산)은 단연 판화의 백미로

향교 1개처, 分司 간경도감 2개처가 있고, 私的 開板處로는 寺刹 163개처, 書院 5개처, 私家 수개처 등이 있다).

149) 『법화경언해』 복간본(1523/중종 18, 刊地미상)(一簑 古貴 294.333-B872mh-v.2).
誌記 : 1523년판 : "嘉靖二年癸未(1523)月有日誌," 1545년판 : "嘉靖二十四年乙巳(1545)仲春 全羅道羅州南面中峰山雙溪寺開板" 또는 "嘉靖二十六年丁未(1547)六月上斡(澣의 잘못)日 全羅道羅州地中峰山雙溪寺重刊留."

150) 이종권, 1988, 「조선조 국역불서의 간행에 관한 연구」, 성균관대 대학원 석사학위논문 ; 송일기, 2001, 「『佛說大報父母恩重經 ; 언해』의 初譯本에 관한 연구」, 『서지학연구』 22, 183~185쪽.

151) 『부모은중경』·『목련경』은 佛家와 일반 가정에서 讀誦되어 많은 印本이 성행하였다. 그 중 『父母恩重經』은 조선초기부터 삽화를 곁들인 판본이, 조선 중기 이후에는 언해본이 출판되었다.

서 대담할 만큼 흑백의 대비가 강하고 자유분방하여 현대적인 느낌을 준다.[152] 그런데 이것들은 국가주도로 인쇄된 『효경』·『소학』·『삼강행실도』·『이륜행실도』, 또는 도교서인 『三聖寶典』·『太上感應篇圖說諺解』와 함께 모두 孝를 강조하고 있다.[153] 성리학이 주도하던 시대에 이런 성향의 것들이 그처럼 많이 간행된 까닭은 무엇일까? 아마도 '孝'가 국가에서는 유교의 기본덕목으로, 사찰 내지 기타 기관에서는 그 종교를 보급하려는 일환으로 강조되었던 듯싶다. 그런 의미에서 보면 판화 역시 일반인들이 쉽게 접근할 수 있는 방법으로 활용된 것이다.

152) 정병모, 1995, 「『삼강행실도』판화에 대한 고찰」, 『진단학보』 85, 227쪽 ; 金元龍·安輝濬 공저, 1994, 『한국미술사』, 서울대출판부, 320쪽.

153) 이재영, 2007, 「조선시대 『효경』의 간행과 그 刊本」, 『서지학연구』 38, 325쪽.

제4장 서적의 보급활동

제1절 국내 보급

1. 보급 진흥책 : 서사 설치

서적판매기관인 書肆 설치에 대한 논의는 16세기에 여러 차례 진행되었다. 당시 책을 구입하는 방법으로는 몇 가지가 있었는데, ① 국가에서 행하는 반사제도에 따라 官板本을 받는 것 ② 교서관에 종이나 그에 해당하는 값을 納入하고 간행한 책을 받는 것 ③ 책쾌를 이용하는 것이다.[1] 그런데 점차 사무역이 활발해지고 인적·물적 자원이 풍부해짐에 따라, 일반인들의 서적수요가 증가하였다. 그리고 서사 설치에 대한 요청이 구체적으로 제시되었다.

사실 세종대 이후 인쇄기술은 급격히 발전하고 종이를 제공할 楮의 생산도 풍부해졌다. 이미 1410년(태종 10)에는 주자소에서 인출한 서적의 판매를 허가하였고, 1435년(세종 17)에는 판중추원사 許稠가 서적판매에 대해 다음과 같이 청한 적이 있었다.

1) 『미암일기초』 정묘(1567/선조 즉위) 10월 18일 ; 동 무진(1568/선조 1) 3월 14일 ; 동 무진 8월 20일. 책쾌(冊儈)는 書儈, 책거간이라고도 불렀다.

『집성소학』이 일용에 긴절한 글인데 배우는 자들이 얻지 못하여 애를 쓰고 있으니 원컨대 혜민국의 약을 파는 예에 의하여 혹은 종이, 혹은 쌀·콩을 알맞게 주어 밑천을 삼게 하고, 한 관원과 한 工匠으로 하여금 그 일을 맡게 하여 만여 본을 찍어 내어 팔아서, 본전은 관에 도로 바치게 하소서. 이렇게 하면 그 이익이 끝이 없고, 배우는 자는 도움이 있을 것입니다.[2)]

국가지원 하에 서적을 인쇄하여 판매하는 기관을 설치하자는 것이었으나 이 방법은 시행되지 않았다. 그래서 16세기에 이르러 1511년(중종 6)에 시강관 具之愼은 서적이 매우 귀하니 시중판매 규정인 '和賣之法'을 다시 시행하자고 건의하였다.

우리나라엔 經籍의 수량이 적어 배우는 자들이 병폐로 생각합니다. 서울만이 아니라 외방 유생들은 학문에 뜻을 두어도 서적을 보지 못하는 자가 많습니다. 교서관에서 팔고사는 법이 법전에 실려 있으나 전혀 奉行되지 않으므로 京外에 두루 퍼지지 못합니다. 다수를 판각해 내어 경외에 分布하게 하소서.[3)]

화매지법은 벌써 성종대 이전에 실행되었던 것으로 보인다. 1470년(성종 1)에 韓明澮는 서적을 광포하기 위한 방법으로 다음과 같이 요청하였기 때문이다.

祖宗朝에서는 전교서에 시켜서 종이를 사다가 책을 인쇄하여 싼값으

2) 『세종실록』 68권, 17년 4월 8일(기유).

3) 『중종실록』 13권, 6년 5월 7일(병진).

로 和賣해서 중외에 廣布하였습니다. 지금 또한 亂臣의 家財와 神堂의 退物을 전교서에 지급하여 종이를 사들일 자금으로 쓰게 하십시오.[4]

그런데 정작 서사 설치에 대한 논의는 1519년(중종 14)에 있게 되고, 이때 예조는 설치에 대한 案을 마련하겠다고 하였다. 그러므로 서사절목이 그 해 만들어진 듯 보인다. 그렇지만 1522년(중종 17)에 掌令 魚得江은 다시 서사 설치를 요청하였다.

우리나라는 서적을 인출하는 데가 교서관 하나뿐이라, 비록 학문에 뜻을 두는 사람이 있더라도 서적을 구입할 수 없기 때문에 뜻을 이루지 못합니다. 중국에는 서사가 있기 때문에 배우고 싶은 사람들이 쉽사리 구입하여 배워 익히니, 지금 저자 안에 서사를 설치한다면 사람들이 모두 구입하여 그 편리함을 힘입게 될 것입니다.[5]

우리나라에서는 교서관에서만 서적을 취급하고 있는데, 만약 이제 서사를 설치한다면 원하는 사람은 누구나 그 혜택을 입는다는 것이다. 대사간 어득강은 1529년(중종 24)에도 이 案에 대한 필요와 효율성, 그리고 운영 방법까지 구체적으로 제시하였다.

이런 일은 한두 달 동안만 시행할 것이 아니라, 10년 혹은 백년토록 시행해도 무방한 것입니다. 世家나 大族들 중에는 조상 때부터 전해오는 서책이 있기도 하고 하사받은 서책이 있기도 하지만, 도리어 쓸데없는

4) 『성종실록』 6권, 1년 7월 24일(경자).

5) 『중종실록』 44권, 17년 3월 4일(신해).

> 것이 틀림없이 많이 있을 것입니다. 만약 서점을 세운다면 팔고 싶은 사람은 팔고, 사고 싶은 사람은 살 것이므로, 유생들이 한 가지 서책을 다 읽고 나서는 그 책을 팔아 다른 책을 사서 읽을 수 있게 됩니다. 그리하여 서로 사고팔고 하면서 悠久히 돌려가며 읽을 수 있게 될 것입니다.[6]

즉 ① 서사 설치는 10년이나 100년이 지나도 필요하다. ② 사대부가에서 전해오거나 무용지물이 된 서적을 매매할 수 있다. ③ 서적을 다 읽은 후 다시 팔 수 있어 회전이 가능하고 보급률도 높게 된다. ④ 책값을 정하고 서사에 관리인을 둔다면 매매가 가능하다. ⑤ 서사에서 책을 사지 못하더라도 읽을 수 있다는 것이다. 이에 대한 논의는 1533년(중종 28)에 다시 진행되었고, 이때 영의정 張順孫과 좌의정 韓效元도 긍정적인 입장을 표명하였다. 서사를 세우면 읽지 않고 쌓아 둔 私家의 책도 팔 수 있다면서 절목마련에 동의한 것이다. 그러함에도 1538년(중종 33)에 중종은 재차 절목 마련을 지시하였다.

> 서책에 대한 일은 중국에는 서사가 있어서 여염에서도 배우고 싶은 자는 구하여 얻지 못할 책이 없으나, 우리나라는 아직 서사가 없으므로 선비들도 필요한 책을 모두 가질 수 없다. 빌려보려 하다가 얻을 수 없으면 또한 이로 인하여 학업을 그만두는 자도 있으니, 중외가 모두 그러하다. …… 某處에 서사를 창립하고 관에서 매매하게 하면 널리 보급할 수 있을 것이다. 이것은 지극히 아름다운 일로 당시뿐만 아니라 후세에까지 이익이 미칠 것이다. 該曹로 하여금 절목을 마련하여 매매

---

6) 『중종실록』 65권, 24년 5월 25일(기미).

> 규정을 만들게 하고자 한다. 서책의 대금을 미곡이나 면포로 받는다면 종이가 크게 귀해질 것이니 관상감에서 책력을 인쇄하는 규정에 따라 혹은 종이를 받고 혹은 미곡이나 면포를 받아서, 종이는 도로 서책을 인쇄하고 미곡이나 면포로는 종이를 바꾸어 인쇄하면 매우 편이할 것 같다.[7]

서점이 있는 중국처럼 서적을 자유롭게 매매하지는 못하더라도, 서사를 따로 설치하고 책값은 종이·미곡·면포 등으로 지불하자고 방법을 제시한 것이다. 그러나 1542년(중종 37)에 이르러서도 行副司果 어득강은 『삼국사기』·『고려사절요』·『동국통감』 등을 주자로 많이 찍어 서사로 보내, 온 나라 사람이 이용하자고 제안하였다. 그는 서사가 설치되었을 때의 정경을 다음과 같이 예상하였다.

> 서사를 한번 설치해 놓으면 서적들이 저절로 모여드는 것이 마치 온갖 물건이 시장을 몰려드는 것처럼 된다는 사실을 몰라서 그런 것입니다.[8]

그러나 서사는 어득강의 구체적이고 적극적인 설득에도 불구하고 1551년(명종 6)까지 여전히 설립되지 못한 것으로 보아야 할 것이다. 그해 사헌부 장령 尹春年이 재차 설치를 건의하였기 때문이다. 우리나라에는 온갖 물건을 다 매매하는데 유독 서적만 점포가 없어서, 책이 극히 귀하고 문풍도 더욱 쇠퇴해 간다는 것이다.[9] 서사설치에 대한 이와 같은 지속적인

7) 『중종실록』 87권, 33년 3월 11일(갑신).

8) 『중종실록』 98권, 37년 7월 27일(을해).

요청은 그만큼 서적수요가 많아진 것을 뜻한다. 그럼에도 불구하고 16세기가 끝날 때까지 실록에는 서사에 대한 언급이 없다. 결국 김근사가 서적을 누구나 인쇄할 수 있도록 하자는 것이나, 어득강이 누구나 구입할 수 있도록 하자는 제안은[10] 출구를 얻지 못한 것이다. 그것은 인출과 매매라는 방법을 통해 자유로운 유통 시스템이 구축될 가능성을 열어놓은 것으로서, 근대적인 출판 내지 상업활동으로 이행할 수 있는 절호의 기회였다. 그러나 아쉽게 이로부터 긴 시간이 흐른 후에도, 鄭尙驥(1678~1752)가 서사를 특설하는 것이 마땅하다고 말하는 모습을 보게 된다.

> 서울에다 교서관을 설치하여 주자를 많이 만들었고, 3남 및 서북도의 큰 도시·큰 고을에도 또한 木刻한 책판이 많아서 서적을 인출하였다. 사대부 및 中庶輩로서 글을 좋아하는 자는 기이한 글과 이상한 서적을 많이 중국에서 貿해왔으므로, 지금은 서책이 예전과 비교하면 제법 많아졌다. 그러나 나라 안에 아직도 서적을 교역하는 서사가 없으므로 지금의 중국과 같지 못하다. …… 지금은 조정에서 20, 30간 다락집을 종이전(紙廛) 옆에다 특설하여 서사로 만드는 것이 마땅하다.[11]

서사 설치시기에 대해서는 아직도 다양한 견해들이 제시되고 있다. 서울의 주요 사적을 기록한 『漢京識略』에는 1518년에 설립된 것으로 되어있다.[12] 李圭景은 1829년(순조 29)~1830년간에 報恩緞洞(西小門內

---

9) 『명종실록』 11권, 6년 5월 26일(계축).

10) 『중종실록』 23권, 10년 11월 2일(갑신) ; 동 17년 3월 4일(신해).

11) 鄭尙驥, 『農圃問答』, 廣書籍條.

12) 柳本藝, 『漢京識略』 권2, 市廛條. "中朝十三年 依中例 設書肆于城中 以昭格署鍮器及廢寺鐘 不拘公私 鑄字印書甚盛典 而城內但無大書肆."

美洞)에 서사가 설립되었으나 곧 廢閣되었다고 한다.[13] 다른 기록에는 전라도 남원의 '博古書肆', 서울 서소문의 '藥契冊肆', '朴道亮書肆' 등의 商號도 보인다.[14] 기타 학자들의 견해로는 1519년(중종 14, 崔南善·安春根)·1551년(명종 6, 金致雨)·1829년(순조 29)~1830년간(鄭亨愚)의 說 등이 있다.[15]

서사에 대한 오랫동안의 논의에도 불구하고 시행이 이처럼 지연된 것은 다음과 같은 연유라고 하겠다. ① 사회적 분위기가 서적을 '판매'한다는 행위에 대해 부정적이었다. 일찍이 세종도 『집성소학』을 판매하자는 의견에 대해, "나누어 주는 것은 대단히 좋은 일이지마는 파는 것은 잘못이라는 말이 있다."라고 표현한 적이 있었다. ② 서적유통 방법이 당시 활기를 띠던 민간상업 활동의 흐름을 타지 못한 채 국가주도로만 진행되었다. ③ 고위 관료층은 관찬서를 반사받는 특권 외에, 교서관에서의 구입방법으로 어느 정도 수요를 충당할 수 있었다. ④ 대부분의 고위 관료층은 국가의 통치권을 지속하기 위한 수단으로 서적을 인식하였다.[16] 그러므로 권력과 지식의 독점을 원하는 그들은 서적유통의 필요성에 대해 소극적이거나 부정적으로 반응하였다. 오로지 어득강 등 몇 관료만 그에 대해

---

13) 『五洲衍文長箋散藁』書籍坊肆辨證說. "東俗從古不貴書籍 故无書籍坊肆 歲己丑庚寅 翼廟代理之際 自廟堂勸民設施 開肆於都下報恩緞洞 施卽廢閣."

14) 柳夢寅, 『於于集』, 博古書肆序 ; 『영조실록』 76권, 28년 4월 18일(기유) ; 趙熙龍, 『壺山外史』, 「曺神仙傳」.

15) 崔南善, 1947, 『故事通』, 54장 「활자의 전파」, 삼중당 ; 安春根, 1967, 『한국서지학』, 통문관 ; 金致雨, 1981, 「서사의 설립에 관한 연구」, 『부산여자대학논문집』 10 ; 鄭亨愚, 1983, 「조선시대의 서사연구」, 『조선시대 서지사연구』, 한국연구원 ; 박상균, 1989, 「조선사회의 도서유통구조 변천고」, 『서지학산고』, 민족문화사.

16) 손보기, 1977, 『금속활자와 인쇄술』, 세종대왕기념사업회, 265쪽.

적극적으로 대응하였을 뿐이다. 중종은 서적이 민간에 널리 배포되지 못함을 안타까워하였고, 선조도 종이를 개조하여 매매하는 데 사용하도록 지시하였다. 그렇지만 실록을 기록한 史臣도 서사라는 것은 국가 2백년간에 없던 법인데 새로 그 법을 세워서 권세를 쓰는 장본으로 삼고자 한 것이라고 비난하였다. 사상의 통제를 위해 국가가 출판을 독점하던 당시, 지식의 확대를 뜻하는 서사 설치는 그들로서 환영할 일이 아니었다. 따라서 서적문화의 확산은 그만큼 더딜 수밖에 없었다.

2. 보급 방법

중앙관청에서는 조선초기와 마찬가지로 간행한 서적을 전국에 보급하기 위해 지방으로 보냈다. 그리고 지방관청은 감영·부·목·군·현에서 중앙의 지시를 따르거나 또는 자체적으로 출판사업을 진행하였다. 중앙의 지시에 의한 것은 대체로 중앙에서 주자로 간행한 것을 지방에서 번각하였다. 그리고 그것을 중앙에 올려 보내거나 지방에 보급하였다. 그 예로 1519년(중종 14)에 홍문관 박사 안처순은 구례현감으로 부임하면서 『근사록』 1질을 받아가 그곳에서 개간한 후, 다른 지방에서도 간행하도록 하였다. 또 1515년(중종 10)에 『주자어류』·『주문공집』·『이락연원록』·『이정전서』 등을 간행하려는 경우처럼, 道의 규모에 따라 간행부수를 배정하기도 하였다. 마치 세종대에 『사서오경대전』·『성리대전』의 인쇄를 하삼도에 분담시킨 것과 동일한 방법이다. 출판비용은 때로 재력있는 지방의 수령이나 일반인이 자원하기도 하였다.

다만 지금 該曹의 재력이 고갈되었으니, 이 일에 쓰일 종이 및 일체의

> 諸具와 匠人들에게 줄 양료가 그다지 많지는 않지만, …… 할 수 있다면 功臣都監에서 인출한 뒤에 즉시 역사를 시작하도록 하소서. 그리고 할 수 없다면 외방의 府郡들 중에 재력이 조금 넉넉한 곳의 수령이나 文翰에 뜻을 둔 사람으로 자원해서 자금을 내 開刊함으로써 백성의 힘을 번거롭게 하지 않을 자에게 홍문관을 시켜 원본 하나를 淨書해 내려 보내 편리할 대로 인출하도록 하여[17)]

보급한 내용은 유학 경서와 사회교훈서가 주종을 이루었다. 경서는 유교적인 통치이념에 따라 국초부터 계속 교육용으로 반사하였다. 성균관 유생들에게, 그리고 서적이 귀한 함경·평안·강원·제주도 등에 경서를 지급하였다. 1518년(중종 13)의 경우 평안도절도사 李長生이 병서 강습용으로 『장감박의』·『무경』·『병요』 등을 청하니, 四書도 함께 인쇄하여 평안·함경도에 보내주었다.

> 각 鎭堡의 權管(鎭堡에 속한 武官)과 군관 등으로 하여금 방어하는 여가에 글을 배우게 한 것은 실로 아름다운 뜻입니다. 四書·『小學』 및 『將鑑博議』·『武經』·『孫子』·『吳子』의 陣書 등을 인출하여 평안도·함경도에 나누어 보내는 것이 어떻겠습니까?[18)]

1542년(중종 37)에 시강관 柳辰仝은 평안·황해도에서 아무리 책을 구하려 해도 방법이 없으니, 사서삼경 등을 많이 찍어 사 가게 하자고 청하였다. '판매'라는 방법을 통해 지방에서도 구입할 수 있는 통로를 마련하자는

---

17) 『선조실록』 162권, 36년 5월 13일(무진).

18) 『중종실록』 34권, 13년 7월 27일(갑자).

것이다. 그런데 사림의 주요 활동지역이던 영남은 이와 대조적으로 출판활동이 활발하였다. 그 좋은 예가 1507년(중종 2)에 있었던 경남 함양군수 崔連孫의 처벌사건이다. 그 고을의 선비들이 저마다 郡에 소장된 『黃山谷集』의 인쇄를 청하자, 시끄럽다고 刻板을 불태웠다는 것이다.[19] 책의 수요와 공급에 있어서 지역간의 차이가 심했던 모습이다.

또한 사회교훈서는 사림들이 성리학적 윤리질서를 사회적인 차원으로 확대하기 위해 보급하였다. 이를테면 윤리규범과 행동강령의 내용이 포함된 『小學』·『二倫行實圖』·『三綱行實圖』·『續三綱行實圖』·『警民編』·『呂氏鄕約』 등이 여기에 속한다. 그중에서 『소학』은 1499년(연산군 5)·1510년(중종 5)·1518년에 인쇄하여 관리와 종친에게 반사하였다. 조광조를 중심으로 한 기묘사림들은 1516년에 『소학』을 장려하는 전교를 내리고, 1518년에 『번역소학』을 1,300부나 간행하여 본격적으로 보급하였다. 바로 이 무렵은 서사 설치에 대한 문제가 조정에서 논의된 시점이다. 그러나 사림들이 강조하던 이 사회교훈서들은 기묘사화(1519)로 인하여 보급에 차질이 생겼다. 선비들은 화를 가져오는 책이라고 소매 속에 감추고 다니고 공공연히 찢어서 벽에 바르는 상황이 되었다.

> (侍講官 鄭彦浩는 아뢰기를) 선비인 자가 …… 책을 낀 자도 없어 혹 소매 속에 감추거나 종에게 맡기며 한갓 남보다 아름답게 입기를 일삼아 다들 貂皮耳掩을 착용하니, 사습이 아름답지 않은 것이 날마다 더욱 심하여 갑니다.[20]

---

19) 『중종실록』 4권, 2년 10월 27일(정유).

20) 『중종실록』 64권, 23년 12월 8일(을해).

(검토관 具壽聃은) 『소학』과 『근사록』은 꼭 배워야 할 책인데도 지금은 사람들이 모두 보는 곳에서 공공연하게 찢어서 벽이나 바르고 배우려 들지 않으니, 그게 큰 폐단입니다.21)

(사신은 논한다.) 이로부터 세상에서는 『소학』이 화를 부르는 책이라 하여 父兄들이 금지하고 師友들이 경계하였다. 그리하여 머리의 자세나 발의 자세가 혹시 비슷한 자만 있어도 소학의 도라 지적하고 떠들썩하게 모두 비난하였다.22)

『소학』·『근사록』같은 서적들이 조광조의 정치적 생명과 함께 하면서 사회적인 금서가 된 것이다. 허균의 글에도 이 책들을 경계하면서 기피하던 부모들의 모습이 그려져 있다.

先人(許曄)께서 소싯적에 羅長吟(湜)에게 수학하였다. 일찍이 외가에서 부서진 함 속에 『소학』 네 권이 좀먹고 흐트러져 있는 것을 보았다. 펼쳐보니 배우는 자가 읽지 않아서는 안 되는 글인 줄을 알았다. 첫째 권을 소매속에 넣고 羅公에게 가니 공이 놀라면서, "네가 어디 가서 이런 괴물을 얻어 왔는가?" 하였다. 인해 눈물을 흘리며 前賢의 禍厄을 슬퍼하였다. 선인께서 배우기를 청하니 羅公은 매우 칭찬하며 드디어 『소학』 및 『근사록』을 가르쳤다. 그러나 남에게 알리지 말게 하였다.23)

그러다가 『소학』은 1545년(인종 1)에 번역되고, 1551년(명종 6)에 습득하

21) 『중종실록』 76권, 28년 11월 16일(갑인).

22) 『명종실록』 12권, 6년 9월 19일(갑진).

23) 허균, 『惺翁識小錄』(中), 이익성 편역, [발행년 불명], 을유문화사, 89쪽.

는 절목이 마련되었다. 조광조가 1568년(선조 1)에 신원되면서 다시 입시과목에 포함되고, 교정청에서 『소학언해』를 편간(1587/선조 20)하고서야 비로소 사회적인 위치를 굳혔다. 『소학』은 이처럼 험난한 여정을 거친 후 다시 선비들의 필독서로서 돌아온 것이다.

『이륜행실도』는 1517년(중종 12)에 경상도관찰사 김안국이 『正俗』·『呂氏鄕約』 등과 함께 道內에 반포하였다.

> 신이 경상도관찰사가 되었을 때 그 도의 인심과 풍속을 보니 퇴폐하기 형언할 수 없었습니다. 지금 성상께서 풍속을 변화시킴에 뜻을 두시므로, 신이 그 지극하신 의도를 본받아 완악한 풍속을 변혁하고자 하는데, 가만히 그 방법을 생각해보니 옛 사람의 책 중에서 풍속을 바로잡을 수 있는 것을 택하여 거기에 언해를 붙여 도내에 반포하여 가르치게 하는 것이었습니다. …… 이 책들을 다시 교정하여 팔도에 반포하게 하면 풍화를 고취시킴에 조금이나마 도움이 있을 것입니다. 『여씨향약』이나 『정속』 같은 책은 곧 풍속을 순후하게 하는 책입니다. 『여씨향약』이 비록 『성리대전』에 실려 있으나 주해가 없어 우리나라 사람들은 쉽게 이해하지 못합니다. 그러므로 신이 곧 그 언해를 상세하게 만들어 사람마다 보는 즉시 이해하게 하고, 『정속』 역시 諺字로 번역하였습니다.[24)]

그리고 1538년(중종 33)·1539년에도 반사하였다. 『삼강행실도』는 세종대에 편간된 이후 중종대인 1510·1511·1515년, 그리고 1545년(인종 1)·1554년(명종 9)에 계속 인쇄, 보급하였다. 1515년(중종 10)에 내린 교서에

---

24) 『중종실록』 32권, 13년 4월 1일(기사).

그 보급하는 의도가 잘 나타나 있다.

> 『삼강행실』은 다른 책의 예와 다르니 閭巷의 백성들에게도 모두 알게 하고 싶다. 정부·6조·한성부의 당상과 낭청 중에서 내려줄만한 자는 계획을 세워 아뢰고, 또 5부에 나눠 주어서 閭巷을 敎誨하게 하라.[25]

1526년(중종 21)의 강원도와 평안도 관찰사 보고에 따르면, 민간에서 『삼강행실도』의 내용대로 하여 질병이 치료되었다고 한다. 강릉부 진사 신명화의 아내 이씨가 병든 남편을 위해, 평안도의 유인석이 부친을 위해 손가락을 잘라 효험을 본 이야기들이다.[26]

『여씨향약』도 1517년(중종 12)에 경상도에서 간행한 후, 1573년(선조 6)에는 선조가 향약을 펴내 중외에 알리라는 전교를 다음과 같이 내렸다.

> 여씨향약의 글은 백성을 교화하고 풍속을 이룩하는 데에 가장 절실하니, 먼저 이 책을 많이 박아 내어 中外에 널리 나누어 주되 서울에서는 童夢學에, 外方에서는 향교부터 촌마을의 學長까지 많은 수에게 나누어 주어 사람마다 볼 수 있게 하여, 스스로 닦는 도리를 알고 혹 그 절차를 모두 따르거나 그 절차를 대략 본떠서 준행하여 폐기하지 말고 오래도록 행하여 인륜을 도탑게 하고 풍속을 이룩하는 보람을 가져오게 하라고 예조에 이르라.[27]

그리하여 『소학』·『이륜행실도』·『삼강행실도』·『여씨향약』 등은 성리

---

25) 『중종실록』 22권, 10년 5월 21일(정미).

26) 『중종실록』 57권, 21년 7월 15일(병신) ; 동 21년 7월 25일(병오).

27) 『선조실록』 7권, 6년 8월 22일(기사).

학적인 윤리와 규범을 전국에 보급 확산하는 역할을 담당하였다.

3. 간행 부수

중앙관청에서 단행본으로 가장 많은 부수를 인출한 것은 『삼강행실도』와 『소학』이다. 『삼강행실도』는 1511년(중종 6)에 2,940부, 『소학』은 1518년(중종 13)에 1,300부나 간행하였다. 이 부수는 조선 全시대에 걸쳐 책력과 『奎章全韻』(1796/정조 20, 4,705부) 다음으로 많은 양이다. 『삼강행실도』는 조선시대의 교훈서로서 가장 먼저 편찬되었고 최다 간행회수를 차지한다. 그리고 1511년의 경우는 중종이 지시한 지 2달 만에 대량으로 간행하였으니 그 신속함에도 놀랄 수밖에 없다. 기묘사림들이 서적을 통해 지치주의를 실현하려던 강력한 의지의 표현이었던 것이다.

〈표 19〉 주요 서적의 간행 부수

연대	서명	부수	연대	서명	부수
연산군	『(六祖)法寶壇經諺解』	300	선조	唐의 『百家詩』	165
	『眞言勸供·三壇施食文』	400		『錦南集』	15
중종	『삼강행실도』	2,940		「天文圖」	120
	『소학』	1,300		『五禮儀』	600여
	『東宮啓蒙』	30		『宋史』·『禮記』·『韻會』·『朱子語類』·『名臣言行錄』	100
	『銅人經』·『直指脈』	각22		『朱子大全』	105
선조	『十九사략』	400		『皇華集』	100
	『小學集說』	50		『綱目』	100
	『聖學十圖』	40여		향약	305

위의 <표 19>에서 간행 부수를 보면 종수나 부수는 15세기와 비교하여 적은 편이라고 할 수 있다. 조선초에는 농서와 『진서』가 1,000부, 『속육전』·『원육전』이 800부 등으로 100부 이상은 20여 종을 차지하였다. 그리고

이 서적들은 주로 국가의 통치제도를 수립하는데 사용하였다. 이에 반해 16세기에는 『삼강행실도』 2,940부, 『소학』 1,300부, 향약 305부 등으로 사회교훈서가 압도적으로 많다. 그리고 『주자대전』·『주자어류』·『성학십도』 같은 주자성리서가 눈길을 끌어, 이에 대한 관심이 집중적으로 모아지고 있음을 알 수 있다.

서적을 반사한 대상은 다음과 같다. 즉 중종대에 『동인경』·『직지맥』의 20부는 兩醫司에, 2부는 경상도·전라도에, 선조대에 『성학십도』는 승지 등에게, 『의례경전통해』는 홍문관원 전원에게, 『주자어류』는 90인에게, 「천문도」는 2품 이상의 문신 30명에게 반사하였다. 1528년(중종 23)의 경우에는 평안도관찰사 許磁에게 성종대의 『北征日記』를 보내 북방지역을 수비하는데 참고하도록 한 일도 있었다.[28)]

4. 서적 가격

당시 교서관에서 책값을 표시하는 일은 일반화된 것으로 보인다. 1503년(연산군 9)에 司饔院 主簿 崔耕老는 교서관 책값의 예에 따라 시중 물가를 벽에 걸어 사람들이 알도록 하자고 했기 때문이다.

> 지금부터는 시중의 물가를 자세히 정하여, 교서관의 책값의 예같이 판자에 새겨서 시중의 각 전포 행랑처마 밑에 걸게 하여, 사방의 사람들로

28) 반사한 내용은 그 외에도 연산군대에 『육조법보단경언해』·『진언권공·삼단시식문』은 경향 각지에, 중종대에 『동궁계몽』의 10부는 大內, 20부는 홍문관·시강원·동서의 문무루에, 선조대에 『근사록』은 君·三公·領府事·1품·6조 참판·홍문관·兩司·6승지·注書·史官 전원에게, 『동문선』은 문신·京外 당상에게, 또 『백가시』의 15부는 진상용으로, 10부는 문무루·諸館府曹에, 138부는 종친·2품 이상·홍문관·주서·한림·대간·참의·감사에게 나눠준 경우를 볼 수 있다.

하여금 모두 시장의 정해진 법을 알게 한다면, 미천한 백성들이 임금의 은택을 고르게 입을 것이요, 시중의 간사하고 교활한 무리들이 금지하지 않아도 저절로 그치게 될 것입니다.[29]

그러나 교서관에서 공급한 책값에 대해 알 수 있는 자료는 많지 않다. 교서관에서 간행한 서적 중 학자들이 귀중히 여기던 『주자대전』·『주자어류』(을해자, 1575 활자본, 원집100권, 속집11권, 별집10권)의 값은 오승목 1同(면포 50필)이었다.

내가 교정한 『주자대전』과 『어류』를 사림들이 모두 잘 교정했다하여 前本과는 크게 다르다며 서로 귀중해하는 바람에 外方의 수령들이 자제를 위해 사려는 자가 많아 5升 무명베 1同의 값을 부르는데도 구하지를 못한다고 한다.[30]

한편 민간인들이 서적을 판매한 가격은 『攷事撮要』에 書冊市准이 명시된 것으로 알 수 있다.[31] 서책시준은 인출과 裝冊에 든 비용을 책판의

---

29) 『연산군일기』 48권, 9년 2월 13일(경술).

30) 『미암일기초』 병자(1576/선조 9) 6월 25일.

31) 『고사촬요』는 『嶺南冊板記』와 함께 임란 이전의 책판목록이다. 1554년의 『고사촬요』는 전국 각지에서 개판한 조선最古의 지역별 판이고, 책판목록은 1568년본에 처음 수록되었는데 중종과 명종년간의 각판이 많이 수록되어 있다. 『고사촬요』는 『攷事新書』로 대폭 개정, 증보하기까지 무려 12차에 걸쳐 개정되었다. 원본은 현재 전하지 않으나 내용에는 冊板目錄, 書冊市准, 書冊印紙數 등이 있고, 책판목록은 980여 종의 책판과 655종의 서명, 서책시준은 주로 교서관에서 발간한 34종의 도서에 대한 판매 가격, 서책 인지수는 188종의 서적에 대한 인쇄용지 수량을 기재하였다. 왜란 이전에 발간한 서적의 간행지와 연도를 추정할 수 있어 산실된 도서를 확인하는데 중요한 근거가 된다.

印紙數와 紙代에 해당하는 면포와 쌀의 양으로 표시하였다. 1576년(선조 9)의 重刊本『고사촬요』 권말에는 "河漢水家 刻板 買者尋來"라고 기록되어, 선조대에 민간의 판매가 이루어진 것을 알 수 있다. 서울 하한수 집에서 판각한 이 복각본에 열거된 목록은 경서·역사·교훈서·운서·법률·의학·병서 등인데, 비교적 수요자들이 선호하던 내용으로 보인다.

〈표 20〉『고사촬요』와『실록』에 기록된 당시의 책값

<table>
<tr><th>서명</th><th>가격</th><th>비고</th></tr>
<tr><td>『대학』·『중용』</td><td>常면포 3~4필</td><td>『실록』(1529/중종24)</td></tr>
<tr><td>『삼강행실도』</td><td>紙 17첩12장·면포 반필·米 二斗(말)五升(되)</td><td rowspan="7">『고사촬요』(1568/선조 1)
『고사촬요』(1576/선조 9)
『고사촬요』(1585/선조18)</td></tr>
<tr><td>『小學大文』</td><td>紙 5貼14張·價米1斗5升</td></tr>
<tr><td>『대학』</td><td>紙 3첩 3장·價米1두</td></tr>
<tr><td>『성리대전』</td><td>紙 108첩17장·價綿布 6필</td></tr>
<tr><td>『논어』</td><td>紙 34첩·價綿 1필반·米 2두</td></tr>
<tr><td>『성합십도』</td><td>紙 12장</td></tr>
<tr><td>『소미통감』</td><td>紙 60첩16장·價綿布 3필</td></tr>
</table>

위 <표 20>에서 보면 면포로『논어』가 1필 반,『대학』·『중용』이 3~4필이다. 면포는 15세기 후반에 생산이 증대되어 국내외적으로 麻布(삼베) 대신 현물화폐로 통용되었다. 그런데 16세기에는 면포의 품질이 급격히 낮아져 옷감으로 사용하기 어려운 1升布까지 통용되었으므로,[32] 당시의 책값은 일반인에게 상당히 부담이 되었을 것이다.[33]

32) 宋在璇, 1985,「16세기 면포의 화폐기능」,『변태섭박사화갑기념사학논총』, 삼영사, 390~391쪽.

33)『미암일기초』에는 유희춘이 1573년(선조 6)에 교서관에서 2개월 步兵價로 7升면포 6필을 받았고, 5升면포 14필을 사는데 1필을 5斗씩 계산하여 白米 70두로 사왔다고 하였다. 실록에는 1519년(중종 14)에 중국藥材의 무역 가격을 논의할 때, 면포 1필 값을 쌀 7斗로『大典續錄』에 정해 있지만 3배에 통용된다고 기록하였다(『미암일기초』 계유(1573/선조 6 1월 12일 ; 동 계유 8월 23일 ;『중종실록』

또한『미암일기』에도 유희춘이 책 구입한 내용을 다음 <표 21>과 같이 기록하고 있어 그 값을 참고할 수 있다.

〈표 21〉『미암일기』에 기록된 주요 서적구입 비용

구입처	연도	서명	가격 또는 사례비용	전달자·인쇄내용
중국가는사절단	1568/ 선조 1	『사문유취』 60책	祿布 2匹·白貼扇 10柄	사은사 李廷瑞
	1570/ 선조 3	『四書』·『宋鑑』	貼扇 20柄(자루)·笠帽 1事	千秋使 洪天民 軍官 金興祖
	1573/ 선조 6	『策學輯略』·『策海』	인삼 1량5전	赴京通事 洪秀彦
		『四書輯釋』·『具本歐公集』·『十一家』, 소설 중 1件	인삼 8량	通事 李汝謹 : 요청
	1577/ 선조10	『皇朝名臣編錄』·『歐陽公集』·『空同集』·『致堂管見』·『待問會元』·『翰墨書』·『世史正綱』·『源流至論』	인삼 2근	聖節使 梁應鼎
교서관	1567/ 선조즉위	『韻府群玉註』·『剪燈新話』·『本草』·[ ](알수 없는 글자) 권15의 19차 및『中庸或問』	二折책지 27권, 장지 4권, 白紙 3권, 합68貼	인출요청
	1568/ 선조 1	『韻府群玉』 10책	折紙 25권 10장	校書著作 : 인출
		『예기』	3升木면 2필과 白米 1두	外교서관 : 和賣價
		『古文軌範』 2책	생선, 쌀 : 賞給	粧冊匠 : 修粧
		『고사촬요』	책지 100張	摹印
		『川海錄』 3책	장지 3권	인쇄
	1569/ 선조 2	『古文選』 30책	소금 1두, 벼 3두 : 사례	守石 : 修粧
	1570/ 선조 3	『尙書』 10책	장지 18첩, 백지 19첩여장, 松烟墨 3丁, 蠟	인쇄
			팥 5升, 醬 1鉢	修粧
	1573/ 선조 6	『내훈』 1건	백지 7권 12장	唱準 金世傑
		『王機微義』	백지15권, 6권 추가 : 책값	唱準
		『押韻淵海』 19책	백지10권, 扇 1柄 : 보답	唱準 金世傑

36권, 14년 6월 11일(계유)).

	1575/ 선조 8	『주자대전』·『주자어류』 (1575, 을해자활자본)	오승목 1同(면포 50필)	인쇄
	1576/ 선조 9	『論孟或問』	장지 10권, 松墨 2片	인쇄·修粧
		『유합』	진상용 : 책지 5貼	인쇄
			유희춘용 : 장지 3권, 참먹 2정, 황모필 2자루	
		『獻芹錄』	장지 50장	인쇄
지방관리	1568/ 선조 1	『古文軌範』	2切장지 4권 12장	강원감사 : 인쇄
	1570/ 선조 3	『漂海錄』 3책	2절장지 4권 松烟墨2丁	定州목사 尹大用 : 印送요청
	1571/ 선조 4	『性理群書』	白大紙1권, 油芚, 墨休紙 등	전라도광주 改刻
		『歷代兵要』	장지 33권	전주부 : 印送
	1576/ 선조 9	『유합』	종이 50장	황해감사 : 인쇄
일반인	1568/ 선조즉위	『대명일통지』	『주자어류』 49책과 교환	許篈
	1568/ 선조 1	唐本『성리대전』	『속강목』과 교환	僉正 羅仲默
		『두씨통전』	종이와 교환	前縣令 朴偉
		『國朝寶鑑』·『易釋』	黃毛·扇 : 사례	吳大立 : 謄寫
	1570/ 선조 3	『資治通鑑』 合13권	祿米3두와 콩3두 : 사례	朴元 : 구입논의
		『稽古錄』(獻芹錄)	5升木 1필	李精 : 謄寫
	1573/ 선조 6	『剋擇通書』 5책	白紙 4권 : 사례	金堯選 구해옴
		『雲溪友議』	3일간의 휴가	守京 : 謄寫
	1574/ 선조 7	『玉機微義』	장지 10권, 벽지 11권	종이와 교환
		『성리대전』	무명베 6필 : 책값	鞠大範

유희춘은 중국으로 가는 사절단, 교서관, 지방관리로부터 또는 직접 구매하거나 謄寫하는 방법을 통해 필요한 서적을 구입하였다. 특히 책쾌 宋希精을 통해 『參同契』·『皇華集』·『杜詩』·『謏聞瑣錄』·『玉機微義』·『輿地勝覽』을, '화매'라는 방법으로 『성리대전』·『杜詩』·『주역』·『맹자』를 구매하는 모습을 볼 수 있다. 이때 인삼·紙·米·布·扇·帽 등으로 값을 지불하였는데, 그것은 買入이라기보다 사례비나 인쇄비에 해당하는 것으로 짐작된

다. 그러니 시중에서의 통상적인 가격이라고는 할 수 없겠다.

당시 중국에서도 명말·청초에 속하는 16~17세기는 출판역사에 한 획을 그은 시기이다. 明末의 嘉靖(1522~1566)·萬曆(1573~1620), 淸初의 崇禎(1627~1644) 연간은 경제적인 활황을 배경으로 책의 수요가 증대되고 대중화 현상이 나타나기 시작하였다. 그리고 책값이 형성되어 만력 연간에 『大明一統志』·『新編古今事文類聚』는 각기 은 3냥씩이었다. 당시 품팔이꾼들의 한달 수입을 白銀으로 환산하면 약1.5냥(대략 쌀 1石)이었으므로 꽤 비싼 셈이다.[34]

5. 금지 서적

국가로부터 유통에 제재를 받은 서적은 지도·지리·풍수 음양·불교서, 그리고 政爭과 관련된 문집이다. 한동안 한글서적도 여기에 포함되었다. 연산군은 경연이나 독서하는 것을 좋아하지 않았고, 유생들의 책 읽는 것도 금지시켰다. 이에 사대부 집에서는 詩·書를 꺼려 그 자손들에게 배우지 못하도록 경계하였다. 폐비 윤씨사건과 관련하여 한글 탄압도 구체화되었다. 懷陵을 폐위할 때 한글로 번역한 蔡壽는 변방으로 보내지고, 한글을 사용하거나 금하는 사실을 알면서도 신고하지 않는 사람은 처벌되었다.

> 앞으로는 언문을 가르치지도 말고 배우지도 말며, 이미 배운 자도 쓰지 못하게 하며, 모든 언문을 아는 자를 한성의 五部로 하여금 적발하여 고하게 하되, 알고도 고발하지 않는 자는 이웃 사람을 아울러 죄주라.[35]

---

34) 大木 康 저, 노경희 역, 2007, 『명말강남의 출판문화』, 소명, 140~141, 275~276쪽.

한문을 번역한 한글책은 제외지만, 한글로 구결을 단 책도 불태웠다. 각 관청에서 올리는 공문에 이두를 사용하지 못하게 하고 왕실에서 소장한 책까지 밖으로 내보냈다. 한글로 쓴 『석보상절』을 보관한 嚴用善은 庭爐干의 身役을 하도록 처벌되었다.[36]

국가 기밀정보에 속하는 이유로 지도·지리서인 「天文圖」·『新增東國輿地勝覽』은 민간의 소장을 금하였다. 1504년(연산군 10)에는 민간이 소장한 「天文圖」를 모두 수거하면서 소장자에 대한 처벌 세칙까지 마련하였다. 참위술수 및 풍수 음양서 또한 성리학적 이념에 따라 당연히 이단으로 배격하였다. 음양서를 저술한 경우는 물론, 占書인 『太一經』의 간행을 제의하다가 유신들의 비난을 받기도 하였다. 음양·점술서는 관련 직업인만 지니도록 하였으나, 원주의 점쟁이 安世章 집에 있던 음양서는 大內로 들여오게 하였다. 천문점술서인 『玉曆通政經』도 김안국이 1539년(중종 34)에 경상도의 민가에서 발견하고, 간행한 후 관상감에 비치하자고 하였으나 거부되었다.

> 불초한 무리들이 天圖를 사사로 간직하였다가 천체의 變異를 지적하여 논하니, 모두 거두어들이도록 하라. 만약 들이지 아니하였다가 뒤로 탄로난 자가 있으면 처벌하겠으니, 절목을 의논하여 아뢰라.[37]

> 다만 이 책(『옥역통정경』)은 요즘 듣지 못했던 것인데, 밖에 둔다면 사람들이 많이 전해 베껴서 널리 민간에 퍼질 것이므로 무릇 재변을

---

35) 『연산군일기』 54권, 10년 7월 20일(무신) ; 『知退堂集』 8권 東閣雜記 乾.

36) 『연산군일기』 53권, 10년 윤4월 8일(무진).

37) 『연산군일기』 56권, 10년 10월 7일(갑자).

> 만나면 무슨 응험이 있을 것이라고 전파할 것이니, 과연 뒤 폐단이 있을 것입니다.[38]

그 내용이 세상에 알려지면, 재변이 날 때 사사로이 논의될까 염려한 때문이다.

또한 불교 서적도 성리학적 이념이 사회적으로 강화되면서 더욱 탄압의 대상이 되었다. 중종대에 僧科와 선·교 양종이 폐지되자, 유생들의 불교에 대한 횡포는 더 심해졌다. 1509년(중종 4)의 淸溪寺 經帖 절도사건과 1510년의 흥천사 5층 舍利閣 방화사건이 그 예이다. 이때 시독관 金淨은 유생의 불경절도 사건에 대해, 이단을 배척한 것이니 처벌할 수 없다고 오히려 강경히 맞섰다.

> 신(金淨)의 생각으로는 狂妄한 유생이 이단을 막기 위하여 불경을 빼앗아다 글을 썼으니 아름다운 일은 아닙니다. …… 그러나 유생은 법으로 속박할 수 없습니다.[39]

그리고 1512년(중종 7)에는 興天寺와 興德寺의 大鐘을 녹여 火器인 銃筒을 만들었다. 심지어 1511년(중종 6)에는 『薛公瓚傳』이 불교의 윤회사상으로 된 내용이라며 저자인 蔡壽를 파직시키고 책을 소각하였다. 그리고 은닉한 자를 '妖書隱藏律'로 치죄하도록 명했다. 여기서 탄핵하는 사헌부, 반론을 제기하는 金壽童, 그리고 중종의 각기 다른 견해를 볼 수 있다.

---

38) 『중종실록』 91권, 34년 9월 5일(기해).

39) 『중종실록』 10권, 4년 12월 19일(병오).

(사헌부가 아뢰기를) 채수가 『설공찬전』을 지었는데, 내용이 모두 禍福이 윤회한다는 논설로, 매우 요망한 것인데 中外가 현혹되어 믿고서, 문자로 옮기거나 언어로 번역하여 전파함으로써 민중을 미혹시킵니다.[40]

(領事 김수동이 아뢰기를) 그러나 형벌과 상은 中을 얻도록 힘써야 합니다. 만약 이 사람이 죽어야 된다면 『태평광기』·『전등신화』 같은 류를 지은 자도 모조리 베어야 하겠습니까.[41]

(중종이 이르기를) 『설공찬전』은 윤회화복의 설을 만들어 어리석은 백성을 미혹케 하였으니, 수에게 죄가 없는 것이 아니다. 그러나 교수함은 과하므로 참작해서 파직한 것이다.[42]

결국 『설공찬전』에 대한 제재는 최초의 국문소설에 대한 탄압으로 한글문학의 보급을 그만큼 지연시킨 것이 되었다. 기묘사화를 거친 후 사림들이 재진출하자, 불교를 비롯해 이단사설 류에 대한 강압적인 사회분위기는 더 팽팽해졌다. 조선초기에 읽혔던 불교 勸善書인 『爲善陰騭』을 간행하자는 의견에도 매우 괴벽한 내용이라며 완강히 반대하였다.[43]

---

40) 『중종실록』 14권, 6년 9월 2일(기유) ; 『稗官雜記』 2, 6년 9월 2일. 『설공찬전』은 귀신이 사람의 몸에 접신한 내용의 한문소설로서, 연산군을 폐위하고 중종반정을 일으킨 사림파 세력을 비판한 글이다. 이 글은 승정원 동부승지를 지낸 李文楗(1494~1567)의 『默齊日記』 낱장 속면에 한글로 필사하여 교묘히 숨긴 것을, 1997년 『묵제일기』를 조사하던 이복규 교수가 발견하였다(이복규, 1997, 『설공찬전』, 시인사).

41) 『중종실록』 14권, 6년 9월 20일(정묘).

42) 『중종실록』 14권, 6년 9월 20일(정묘).

43) 『위선음즐』은 1419년(세종 1)에 중국에서 600권 받아왔고, 1434년(세종 16)·1536

한편 政爭과 관련하여 처음으로 毁板된 문집은 金宗直의 『佔畢齋集』이다. 김종직은 조선시대 성리학의 거두로서 그의 도학사상의 학통은 김굉필·조광조 등에게 계승되었다. 김종직의 死後 성종의 命을 받은 曺偉는 『점필재집』을 편집하여 1497년(연산군 3)에 간행하였다. 그러나 무오사화가 진행되는 과정에서 유자광이 김종직의 조의제문을 제시하며 문집의 소각과 훼판을 주장하였다. 그리고 곧 이어 책판뿐 아니라 지방 민가에서 소장한 문집까지 불태우고 관련자를 처벌하였다.

> 道(전라도)내에서 개간한 金宗直의 문집 판본을 즉시 毁板하여 불태우라. …… 중외의 사람 중 혹 김종직의 문집을 수장한 일이 있으면 즉시 輸納하게 하고, 수납하지 않는 자는 중히 논죄하도록 하라.[44)]

문집을 소장한 김종직의 문인 崔溥를 참형하고, 김종직과 그의 문인인 權五福·金馹孫·權景裕 등이 작성한 실록 초고도 불태웠다. 문집을 편찬한 曺偉도 부관참시하고 『分類杜詩』에 올린 조위의 서문도 삭제하고, 간행에 관여한 鄭錫堅도 파직시켰다. 이로 인해 현재 남아있는 1640년(인조 18)판 김종직의 시문집 내용은 빈약하기 그지없다. 당시의 정황이 1520년(중종 15)판의 『점필재집』 서문에 나타난다.

> 나의 외숙인 점필재의 시문은 일찍이 찾아서 바치라는 성종의 명을 받았으나 채 올리기도 전에 임금이 승하하셨고, 뒤이어 무오사화를

년(중종 31)에 인쇄하도록 명한 적이 있었다. 이 책은 민간신앙에 있는 보응사상의 현실적 욕구를 유교적 윤리와 연결시킨 것으로, 明初의 勅撰교훈서인 『孝順事實』·『五倫書』와 함께 조선초기에 읽혔다.

44) 『연산군일기』 30권 4년 7월 17일(신해).

만나 抄本 20여 질도 모두 없어졌습니다. 그래도 梁上에 올려둔 亂稿가 있었는데 家人이 不祥之物이라 하여 들어다 불속에 던졌습니다. 곁에 있던 사람이 타는 불속에서 갈고리로 한두 편을 끄집어내어 겨우 모두 타버리는 화를 면했으나 지금 남은 것은 열에 두셋도 못 됩니다. 내가(仲珍) 상자에 보관해두고 그리운 마음을 달래 왔으나 어느 때 水火鼠蠹의 禍를 받아 흩어져 없어지지나 않을까 걱정해 왔습니다.[45)]

이와 관련하여 김종직의 문인인 金宏弼·鄭汝昌·曺偉·權五福·南孝溫의 저술도 당연히 산실되었다. 김굉필의 『景賢錄』, 정여창의 『庸學註疏』·『主客問答說』·『進修雜著』도 후환을 우려하여 불태워졌다. 남효온의 문집은 연산군의 간행 지시에도 불구하고 김종직의 문인이라는 이유로 윤필상 등이 반대하였다.

남효온의 시·문도 인출하라고 명하였사오나, 남효온은 김종직의 제자로 행동이 또 괴이하여 秋江居士라 自號하고 세상을 가볍게 여기는 뜻이 있사오니, 지금 그 시·문을 함께 인쇄함은 불가하옵니다.[46)]

남효온은 昭陵(문종妃)의 복위를 청한 죄로 갑자사화 때 부관능지되어 그의 문집도 『秋江冷話』·『師友名行錄』 등 일부만 남았다. 이러한 참상에 대해 실록 등에서는 다음과 같이 기록하고 있다.

儒林들은 기가 죽어서 들어앉아 탄식만 하고 있으므로 學舍는 쓸쓸하

45) 『점필재집』 南袞 서문.

46) 『연산군일기』 56권, 10년 11월 13일(기해).

여 몇 달 동안 글을 읽고 외우는 소리가 없었다. 부형들은 그 자제를 경계하기를, "공부는 과거에 응할 만하여 그만두어야 한다. 많이 해서 무엇하느냐" 하니,47)

선비들은 기가 꺾여 발걸음도 제대로 내디디지 못하고 숨도 크게 쉬지 못하였으며, 학당은 스산해져 여러 달 동안 글읽는 소리가 들리지 않았다. 부형들은 자제들을 경계하여 말하기를, "공부는 과거에 응시할 정도면 그만이지, 많이 해서 무엇하는가"라고 하였다.48)

마침내 성종대에 활발했던 문집활동은 연산군대에 '사화'라는 사건에 휘말리면서 큰 어려움을 겪은 것이다. 다행히 曺偉·南孝溫·金時習 등의 유고는 1511년(중종 6)에 개간할 수 있었다. 그리고 1568년(선조 1)에 조광조가 신원되면서, 김굉필·정여창·조광조 등의 저술을 모은『國朝儒先錄』도 1570년(선조 3)에 편집하였다. 그런데 훈구파인 南袞은 만년에 세간의 비판을 의식해 자신의 글들을 미리 불태웠다고 한다. 기묘사화 때 조광조 등의 신진사림들을 숙청한 그가 사림파의 탄핵을 받았기 때문이다. 문장이 뛰어난 남곤의 저술을 간행하자는 논의가 그의 사후인 1559년(명종 14)에 있었지만 허용되지 않았다.

이와는 달리 왕의 문집조차 출판이 저지된 경우가 있었다. 연산군이 자신의 시문집을 간행하려 하였으나 신료들의 반대에 부딪혔다.

(掌令 李自健이 아뢰기를) 들으니,『詩學大成』을 인쇄하도록 명하시었

47)『연산군일기』 30권, 4년 7월 29일(계해).

48) 이긍익 편,『국역 연려실기술』 v.6, [발행년 불명], 민족문화추진회, 119쪽.

다고 합니다. 전하께서 性理의 학에 잠심하실 것이지, 風雲月露에 用心하실 것은 아닙니다. …… 이런 技藝의 일은 임금으로서 할 일이 아닙니다.[49]

(사헌부에서 상소하기를) 『詩學大成』에 유의하시어 인쇄하여 드리게 명하였다 하니, …… 이 글은 유생들 중에도 잔재주로 글귀를 만드는 자들이 좋아하는 것이요, 제왕의 다스림을 구하는 글은 아닙니다.[50]

'技藝之事'에 불과하다는 신하들의 반대로 연산군의 『詩學大成』·『御製小詩』 등은 중종의 즉위와 동시에 소각되었다.

또 政爭으로 인해 책을 새로 편찬하거나 기재사항을 바꾼 경우도 있었다. 『大典後續錄』은 내용을 개정하고 『續武定寶鑑』은 새로 편찬하였다. 1543년(중종 38)에 간행한 『대전후속록』은 대·소윤의 세력다툼 속에서 반사한 책들을 환수 개찬하였다.[51] 을사사화로 小尹인 尹元衡이 세력을 장악하자, 대윤 尹任 일파의 이름을 서문에서 삭제하기 위한 것이다. 그리고 윤임 등의 推案을 『무정보감』의 예에 따라 『속무정보감』으로 간행하였다.[52]

한편 1577년(선조 10)에는 민간인들이 활자판 『朝報』를 인쇄하여 판매한 것이 문제가 되었다. 『조보』란 승정원에서 정보전달을 위해 관리가 필사하던 官報이다. 그런데 민간이 私益을 위해 허가없이 배포한 것이 발단되어, 결국 발간을 금지시키고 인쇄한 활자를 몰수하고 관계자 30여

49) 『연산군일기』 19권, 2년 11월 24일(정묘).

50) 『연산군일기』 19권, 2년 11월 27일(경오).

51) 『명종실록』 4권, 1년 12월 27일(경술).

52) 『명종실록』 8권, 3년 10월 16일(정사) ; 동 3년 10월 29일(경오) ; 동 3년 11월 6일(정축).

명을 정배 보냈다.[53] 그야말로 출판이 수요자중심이 아닌, 권력과 정보를 독점한 통치자중심으로 처리된 사건이다. 곧 서사 설치 논의에서 보였던 것과 동일한 문제점을 남긴 채 종결된 것이다.

제2절 국외 보급 : 중국 및 일본

동아시아 朝·中·日 3국은 지난 2세기 동안 안정기를 누려오다가 16세기에 중요한 변화가 일어났다. 조선은 왜란이라는 전쟁이 일어나고, 중국은 明이 淸으로 교체되고, 일본은 중세에서 근세로 이행하는 변혁기에 해당한다. 이 시기에 조선은 중국 사신들과의 공동시집인 『皇華集』을 조선초에 이어 續刊하여 중국으로 보냈다.[54] 또 우리나라의 역사·법전·지리지·지도 등은 국외로 반출할 수 없다는 금제에도 불구하고, 明使의 요청에 따라 보내야 했다. 이를테면 팔도지도를 模寫한 略圖, 朝鮮官制와 山川險隘圖와 三京·八道의 兵馬·錢糧의 숫자, 蘇世讓의 『朝鮮志』, 『東國兵鑑』·『東國地志』 등이 여기에 속한다.[55] 그 중에서도 특히 1598년(선조 31)에 보낸 조선관제와 山川險隘圖는 왜란 때문에 산실되었다고 거절하였음에도

53) 『선조실록』 11권, 10년 11월 28일(경진) ; 동 11년 1월 15일(정묘) ; 『율곡전서』 30권 ; 車培根, 1980, 「우리 나라 조보에 대한 신문학적 분석고」, 『신문연구소학보』 17, 100쪽.

54) 『중종실록』 46권, 17년 12월 3일(을해) ; 동 32년 4월 11일(기미) ; 동 34년 5월 28일(을미) ; 『패관잡기』 4, 嘉靖丁酉 皇華集.

55) 『중종실록』 6권, 3년 7월 18일(갑인) ; 『인종실록』 2권, 1년 4월 29일(신유) ; 『선조실록』 63권, 28년 5월 3일(을해) ; 동 31년 2월 29일(갑신) ; 『증보문헌비고』 242권, 예문고 1 역대서적.

그들의 강요에 따른 것이다.

한편 조선은 일본에 대해 적극적인 정책을 취하던 초기와 달리, 16세기에 접어들면서 소극적이고 통제력도 약화되었다. 일본에 대한 夷狄觀과 小國觀은 더욱 경직되고 중종대 이후로 명분론과 고식적인 대응책에 집착하였다.[56] 1510년(중종 5)에는 三浦왜란으로 세종 때 개항한 3포를 폐쇄하고 교역을 끊었다. 그러다가 대마도주의 간청으로 임신조약(1512/중종 7)을 체결하고 왜인의 내왕을 엄격히 제한하였다. 강경과 회유책으로 규제하였지만, 일본은 중종대에 楸子島와 東萊鹽場의 왜변, 전라도 왜변, 사량진 왜변, 명종대에 을묘왜변(1555/명종 10) 등을 계속 일으켰다. 당시 일본은 도요토미 히데요시(豊臣秀吉)가 전국을 통일할 때까지 戰國時代(1467~1568)에 속하는 때이다.

연산군대부터 임란 전까지 일본은 조선에 30회 사신을 파견하였고,[57] 그들은 조선초기에 이어 계속 대장경판과 대장경을 조선에 요청하였다.[58] 이때 조선은 대장경판을 주는 것은 거절하였지만, 대장경에 대해서는 다음과 같은 태도를 취하였다.

---

56) 하우봉, 2006, 『조선시대 한국인의 일본인식』, 혜안, 29~30쪽.

57) 李進熙, 1986, 「조선조시대의 한일관계 연표」, 『한국속의 일본』, 동화출판공사, 289~291쪽.

58) 조선이 일본의 요청에 따라 『대장경』을 보낸 내용은 다음의 <표>와 같다.

연도	대상국	보낸 여부	비고
1502/연산군8	일본국 사신 朋中	○	星州 安峰寺 소장본
	일본국왕 源義高가 보낸 僧 周般	×	
1517/중종12	일본국왕	○	질을 갖추지 못한 1건
1537/중종32	일본국	○	
1556/명종11	일본사신	?	조종의 예에 따라 주기를 예조 요청

(대장)경은 이미 주었거니와, 또 우리나라가 숭상하지 않으면 그만이니 준들 무엇이 해롭겠습니까?[59]

우리 유교의 경전을 주며 '우리나라가 숭상하는 것은 오직 이것뿐이다' 하면, 먼 데에서 온 사람의 바라는 마음을 이미 위안하고도 吾道를 숭상하고 이단을 물리치는 뜻을 한꺼번에 양편으로 완전하게 할 수 있을 것이다.[60]

이제는 우리나라에서 불경을 숭상하지 않은 지가 오래되어 옛적의 판이 이미 헐어 또 인출하지 않으므로 본시 한 권도 없기 때문에, 우리나라에서 숭상하는 聖經賢傳을 주어 보내겠다.[61]

즉 그들에게 불경을 주어도 무방하나 조선이 숭상하는 유교경전을 주겠다는 것이다. 심지어 성균관 진사 柳健은 불경을 주는 것이 誤道를 숭상케 하는 잘못이라고 질타까지 하였다.

나에게 쓸 데 없는 것(불경)을 가져다가 주어서 받들게 하니, 이것이 어찌 교린을 중후하게 하는 도리입니까. …… 전하께서는 유교와 불교의 서적을 둘 다 주시니, 이는 불교를 숭상하게 하시려는 것입니까, 오도를 숭상하게 하시려는 것입니까? 어찌 저들이 미혹하여 좇을 바를 모르게 할 뿐이겠습니까?[62]

---

59) 『중종실록』 29권, 12년 8월 17일(경신).

60) 『중종실록』 83권, 32년 2월 2일(신해).

61) 『중종실록』 84권, 32년 4월 14일(임술).

62) 『중종실록』 83권, 32년 2월 5일(갑인).

결국 불경이나 불교서적 외에 유학·문학 류의 서적도 일본에 보내주었다.[63] 1534년(중종 29)에는 倭使 僧 尊海의 『대장경』 요청에 『詩書』 2부를 대신 주었다. 이때 오오우치(大內)는 종이를 조선으로 가져와 원판에 대고 떠가는 소위 大內本을 만들어 갔고 『오경정의』도 받아갔다.[64] 1573년(선조 6)에는 昌興西堂이 『몽구대전』·『본초』 1부를 청하지만 판본이 없거나 온전하지 않다는 이유로 허락하지 않았다.[65]

당시 일본에서는 應仁의 亂(1467~1477) 이후 생활이 어려워진 公卿·승려들이 지방大名을 찾아 생활을 의탁하게 되자 僧學이 지방으로 활발히 보급되었다. 특히 15세기에 대명무역에서 큰 利를 본 大內氏의 城下町인 야마구치(山口)가 번영하게 되면서 그곳은 학문의 중심지가 되었다. 그리고 유학서의 출판이 활발히 이루어졌다. 商港인 堺에서는 『논어』와 醫書, 五山에서는 佛書·漢詩 문집·辭書 등을 간행하였다. 이로 인해 이들은 대장경이나 불교서적 외에도 다양한 종류의 서적과 활자가 절실히 필요하였다. 그러자 도요토미는 임란을 계기로 조선으로부터 다량의 유학·문집

63) 조선이 일본의 요청에 따라 보낸 서적(불경이나 불교서적 외)은 다음의 <표>와 같다.

연도	일본 대상국	보낸 서적(불경 외)
1501/연산군7	일본사신	『東坡詩集』·『碧菴錄』·『黃山谷』 등의 요청에 주지 않음
1534/중종29	倭使 僧 尊海	『詩書』 2부와 시계
	日本國王使에 해당하는 大內	『五經正義』
1540/중종35	日本國王使에 해당하는 大內	『시경』·『서경』
1560/명종15	對馬州 宗熊滿	삼경 등
1573/선조 6	昌興西堂	『夢求大全』·『本草』의 요청에 주지 않음

64) 이준걸, 1986, 『조선시대 일본과 서적교류연구』, 홍익재, 25쪽 ; 李進熙, 1988, 『한국과 일본문화』, 을유문화사, 100쪽.

65) 『선조실록』 7권, 6년 4월 4일(계축).

류와 활자를 약탈하여 갔다. 그들은 안코쿠사(安國寺)의 에케이(惠瓊)를 조선에 보내고, 남산기슭에 있는 活字庫를 습격하여 금속활자를 일본으로 실어갔다. 그 활자들은 일본의 刊經 및 雕板사업에 직접적인 영향을 미쳐, 곧 '인쇄혁명'이라고 부를 만큼 일본인쇄사에 획기적인 전기를 마련하였다. 그들은 약탈해간 동활자로 일본 최초의 활판인쇄물인 『古文孝經』(1593)을 인쇄하였다.

그리고 도쿠가와 이에야스(德川家康)는 조선의 인쇄방법으로 목활자본인 후시미반(伏見版)으로 『孔子家語』·『貞觀政要』를, 동활자를 이용한 스루가반(駿河版)으로 『大藏一覽集』·『群書治要』(1615~1616)를 인쇄하였다.[66] 동시에 일본으로 가져간 서적들은 일본의 주자학 및 기타 학문발전에 자극제가 되었다. 그리고 武將들의 개인문고에 소장되어 일본도서관 확충사업에 선도적인 역할을 하였다. 호사분코(蓬左文庫)에는 조선의 경연용 책자이던 『고려사절요』 초간본 등 우리나라의 책 2천여 권이 비치되어 있다.[67] 宮內省 書陵部, 內閣문고, 前田利家의 尊經閣문고, 靜嘉堂문고, 毛利문고 등에도 임란 이전에 간행한 우리의 귀중본들이 보존되어 있다.

66) 오가타 히로무, 2008, 「이에야스의 출판사업을 지탱한 두 가지 요소」, 『조선시대 인쇄출판기관의 변천과 발달』, 청주고인쇄박물관, 399, 402~403쪽.

67) 이진희, 1988, 『한국과 일본문화』, 을유문화사, 146~147쪽.

제5장 서적문화의 성격

연산군대에서 왜란이 끝나는 해(1495~1598)까지의 16세기 약 100년간은 사림들이 주도하는 가운데 성리학 연구가 심화되고, 道學 至治主義에 입각한 학문위주의 사회로 발전하였다. 사림들은 사장학 중심에서 도학중심의 학문경향으로 일대 전환하면서 治道의 수단으로 서적을 중시하였다. 서적정책은 주로 중종·명종·선조대에 중앙관청을 중심으로 이루어졌지만 지방관청에서도 간행사업이 활기를 띠었다. 한편 민간주도로 성리학의 이론적 탐구가 심화되면서 개인저술물들이 우수한 성과를 이끌어냈다. 그리고 그것은 통치체제 정비 및 유지를 위한 유학이념의 심화와 의례·교화체계 정립, 중화적 문화의 인식, 왕권 및 정권의 유지, 문화의 창달, 산업·과학의 발달, 대외관계의 발전 등에 일정한 영향을 미쳤다. 그러나 때로 政爭 또는 성리학에 위배되는 문집·불교·풍수지리서 등은 제제를 받았다. 그리고 그러한 정책이 진행되는 과정 속에서 몇 가지의 특징이 나타났다.

제1절 서적정책의 영향

1. 통치체제 정비 및 유지를 위한 부류

1) 유학이념의 심화 및 의례 · 교화 체계정립에 사용된 서적

성리학에 대한 학문적 탐구와 이론적 모색이 심화되는 가운데, 그 이념을 구현하기 위한 구체적 방안이 진행되었다. 먼저 중국으로부터 『주자어류』·『주문공집』·『진서산독서기』·『이락연원록』·『이정전서』 등을 들여오고, 국내에서 『주자대전』·『주자어류』·『의례경전통해』·『의례경전통해속』 등을 간행하면서 주자성리학에 대한 연구를 본격화하였다. 또한 성리학적 이상정치를 수행하기 위해 『계심잠』·『동궁계몽』·『심학도설』·『대학도설』을 편찬하고, 조선초기에 편찬한 『오례의주』·『치평요람』을 간행하였다. 아울러 성리학적 사회질서의 기반 확립을 위해 사회교훈서인 『이륜행실도』·『속삼강행실도』·『경민편』을 편간하고, 『소학』·『삼강행실도』·『정속』·『여씨향약』·『주계문』·『효경』·『열녀전』 등을 간행하였다. 특히 『이륜행실도』·『삼강행실도』·『속삼강행실도』 등에는 판화를 사용하여 일반대중화에 힘을 쏟았다.

더 나아가 향약은 『여씨향약』뿐 아니라 각 지방의 실정에 맞도록 토착화한 『예안향약』·『서원향약』·『해주향약』·『사창계약속』 등을 만들어 향민교화에 활용하였다. 곧 국가의 예제뿐 아니라 가족제도, 향촌사회 질서까지 성리학적 이념에 따라 정립한 것이다. 한편 이황·이이 등 성리학자들에 의한 개인적인 저술들, 즉 『대학』·『예기』·『주자가례』·『주자대전』과 관련된, 또는 제례·상제례에 관한 책들이 유례없이 봇물처럼 흘러나왔다. 민간주도의 이러한 학문활동은 조선후기에 많은 사찬서들을 출현시키는 계기가 된다.

2) 중화적 문화의 인식에 사용된 서적

중국으로부터 유입한 성리학 연구가 심화되면서 학문 분위기는 자연히 중화적인 문화인식을 수반하였다. '직방세계' 중심으로 복귀한 세계지도 「혼일역대국도강리지도」, 한반도 중심의 역사의식을 나타내면서 유교문화적 성격으로 변모해간 지리지 『신증동국여지승람』 등이 그 예이다. 동시에 성리학적 정통론에 입각하여 명분론과 존화사상을 드러낸 『동국사략』·『동몽선습』·『기자지』·『기자실기』 등도 사림들에 의한 개인 역사서로 등장하였다.

3) 왕권 내지 정권의 유지에 사용된 서적

통치유지를 위한 자료로 정치서·법전·지리지·지도 등을 편간하면서, 경제질서를 위한 절목도 반포하였다. 외척과 권신의 정치참여가 활발해지면서 정권창출을 위한 『속무정보감』·『대전후속록』을 편간하였다. 그리고 전국의 진상품을 파악하기 위한 것으로 짐작되는 「조선방역(지)도」도 만들었다. 정치 귀감서인 『치평요람』은 중앙에서, 법률서인 『경국대전주해』·『사송유취』는 지방에서 간행하였다.

국가의 통제아래 운영되던 경제질서가 흔들리자, 「사치금제절목」·「시장에서의 取利者 금지절목」·「저화행용절목」·「악포금단절목」·「진휼청의 쌀·콩·염장 분배절목」·「富商大賈들의 은철매매 금지절목」 등을 제정 반포하였다. 극심한 기근을 구제하기 위해 『구황촬요』도 편간하였다.

4) 문화의 창달에 사용된 서적

언해서는 주로 사회교훈·의학·유학·불교 분야에서 만들어져 관련 학문과 어문학 발전에 밑거름이 되었다. 이를테면 『소학』으로 『번역소학』·『현토소학』·『소학언해』, 사회교훈서로 『이륜행실도』·『여씨향약』·『정속』, 여성교훈서로 『열녀전』·『여계』·『여칙』·『내훈』·『번역여훈』, 의학서로 『창진방』·『벽온방』·『우마양저염역병치료방』, 유교경서로 『사서율곡언해』·『사서삼경언해』·『효경언해』, 불교서로 왕실판인 『법화경』·『능엄경』·『금강경』·『반야심경』·『(선종)영가집』·『석보상절』·『(육조)법보단경』·『진언권공·삼단시식문』, 사찰판인 『불설아미타경』·『육자선정』·『진언집』·『선가균감』·『초발심자경문(초믈자경문)』, 기타 『농서』·『잠서』·『구황촬요』 등을 간행하였다. 특히 중종대에 최세진은 개인적으로 『소학언해』·『번역여훈』·『언해효경』·『세자친영의주언해』·『책빈의주언해』 등을 편찬하여 한글 번역사에 큰 발자취를 남겼다.

우리나라 시문집으로는 『속동문선』을 조선초에 이어 속간하였다. 그리고 개인문집으로 『점필재집』·『퇴계집』·『동국명가집』·『역대제왕시문잡저』·『지지당시집』·『문산집』·『삼탄집』, 朝·中 시문집으로 『황화집』, 중국 시문집으로 『한유문주석집』·唐 『백가시』·『구양문충공집』·『고표정수』 등을 간행하거나 간행하도록 하였다. 사대부 사이에서 배척되던 『전등신화』·『삼국지』 등도 간행하여 세간에 확산되었다. 불교서는 왕실판으로 한문본인 『금강경(오가해)』·『육경합부』·『(천지명양)수륙잡문』이 있어, 성리학 중심으로 진행되던 사회에서 그나마 종교적인 복합성을 지닐 수 있었다. 한편 사찰에서 간행한 『(불설)대목련경』·『부모은중경』은 16세기 판화의 전형으로서 현대적인 감각을 보여주었다.

5) 산업 · 과학의 발달에 사용된 서적

성리학적 학문풍토로 인해 과학기술은 침체되었으나 의학은 매우 발달하였다. 특히 중종대에 전염병 치료서와 그 언해서, 명종대에 외과 분야가 두드러졌다. 그리고 그것들은 지방관리에 의해 또는 지방에서 간행한 경우가 많았다. 의서는 전염병 치료서로 『벽온방언해』·『창진방언해』·『구급이해방(언해)』·『속벽온방』·『간이벽온방』·『분문온역이해방』·『촌가구급방』·『구급양방』·『구급간이방』, 황달·학질 치료서로 『황달학질치료방』, 가축 전염병 치료서로 『우마양저염역병치료방』, 외과 종양서로 『치종비방』·『치종지남』 등을 편간하였다. 또한 부인과로 『임신최요방』·『태산집』, 침구·진맥서로 『동인경』·『직지맥』·『맥결리현비요』·『찬도(방론)맥결(집성)』, 그리고 기타 『신선태을자금단방』·『구선활인심법』 등을 간행하였다.

농서는 『농서언해』·『잠서언해』·『농서집요』, 천문역법서는 한글 역서와 「천문도」 120축을 편간하거나 간행할 뿐이었다. 병서는 국가주도로 『무예제보』를 편찬할 뿐, 『대관의두』·『무경칠서』·『吳子』·『陣書』·『兵將說』·『兵政』·『육도직해』 등을 重刊하는데 그쳤다. 그러나 명종대에 함경도 三江郡에서 『총통식』·『火器書』를 간행한 일은 벽지에서 행해진 활동으로 매우 주목할 만하다.

6) 대외관계의 발전에 사용된 서적

대외교류가 더욱 활발해지면서 세계지도·견문록·어학서 등은 세계와 소통할 수 있는 문을 열어주었다. 세계지도인 「혼일역대국도강리지도」는 조선인의 세계관을, 그리고 북방에 관한 『서북제번기』, 일본에 관한 『해사록』·『일본왕환일기』·『유구풍속기』는 주변국에 대한 인식을 넓혔다. 또한 중국운서인 『일용한어번역초』의 편찬, 『운부군옥』·『대광익회옥편』·『(고금)운회(거요)』·『(배자)예부운략』·『아음회편』의 간행은 자전을 검토하는 계기를 제공하였다. 이때 최세진은 외교업무 수행에 요긴한 외국어·이문·운서 류를 편찬하여 괄목할만한 성과를 남겼다. 즉 『번역노걸대』·『번역박통사』·『노박집람』·『이문집람』·『이문속집』·『이문속집집람』·『속첨홍무정운』·『사성통해』·『운회옥편』 등이 여기에 속한다.

2. 반체제적인 성격으로 제재받은 부류

서적을 유통하는 데 국가로부터 제재받은 서적은 풍수 음양·불교·지도·지리서적이다. 성리학적 이념이 강화되면서 『설공찬전』·『태일경』과 같은 불교의 윤회 사상이나 참위술수 및 풍수음양 관련서는 당연히 이단시되었다. 그리고 한동안 한글서적과 政爭에 관련된 문집들도 제재를 받았다. 예를 들면 무오사화가 진행되는 과정에서 김종직의 『점필재집』과 그의 문인들의 문집은 훼판되었다.

제2절 서적정책의 특징

1. 국왕별로 성격을 달리한 서적문화

서적정책은 국왕별로 각기 그 특징이 다르게 나타나지만, 조선초기처럼 국가주도하에 장기간에 걸쳐 또는 방대한 규모로 집행되지 못했다. 연산군대에는 왕실주도하에 불교서를 간행하였을 뿐, 독서 금지령·內藏書冊의

焚書 등으로 서적문화가 피폐하였다. 중종대에는 적극적인 서적 진흥책으로 다시금 활기를 띠었다. 출판활동의 일정한 성과는 사림들이 개혁정치를 시행하던 1515년(중종 10)~1519년(중종 14), 그리고 을사사화를 겪은 후 사림들이 재집권하던 중종 30년대 이후에 나타났다. 사림들은 일련의 개혁정치를 강화하기 위한 방법으로 서적을 활용하였다. 유교적인 이념을 실현하기 위해 주자성리서를 간행하고 사회교훈서를 중점적으로 편간 보급하였다. 명종대에는 문정왕후가 수렴청정하면서 불교서를 다시 간행하였다. 을사사화와 양재역 벽서사건을 겪으면서 지방으로 흩어진 사림들과 관료들에 의해 지방에서의 간행활동도 활발해지기 시작하였다. 또한 민간 개인에 의한 주자성리학 저술물들이 우수한 성과를 보이며 나타났다. 선조대에 들어서면서는 사림이 대거 등용되어 기묘사림들이 신원되고, 주자성리서에 대한 심도 깊은 연구가 계속 진행되었다.

2. 지방간행 사업의 활성화

성리학적 소양을 갖춘 사림출신의 지방관료들과 중앙정계에서 밀려나 지방으로 흩어진 사림들은 지방에서 출판사업을 활발히 진행하였다. 조선초기에는 주로 왕명에 의해 지방에서 서적을 간행하였는데, 종종 여러 지방관청에서 동시에 간행한 경우도 있었다.[1] 강력한 중앙집권적인 통치체제였기에, 그리고 지방 각 관청의 목판 인쇄술이나 간행능력이 비슷한 수준에 이르렀기에 가능한 것이라고 할 수 있다. 그런데 16세기에 이르면 조선초기와는 다른 양상이 보인다. 중앙관청의 지시에 따르는

1) 왕명에 의해 여러 지방관청에서 동시에 인쇄를 행한 경우는 다음의 <표>와 같다.

경우도 있으나, 오히려 지방에서 또는 지방관료들이 자체적으로 그곳 관청을 통해 간행사업을 진척시키는 경우가 많았다. 그 대표적인 인물이 金安國·金正國·李楨·安瑋·李友閔 등으로서 그들은 주자성리학·문집·의학서 등을 간행하였다. 한편 지방사림들도 향촌에서 재지사족 층이 광범위하게 형성되면서 이를 기반으로 서원 등을 통해 출판문화를 진척시켰다. 그리하여 조선초기에 중앙관청 위주로 주도되던 출판활동은 점차 지방에서도 관청과 서원 등을 중심으로 활기를 띠었다.

지방간행 사업이 국가적인 차원에서 총체적으로 추진되었던 것은 아니지만, 지방판은 세종대 이후 임란 전인 1585년(선조 18)까지 980여 종이나 판각되었다.[2] 여기서는 주로 중앙의 활자본과 지방의 목판본을 병행하여

연도	지역 : 내용		
1423/세종 5	각도 : 『오경』·『四書』		
1427/세종 9	경상도 : 『성리대전』, 『대전』·『역경』·『서경』·『춘추』 목판命	전라도 : 『대전』·『시』·『춘추』 목판命	강원도 : 『소학』
1428/세종10	경상도 : 『성리대전』 50부		
1429/세종11	경상도 : 『역경』·『서경』·『춘추』책판	전라도 : 『시경』·『예기』 책판	강원도 : 『사서대전』 50부
1430/세종12	충청도 : 『서경』 30부·『예기』 20부		
1433/세종15	전라·강원도 : 『향약집성방』		
1456/세조 2	경상·전라·강원도 : 『歷代兵要』		
1458/세조 4	황해·강원도 : 『노걸대』·『박통사』		
1466/세조12	경상도 : 『大明講解律』	전라도 : 『律學解頤』	충청도 : 『律解辨疑』 각 500부
1468/세조14	경상·전라·강원·충청도 : 樂書		
1489/성종20	각도 : 『구급간이방』·『將鑑博議』		

2) 조선전기 책판목록에 수록된 간행본은 『고사촬요』 책판목록에 989종과 『영남책판기』에서 중복되지 않는 25종을 합하면 모두 1014종이다. 이중 221종은 『嶺南冊版記』, 57종은 『京畿雜記』 書籍條 책판목록의 수록 간행본과 각각 중복된다. 그러므로 책판목록에 수록된 간행본은 이것을 합하면 모두 1,292종이다(김치우, 1999, 「조선조 전기 지방간본의 연구」, 『한국문헌정보학회지』 33-4).

필요한 서적들을 인쇄하였다. 특히 영남을 중심으로 한 지방문화가 그 주축을 이루면서 中央官版은 地方官版·書院版으로 연결되었다. 그리고 그것은 17세기에 私家本·坊刻本 등이 활발하게 나타나는 것과도 밀접한 관련을 갖는다. 그 결과 중앙관청 중심의 출판활동에서 야기되던 지역적 문화편중 현상은 얼마만큼 해소되고 각 도시의 접근성 또한 용이하게 되었다. 이를테면 중앙집권적 행정체제의 한계가 그만큼 극복된 것이다. 또한 그러한 지방간행 사업의 활기로 인해 삼강윤리에서 비롯된 조선초의 종적인 주종관계는 횡적인 사회적 윤리관계로 관심이 확대되었다. 왜냐하면 사림들은 조선사회를 재편하되 국가의 예제뿐만 아니라 가족제도, 향촌사회 질서까지 서적을 통해 성리학적 이념에 따라 정립하려 하였기 때문이다.

〈표 22〉 지방관청에서 간행한 주요 서적[3](*표 : 유학 · 문집 외의 것)

연도	서명	간행처
1495/연산군1	『忠武錄』	경상감영
	『점필재집』 중 文集篇	전라감사 鄭錫堅 간행
1502/연산군8	『宋名臣言行錄』	淸道郡 : 경상감사 金應箕
1509/중종 4	『晦庵文鈔』	尙州목사 金彦琚 간행
1512/중종 7	『삼국사기』·『삼국유사』*	경주부 중간
1514/중종 9	『三灘集』	外孫 李壽童 편집, 함경감사 尹金孫 간행
1515/중종10	『주자어류』·『주문공집』·『진서산독서기』·	각도 분담간행 命

3) 『실록』 ; 윤상기, 2004, 「조선전기 인쇄문화」, 『한국문화사상대계』 v.3, 107~110쪽 ; 최경훈, 2009, 「조선전기 주자저술의 간행에 관한 연구」, 『서지학연구』 42, 453~489쪽 ; 김성수, 2009, 「충청감영의 간행도서에 관한 분석」, 『조선시대 지방감영의 인쇄출판활동』, 청주고인쇄박물관, 66쪽 ; 崔宇景, 2009, 「조선시대 咸營의 서적간행에 관한 연구」, 『조선시대 지방감영의 인쇄출판활동』, 청주고인쇄박물관, 232쪽 ; 김문식, 2007, 「조선본 『주자대전』의 간행과 활용」, 『조선시대 문화사』(상), 일지사, 103쪽 외 기타 참조.

	『호삼성음주자치통감』·『歐陽文忠公集』·『伊洛淵源錄』·『二程全書』·『삼국지』·『남사』·『북사』·『국어』·『양서』·『수서』·『오대사』·『요사』·『금사』·『원사』·『전국책』*	
1517/중종12	『農書輯要』*	안동부사 李偶 간행
	『이륜행실도』·『여씨향약』·『正俗』(개간), 농서와 잠서언해*	경상감사 김안국 간행
1530/중종25	『孝經』	南原府 重刊
1535/중종30	『三灘集』	定州牧 : 충청감사(外孫 이수동) 간행
1538/중종33	『性理大全書節要』	남원 : 전라감사 김정국 간행
1547/명종 2	『入學圖說』	榮川군수 琴椅 간행
1553/명종 8	『朱子感興詩』	淸州목사 李楨 간행
	李善註本『文選』	전라도 간행명
1554/명종 9	『延平答問』	淸州목사 李楨 간행 : 개간
1555/명종10	『文公家禮儀節』	충청감사 閔箕, 淸州목사 李楨 간행
	『經國大典註解』*	청주 : 충청감사 安瑋 편간
1556/명종11	『延平答問』	순천부사 李楨 간행
1558/명종13	『十九史略通攷』*	담양부 개간
1559/명종14	『文公講義』·『眞西山經筵講義』	전주부윤 宋純 간행
1560/명종15	『易學啓蒙要解』	영변부 중간
	『東萊先生音註唐鑑』	경주부 刊板
1561/명종16	『朱子書節要』	星州본 : 星州목사 黃俊良 간행
1562/명종17	『伊洛淵源錄』	慶州府尹 李楨 요청 : 경상감사 南宮沈 간행
1563/명종18	『家禮大全書』	谷城縣監 蘇邂, 전라감사 金德龍 간행 : 개간
1564/명종19	『程氏遺書分類』	순천부 개간
	『주자서절요』	海州 : 황해감사 柳仲郢 활자 인출
1565/명종20	『心經』	황해감사 柳仲郢 간행
	『景賢錄』	順天府使 李楨 간행
	『銃筒式』·『火器書』*	함경도 三江郡
1566/명종21	『延平答問』·『延平答問補錄』	순천부
	『近思錄集解』	中和군수 安瑋 간행
	『心經附註』	文川郡 : 신간
1567/명종22 -선조즉위	『주자서절요』	정주목사 柳仲郢 간행
	『唐鑑』	경북성주목사 韓性源 간행

1568/선조 1	『續蒙求(分註)』*	함포兵使 李大伸 開刊
	『古文選』	昆陽군수 간행
	『古文軌範』	강원감사 인출
1571/선조 4	『訓義綱目』*	沃川군수 徐希呂 개간
	『錦南集』*	전라감사 유희춘 간행
1574/선조 7	『신증유합』*	황해감사 閔起文 인출
1576/선조 9	『晦菴先生語錄類要』	潭陽 : 崔應龍 감사 간행
	『學蔀通辨』·『杜詩』	전라감사 崔應龍 간행
1578/선조11	『近思錄』	禮山縣 번각
1580/선조13	『韓文』	開城留守 尹根壽 간행
	『崆峒詩』	開城留守 尹根壽 간행
1582/선조15	『寓菴(홍언충)선생문집』	충청도
1583/선조16	『牧隱文藁』	충청도 홍주목사 崔興遠 간행
1584/선조17	『松齋[詩]集』·『西河集』	충청도 충주목사 吳澐 간행
1585/선조18	『詞訟類聚』	전주 : 전라감사 김태정 간행
1591/선조24	『菊磵集』	南原府
1600/선조34	『益齋集』·『櫟翁稗說』	鷄林府 경주부윤 李時發 간행
선조연간	『近思錄』	文川郡 간행

지방에서 간행한 서적은 위의 <표 22>에서 보듯이 주로 성리학·문집·의학·역사·농업·군사 서적 류이다. 시기별로는 명종대가 가장 많고, 종류별로는 주자성리서가 15세기와 비교하여 더 많아졌다.[4] 주자성리서인

4) 15세기 지방관청에서 간행한 주요 서적은 다음의 <표>와 같다(윤상기, 2004, 「조선전기 인쇄문화」, 『한국문화사상대계』 v.3, 영남대출판부, 104~107쪽).
*표 : 유학·문집 류 외의 것.

연도	서명	간행처
1393/태조 2	『歐蘇手簡』: 조선조 최초의 지방관판본	醴泉甫州官 번각
1394/태조 3	『삼국사기』*	경주부 改刻
1397/태조 6	『입학도설』前集	晋陽府 都護府使 金爾音 간행
1400/정종 2	『釋尊儀式』*	전라도감영 간행
	『柳巷集』	금산 개판
1403/태종 3	『주문공가례』	평양부 인쇄
1413/태종13	『제왕운기』*	경주부 간행
1418/태종18	『禮記淺見錄』	제주목판관 河澹 번각
1423/세종 5	『四書』·『오경』	각도 인쇄

『근사록』·『주자서절요』·『심경』 등을 이처럼 지방에서도 간행한 것은 이에 대해 탐구할 기반이 조성된 것을 의미한다. 또한 의학서도 <표 23>과 같이 『벽온방언해』·『창진방언해』·『구급이해방(언해)』·『치종비방』 등을 출간하였다.

1425/세종 7	『입학도설』 後集과의 합간본	晋州牧 중간
1427/세종 9	『성리대전』	경상도감영 번각
1429/세종11	『四書大全』	강원도감영 : 책판
	『周易大全』·『書傳大全』·『春秋大全』	경상도감영 : 책판
	『詩傳大全』·『禮記大全』	전라도감영 : 책판
1430/세종12	『서경』·『예기』	충청도감영
1431/세종13	『音註全文春秋括例始末左傳句讀直解』	錦山 번각
	『경제육전』*	강원도 간행
1433/세종15	『楊輝算法』 100부*	경상감사 인쇄
1434/세종16	『고금운회거요』*	경주부·밀양부 간행
1440/세종22	『東國文鑑』·『銀臺集』·『儀禮』·『御製太平集』·『新千集』·『三禮疏』·『孟子疏』·『논어』	개성부 유수 간행명
1453/단종 1	『좌전』	錦山郡 刊板命
1454/단종 2	『音註全文春秋括例始末左傳句讀直解』	금산군 번각
	『楚辭集註』	밀양부사 李皎然 번각
1456/세조 2	『歷代兵要』*	강원·전라·경상 판각명 전라감사 목판본 간행
1458/세조 4	『노걸대』·『박통사』*	황해·강원도 판각명
1466/세조12	『대명강해율』·『율학해이』·『율해변의』*	경상·전라·충청도 간행명
1468/세조14	樂書*	경상·전라·충청·강원 分送 간행명
1474/성종 5	『老子鬳齋口義』·『列子鬳齋口義』*	원주 번각
	『莊子鬳齋口義』*	영남 각읍 分刊 : 경주부 인출
1475/성종 6	『효경』	全州府 開板, 경주부 간행
	『陸宣公奏議』	경상감사 金永濡 新刊
1476/성종 7	『孝經刊誤』	전주府尹 尹孝孫 개판
1477/성종 8	『孝經刊誤』	善山 都護府使 金宗直 판각
1478/성종 9	『纂圖互註周禮』	영남 13읍 分刊 : 淸道郡 인출
1488/성종19	『性理群書』	忠淸감사 金礪石 新刊 진상

〈표 23〉 지방관청에서 간행한 주요 의약서적(15~16세기)

15세기			16세기		
연도	서명	간행처	연도	서명	간행처
1399/ 정종 1	『향약제생집성방』·『우의방』·『마의방』 합간	강원감사 金希善	1517/ 중종12	『辟瘟方諺解』·『瘡疹方諺解』	경상감사 김안국 간행
1417/ 태종17	『향약구급방』	義興縣 중간	1523/ 중종18	『救急易解方(諺解)』	경남곤양군 開刊
1418/ 태종18	『의옥집』	충청도 홍주 간행			
1425/ 세종 7	『世醫得效方』	春川府	1538/ 중종33	『村家救急方』 : 現存	남원개간 : 전라감사 김정국 간행
1427/ 세종 9	『향약구급방』	충청도 중간	1540/ 중종35	『崑山顧公醫眼論弁方』	경북 慶州府 개간
1431/ 세종13	『補註銅人經』	경상도	1541/ 중종36	『牛馬羊猪染疫病治療方』	개성부, 8도 각판
1433/ 세종15	『향약집성방』	전라, 강원도	1543/ 중종38	『동인경』·『직지맥』	경상·전라도 개간命
1438/ 세종20	『영류검방』	晋州	1547/ 명종 2	『脈訣理玄秘要』	충남 洪州牧 간행
1439/ 세종21	『검시장식』	각도 간행명	1550/ 명종 5	『臞仙活人心法』	경북 경주부 개간
1440/ 세종22	『신주무원록』	원주목		『황달학질치료방』	각도 및 州府 巨邑 간행命
1445/ 세종27	『三元參贊延壽書』	전주부	1559/ 명종14	『治腫秘方』·『救急良方』 합본	전라도 錦山郡 : 전라감사 安瑋 간행
1447/ 세종29	『신주무원록』	영남부	1571/ 선조 4	『촌가구급방』	남원
1456/ 세조 2	『和劑方』·『得效方』·『永類鈐方』·『衍義本草』·『銅人經』·『加減十三方』·『服藥須知』·『傷寒指掌圖』	소지한 고을에서 인쇄명	1572경/ 선조 5	『村家救急方』 : 現存	함흥 : 함경감사 李友閔 重刊
1489/ 성종20	『구급간이방』	각도 감사 인출명	?1527 (정해년)	『治腫秘方附』	전라도 金溝縣 : 한글 함께 수록

『촌가구급방』의 경우는 세 차례(1538/중종 33, 1571/선조 4, 1572경)나 간행하였다. 지방에서 여러 종류의 전염병 치료서를 이처럼 간행한 것도 백성들에게 신속히 보급할 체제가 갖추어진 것이라고 하겠다. 특히 여기에서 주목할 것은 삼강군에서 『총통식』·『화기서』(1565)를 간행한 일이다. 국내외적으로 어수선하던 명종대에, 그것도 함경도 벽지에서의 병기서 간행은 당시 지방에서 활발히 진행되던 출판활동과 맞물린 것으로 보인다. 참고로 유희춘이 지방관청에서 간행한 서적을 지인으로부터 개인적으로 받은 것을 보아도 성리서인 『성리대전』·『性理群書』·『二程全書』·『理學類編』·『晦菴語錄』·『朱子年譜』, 역사·아동교훈서인 『通鑑』·『綱目訓義』·『通鑑前紀』·『續蒙求』, 시문집인 『古文選』·『古文軌範』·『韓愈文集』 등이 있다. 이것들은 당시 사대부들이 선호하던 목록으로 볼 수 있겠는데, 그 가운데서도 역시 주자성리서가 주요 자리를 차지하고 있다.[5)]

한편 주요 간행지로는 경주부·남원부·순천부·나주목·청도군·금산군 등이 있어, 행정 중심지로서 출판 여건이 대체로 갖추어진 곳이 되겠다. 이 시기에는 중국의 지방관청에서도 출판이 매우 보편화되었으나, 그들은 단지 地方志나 그 지역 유명인사의 저작물을 중심으로 한 것이어서, 우리와 매우 대조된다.

3. 한글출판물의 대중화

15세기 후반에 진행하던 한글서적의 출판과 보급활동은 연산군의 탄압정책으로 위축되었다. 그러나 한글언해본은 점차 경서·교훈서·농서·의약

---

5) 지방관청에서 간행한 기타 서적은 유희춘이 개인적으로 받은 것으로도 참고할 수 있다(본서, 제2장 제2절 국내에서 수집, (5) 개인 참조).

서·구황서 등이 보급되어 학문과 문화를 발전시키는 밑거름이 되었다. 『속삼강행실도』의 경우, 1581년(선조 14)의 重刊本은 원본과 달리 한글만으로 작성하여 일반인들에게 보급되고 대중화되기 시작하였다. 불교 언해서는 연산군대에 잠시 간행되었다. 유교경서의 언해작업은 구결확정 단계부터 늦어져 선조대인 16세기 중반 이후에 본격화되고, 16세기 말에 완성되었다. 16세기에 간행한 언해서는 그 상당수가 18세기 후반에 윤음·역학·의학·군사·어학 등의 분야에서 다시 重刊하여 사용된다.

(1) 사회교훈서적 류

가. 『소학』

㉠ 『번역소학』 10권 10책(1518/중종 13) 1,300부 간행

㉡ 『懸吐소학』(1529/중종 24, 20부 인출命)

㉢ 『소학언해』(?1542/중종 37 이전, 최세진 편찬)

㉣ 『소학언해』(校正廳 번역, 발문, 1587/선조 20)

나. 일반용

㉠ 『속삼강행실도』(1514/중종 9)

㉡ 『정속언해』(1517/중종 12)

㉢ 『이륜행실도』(1517/중종 12)

㉣ 『경민편언해』(1519/중종 14)

다. 여성용

㉠ 『열녀전』·『여계』·『女則』(1517/중종 12) 번역命

㉡ 『내훈』(1522/중종 17, 1573/선조 6 간행)

㉢ 『번역여훈』(1532/중종 27 편간)

㉣ 『열녀전』(1543/중종 38 간행)

㉤ 『규중요람』(1544/중종 39 편찬-사찬서)

라. 향약 : 『여씨향약언해』(1517/중종 12)

(2) 경제서적 류

『구황촬요』(1554/명종 9)

(3) 농업서적 류

『농서언해』·『잠서언해』(1517)

(4) 의약서적 류

가. 『神仙太乙紫金丹方』(1497/연산군 3)

나. 『구급이해방(언해)』(1499/연산군 5)

다. 『벽온방언해』·『창진방언해』(1517/중종 12, 김안국)

라. 『간이벽온방』(1525/중종 20)

마. 『우마양저염역병치료방』(1541/중종 36)

(5) 어학서적 류

『번역박통사』·『번역노걸대』(중종연간/최세진)

(6) 문학서적 류

『전등신화』(1549/명종 4, 1559/명종 14, 1568/선조 1 교서관)

(7) 유학서적 류

가. 『사서언해』(중종연간/구결 또는 토)

나. 『朱子註七書』(1550년/명종 5 구결·언해 퇴계완역, 1609/광해군 1 간행)

다. 『사서율곡언해』(1584/선조 17 초고작성, 1749/영조 25 교서관간행)

라. 『사서언해』(1590경/선조 23 교정청 처음 간행 추정)

마. 『언해효경』(?1542/중종 37 이전, 최세진 편찬)

(8) 불교서적 류

가. 『(妙)法(蓮)華經언해』·『楞嚴經언해』·『金剛經六祖解언해』·『般若心經언해』(『(摩訶)般若(波羅蜜多)心經언해』·『(禪宗)永嘉集諺解』·『釋譜詳節』(1495/연산군 1)

나. 『(六祖)法寶壇經』·『眞言勸供·三壇施食文』(1496/연산군 2)

4. 성리학의 이론적 탐구가 빚은 개인 저술물

중앙관청에서는 국가 주도하에 일반경서와 주자성리서의 간행, 유교경전에 대한 주석과 언해작업을 진행하였다. 그 가운데 『주자대전』의 간행은 성리학자들이 주자의 全 사상체계를 본격적으로 접하는 계기가 되었고, 주자학 연구를 본 궤도에 오르게 하는 중요한 轉機가 되었다. 한편 성리학의 이론적 탐구가 심화되면서 많은 개인저술 활동들이 우수한 성과를 이끌어냈다. 개인 저작물들은 민간주도의 흐름을 타고 주자성리서를 포함한 문집·역사서·아동교훈서·향약 등의 분야에서 중점적으로 나타났다. 특히 이언적·기대승·이황·이이 등의 성리학자들은 유교경전에 대한 주석·언해작업과 함께 본격적인 성리학 저술활동을 진행하였다. 그리고 성리학의 이론적 탐구는 심화의 과정을 거쳐 『성학십도』·『성학집요』 같은 조선화된 모델을 개발하는 우수한 성과를 이끌어냈다. 이러한 작업들을 통해 주자성리학은 그 후 17세기에 '조선주자학'으로서 확고한 지위를 누리게 된다. 그리고 18세기에는 실학자들을 중심으로 학문이 집대성되어 다량의 사찬서를 편찬하게 된다. 따라서 16세기의 성리학 연구는 한국유학 자체의 독립된 학통을 형성하여 중국 宋대의 성리학 수준을 뛰어넘는 계기가 되었다. 그리고 15세기 관주도 중심의 편찬사업에서 17세기 이후 왕성해지는 사찬서의 편찬활동으로 넘어가는 과도기적 단계가 되었다.

(1) 역사서적 류

『東國史略』(1522/중종 17경), 『標題音註東國史略』(중종연간),
『箕子志』·『箕子實紀』(1580/선조 13)

(2) 사회교훈서적 류

가. 아동 : 『訓蒙字會』(1527/중종 22)·『童蒙先習』(1541/중종 36 추정)·『擊蒙要訣』(1577/선조 10)

나. 향약 : 이황의 『禮安鄕約』(1556/명종 11), 이이의 『西原鄕約』(1571/선조 4)·『海州鄕約』(1579/선조 12)·『社倉契約束』

(3) 문집 류

『慕齋集』(金安國), 『思齋集』(金正國), 『靜菴集』(趙光祖),
『晦齋集』(李彦迪), 『退溪文集』(李 滉), 『河西集』(金麟厚),
『眉巖集』(柳希春), 『蘇齋集』(盧守愼), 『高峯集』(奇大升),

『牛溪集』(成　渾), 『栗谷集』(李　珥), 『鶴峰集』(金誠一),
『西厓集』(柳成龍), 『重峯集』(趙　憲), 『眞一齋集』(柳崇祖)

(4) 유학서적 류

가. 『天命圖說』(1537/중종 32)→『聖學十圖』(1568/선조 1)→『聖學輯要』(1575/선조 8)

나. 『대학』 해석서 : 「大學指掌之圖」(權近)·『大學衍義輯略』(李石亨), 『大學三綱八目箴』(『大學綱目箴』=『大學十箴』 柳崇祖),
16세기 이후 : 『大學圖』·『讀大學法』·『大學經一章演義』(朴英), 『大學章句補遺序』·『大學章句補遺』·『續大學或問』(李彦迪), 『大學或問』·『大學圖』(李滉), 『大學講義跋』(金麟厚), 『改正大學』·『晦齋先生大學補遺後跋』(盧守愼), 『大學經一章血脈』(鄭希輔), 『大學』(金富倫), 『大學八條目辨』·『大學質疑』(李德弘), 『大學序節解』(安敏學)

다. 『중용』→『中庸九經衍義』(이언적)

라. 『주자가례』 주석서 : 『家禮考誤』(金麟厚), 『家禮便考』·『家禮附錄』·『家禮註說』(宋翼弼), 『家禮輯覽補註』(鄭逑), 『四禮訓蒙』·『禮學纂要』(이항복), 『家禮註解』(李德弘), 『家禮考證』(曺好益), 『家禮輯覽』·『家禮輯覽圖說』(金長生)

마. 祭禮書 : 『奉先雜儀』(李彦迪), 『祭儀鈔』(이이)와 『擊蒙要訣』중의 喪祭·祭禮(이이), 『祭禮』(李賢輔), 『行祀儀節』(宋麒壽)

바. 喪祭禮書 : 『喪祭禮答問』(이황), 『喪禮考證』(金誠一), 『喪禮考證』(柳成龍), 『喪禮備要』(申義慶), 『喪禮抄』(劉希慶), 『喪禮雜儀』(沈守慶), 『喪禮備要』(金長生·金集 증보, 교정)

사.『심경』 관련서 :『心經心學圖』(周世鵬),『心經(附註)釋義』·『心經質疑考誤』·『心經後論』(이황),『心經質疑』(李德弘),『心經質疑考誤』(曹好益),『心經稟質』(趙穆)

아.『성리대전』 관련서 :『性理大全書節要』(金正國),『西銘考證講義』·『(易學)啓蒙傳疑』·『宋季元明理學通錄』(이황)

자.『주자대전』 관련서 :『朱子大全考疑』(權機),『朱子文錄』(奇大升),『朱子書節要』·『朱子書節要記疑』(이황),『朱書節要講錄』(李德弘)

5. '주자학 존숭'의 학문적 경향

조선사회에 성리학적 이념이 정착되면서 학문은 주자성리학적인 경향으로 흐르기 시작하였다. 그리고 주자학 존숭의 학문적 경향은 존화주의적 색채를 드러내면서 점차 중화주의적인 세계관을 지니게 하였다. 또한 성리학이 조선에서 토착화되는 과정과 연결되면서 왕도정치의 뿌리를 우리나라에서 찾으려는 시도가 이루어졌다.

(1) 세계지도 류

「混一歷代國都疆理地圖」(1526/중종 21~1534 추정) :
직방세계 중심의 지도

(2) 역사서적 류

가.『箕子志』·『箕子實紀』(1580/선조 13) :
기자의 전통을 계승하려는 의식표출

나.『童蒙先習』(1541/중종 36 추정) :

명분론과 존화사상을 바탕으로 편찬

(3) 사회교훈서적 류

『二倫行實圖』(1517/중종 12) : 수록 인물 48명 모두 중국인

6. 잠시 다양성 유지의 근간이 된 불교서적

성리학이 학문적으로 심화되는 가운데 불교·도교·샤머니즘·풍수 도참사상 등은 당연히 배척되었다. 불교서적은 양반집안의 부녀자와 서민을 중심으로 사찰에서 명맥을 유지하는 정도였다. 그러나 인수대비와 문정왕후의 적극적인 지원하에 간행된 불경과 불교서는 일정기간 종교적인 다양성을 접할 수 있게 하였다.

(1) 연산군대

가. 한문본

『金剛經五家解』·『六經合部』 외 8종 650부 重印(1495/연산군 1), 『(天地冥陽)水陸雜文』(1496/연산군 2)

나. 한글본

『법화경언해』(1495/연산군 1, 1523/중종 18, 1545/인종 1, 1547/명종 2), 『능엄경언해』·『金剛經六祖解언해』·『般若心經언해』(=『般若波羅蜜多經』)·『(禪宗)永嘉集諺解』·『釋譜詳節』(1495/연산군 1, 1553/명종 8 황해도 黃州 深源寺, 1565/명종 20 전남 淳昌 無量寺 복각), 『(六祖)法寶壇經언해』·『眞言勸供·三壇施食文(언해)』(=『施食勸供언해』 1496/연산 2) 간행

(2) 중종대

사찰본 『(佛說)大目蓮經』(1536/중종 31)

(3) 명종대

사찰본 『父母恩重經』(1553/명종 8), 『六字禪定언해』(1560/명종 15)

(4) 선조대

사찰본 『眞言集』(1권, 1569/선조 2 언해), 『禪家龜鑑언해』(1569), 『初發心自警文(초믈자경문)언해』(1577/선조 10)

7. 신분계층과 학문영역의 차별화

15세기 말 사림파들이 중앙으로 진출하면서 중인층은 점차 독립된 사회계층으로 자리잡기 시작하였다. 의원·역관·산학자 합격 명단인 『醫科榜目』·『譯科榜目』·『籌學入格案』 등이 연산군대에 나타나는 것으로 보아 이 분야 사람들이 士類에 속하지 못하게 되는 것을 알 수 있다. 선초와 달리 전통 과학기술이나 신분에 대한 차별의식은 그만큼 다양한 학문의 발전을 저해하고 편찬물 또한 전문성을 잃게 만들었다. 대외무역이 활발해지던 때인데도, 吏文과 漢語를 천한 기술로 여겨 사람들이 힘쓰지 않았다. 臺諫도 최세진에 대해 "그 문벌이 장사[興販]를 업으로 하였고 그 신분이 또한 낮다"고 폄하하였다.

그러나 차별의식은 아직 심하게 나타나지 않은 것으로 보인다. 서장관으로 명나라에 다녀와 홍문관 직제학을 지낸 徐厚는 『군문요람』등을 저술하고 鞭條箭·霹靂砲 등도 제조하였다. 『무예제보』·『洪範衍義』·『소학속편』

을 저술한 죽산·의흥 현감 韓嶠는 성리학을 비롯하여 천문·지리·卜筮·兵略 등에 통달하였을 뿐 아니라, 임진왜란이 일어나자 의병을 일으켜 적을 토벌하였다.

8. 계승된 편찬물의 정신

계지술사의 정신으로 15세기에 이어 편찬물들을 계속 편간하였다.

(1) 법률서적 류

가. 법전 :

『朝鮮經國典』(1394/태조 3)→『經濟文鑑』(1395)→『경제문감별집』(1397)→『經濟六典』(1397/태조 6)→『經濟六典元集詳節』·『經濟六典續集詳節』(1412/태종 12)→『經濟六典原典』(『원육전』)·『經濟六典續典』(『속육전』, 1413 인출)→『新撰經濟續六典』(1433/세종 15)→「戶典」·「刑典」 완성→『吏·禮·兵·工典』 완성(1466/세조 12)→계속 교정→『經國大典』(1485/성종 16)→『大典續錄』(1492/성종 23)→『大典後續錄』(1543/중종 38)→『經國大典註解』(1555/명종 10)→『續大典』(1746/영조 22)→『大典通編』(1785/정조 9)→『大典會通』(1865/고종 2)→『刑法大全』(1905/고종 42)

나. 법의학 :『新註無冤錄』(1438/세종 20)→『增修無冤錄諺解』(1792/정조 16 간행)·『增修無冤錄』(1796/정조 20 간행)

(2) 역사서적 류

가. 실록 : 『태조실록』(1413/태종 13 완성, 1451/문종 1 개수)→ (중략) 『연산군일기』→ 『중종실록』→ 『인종실록』→ 『명종실록』→ 『선조실록』→ (중략)→ 『철종실록』까지, 25대 472년간(1392~1863)

나. 『국조보감』 : 태조·태종·세종·문종 4조의 보감(1457/세조 3)→ 순종대까지 총 90권 28책 완성

다. 통사

㉠ 『高麗國史』(1395/태조 4)→ 『高麗史全文』(1442/세종 24)→ 『高麗史』(1451/문종 1)→ 『高麗史節要』(1452/문종 2)

㉡ 고대사부문 보완 시작(1458/세조 4)→ 『三國史節要』(1476/성종 7)→ 『東國通鑑』(1484/성종 15)→ 『新編東國通鑑』(1485/성종 16)→ 사찬 : 『東國史略』(1522경/중종 17)→ 『標題音註東國史略』(중종연간)

라. 『武定寶鑑』(1469/예종 1)→ 『續武定寶鑑』(『乙巳定難記』, 1548/명종 3)

(3) 지리서적 류

『경상도지리지』(『八道地理志』의 일부, 1425/세종 7)를 비롯한 각도의 지리지→ 『新撰八道地理志』(1432/세종 14) 및 각도 지도→ 『高麗史地理志』(1451/문종 1)→ 『세종실록』지리지(1454/단종 2)→ 『慶尙道續(撰)地理志』(1469/예종 1)→ 『팔도지리지』(1478/성종 9)→ 『東國輿地勝覽』(1481/성종 12)→ 『新撰東國輿地勝覽』(1486/성종 17)→ 『新增東國輿地勝覽』(1530/중종 25 증보, 1531년 간행)→ 사찬 : 『東國地理志』·『擇里志』

(4) 지도 류

가. 세계지도 :

「混一疆理歷代國都之圖」(「歷代帝王混一疆理圖」, 1402/태종 2)→「天下圖」(1469/예종 1)→「混一歷代國都疆理地圖」(1526/중종 21~1534/중종 29 추정)

나. 국내지도 :

「混一疆理歷代國都之圖」 한반도 부분(1402/태종 2)→「八道지도」·「兩界圖」(1436/세종 18命)→「東國地圖」(1463/세조 9)→『동국여지승람』의 「八道總圖」(1487/성종 18) 및 「八道州縣圖」→「朝鮮方域(之)圖」(1557/명종 12 추정)→「東國地圖」(영조연간)→「靑邱圖」(1834/순조 34)·「大東輿地圖」(1861/철종 12)

(5) 사회교훈서적 류

가. 일반용 :

『孝行錄』(1428/세종 10) 개정→『三綱行實圖』(1432/세종 14 편찬, 1434 간행)→『五倫錄』(1465/세조 11)→『三綱行實列女圖』(1481/성종 12) 언해본 편찬 및 『소학』·『삼강행실도』의 지속적인 간행→『삼강행실도』(刪定本 1489/성종 20 편찬, 1490 간행)→『續三綱行實圖』(1514/중종 9 편찬)→『二倫行實圖』(1517/중종 12 편간)→『東國新續三綱行實圖』(1617/광해군 9 간행)→『五倫行實圖』(1797/정조 21 편간)→『三綱錄』·『三綱錄續』·『續修三綱錄』

나. 향약 :

『呂氏鄕約언해』(1517/중종 12)→『禮安鄕約』(1556/명종 11)→『西原鄕約』(1571/선조 4)·『海州鄕約』(1579/선조 12)·『社倉契約束』

다. 여성용

㉠ 『內訓』(1475/성종 6)→ 『三綱行實列女圖』(1481/성종 12)→ 『女四書 언해』(1736/영조 12)

㉡ 사찬 : 『閨中要覽』(1544/중종 39)→ 『士小節』(1675/숙종 1)→ 『尤庵先生戒女書』(17C)

라. 아동용

사찬 : 『童蒙先習』(1541/중종 36 추정)→ 『擊蒙要訣』(1577/선조 10)

(6) 경제서적 류

『救荒辟穀方』(세종연간)→ 『救荒撮要』(1554/명종 9)

(7) 의약서적 류

가. 향약 : 『鄕藥救急方』(1236경/고려 고종 23 간행)→ 『鄕藥濟生集成方』(1398/태조 7 편찬, 1399 간행)→ 『鄕藥集成方』(1433/세종 15)→ 『醫方類聚』(1445/세종 27)→ 『東醫寶鑑』(1610/광해군 2)

나. 전염병

㉠ 연산군대 : 『救急易解方』(1499/연산군 5 간행)

㉡ 중종대 : 『辟瘟方諺解』·『瘡疹方諺解』(1517/중종 12 김안국 간행), 『救急易解方(諺解)』(1523/중종 18 昆陽郡 개간), 『村家救急方』(1538/중종 33, 전라감사 김정국 남원 목판－초간, 1571/선조4 남원, 1572경/선조 5 함경감사 李友閔 중간), 『分門瘟疫易解方』(1542/중종 37 편찬)

㉢ 명종대 : 『救急良方』(1559/명종 14, 錦山郡 간행)→ 『新纂辟瘟方』·『辟疫神方』·『辟瘟新方』 편찬(17C)

다. 황달·학질 : 『黃疸瘧疾治療方』(1550/명종 5 간행命)

라. 수의전염 : 『牛馬羊猪染疫病治療方』(1541/중종 36 이두 간행)

마. 침구·진맥 : 『纂圖(方論)脈訣(集成)』(1581/발문 선조 14 편찬, 1612/광해군 4, 내의원 開刊)

바. 외과 종양 : 『治腫秘方』(1559/명종 14 전라도 錦山郡 간행), 『治腫指南』(명종연간 편간)→ 『諺解痘瘡集要』 편간(17C)

사. 부인 : 『胎産要錄』(1434/세종 16)→ 『産書』·『胎産集』(1543/중종 38 간행命)→ 『諺解胎産集要』(1608/선조 41)

(8) 군사서적 류

가. 훈련법 :

『陣法』(1451/문종 1)→ 『御製兵將說』(1462/세조 8)·『兵將說』(1466/세조 12)→ 『武藝諸譜』(1598/선조 31)→ 『練兵指南』(1612/광해군 4)→ 『武藝諸譜번역속집』(광해군)→ 『兵將圖說』(1742/영조 18 복간)→ 『續兵將圖說』(1749/영조 25)→ 『武藝新譜』(1759/영조 35 간행)→ 『兵學通』(1785/정조 9 간행)→ 『御製兵學指南』(1787/정조 11 간행)→ 『武藝圖譜通志』·『무예도보통지언해』(1790/정조 14 간행)

(9) 어학서적 류

가. 운서 :

『東國正韻』(1447/세종 29 편찬, 1448 간행)→ 『四聲通考』(세종연간)→ 『四聲通解』(1517/중종 12)→ 『經世正韻』(1678/숙종 4)→ 『御定奎章全韻』(1796/정조 20 간행)

나. 회화서 :

㉠『直解童子習譯訓評話』(1449/세종 31)→『訓世評話』(1473/성종 4)→『飜譯老乞大』(?1542/중종 37 이전 崔世珍)→『老乞大諺解』(1670/현종 11)→『평양版노걸대언해』(1745/영조 21)→『老乞大新釋諺解』(1763/영조 39)→『重刊노걸대언해』(1795/정조 19)

㉡『飜譯朴通事』(?1542/중종 37 이전 최세진)→『박통사언해』(1677/숙종 3)→『朴通事新釋諺解』(1765/영조 41)

(10) 문학서적 류

가. 우리나라 문집

㉠ 공동문집 :『東文選』(1478/성종 9)→『續東文選』(1518/중종 13)→『新撰동문선』(1713/숙종 39)

㉡ 개인문집

연산군대 :『濡溪集』(兪好仁),『佔畢齋集』(金宗直),『止止堂詩集』(金孟性)

중종대 :『三灘集』(李承召),『須溪先生評點簡齋詩集』

명종대 :『景賢錄』(李禎)

선조대 :『漂海錄』(『錦南集』, 崔溥),『冶隱先生言行錄』(吉再),『梅月堂集』(金時習),『菊磵集』(尹鉉),『退溪文集』 51권 31책(1600/선조 33 초간본 목판본),『栗谷集』 시집 1권과 문집 9권(1611/광해 3 해주 목판본 간행)

나. 朝·中문집 :『皇華集』(1450/세종 32~1633/인조 11) 180여 년간 24회 간행→ 1773/영조 49 재간행

(11) 유학서적 류

가. 『大學衍義輯略』(1472/성종 3)→ 『聖學十圖』(1568/선조 1)→ 『聖學輯要』(1575/선조 8)→ 『大學類義』(1781/정조 5)

나. 『禮記淺見錄』(1405/태종 5)→ 『五先生禮說分類』(1629/인조 7 간행) → 『喪禮備要』·『典禮問答』·『疑禮問解』·『南溪禮說』·『四禮便覽』 등

다. 『易學啓蒙要解』(1465/세조 11 간행)→ 『(易學)啓蒙傳疑』(명종연간) → 『易學啓蒙集箋』(18C)

라. 『朱子大全』 간행 : 1543/중종 38, 김안국 간행→ 1575/선조 8, 柳希春 校勘 간행→ 1771/영조 47, 洪啓禧 교감 간행

마. 『朱子語類』 간행 : 1515/중종 10, 8도 분장 간행命→ 1543/중종 38, 간행→ 1575/선조 8, 柳希春 校勘 간행

바. 『近思錄』 간행 : 1436/세종 18, 갑인자 인출→ 1518/중종 13, 인출命 → 1519/중종 14, 전라도 구례 鳳城精舍 간행→ 1578/선조 11, 禮山縣 번각→ 1581/선조 14, 밀양 佔畢서원 번각→ 선조연간, 文川郡 간행

(12) 판화 류

가. 유학·교훈 :

『三綱行實圖』(1432/세종 14)→ 『三綱行實列女圖』(1481/성종 12)→ 『續三綱行實圖』(1514/중종 9)→ 『二倫行實圖』(1517/중종 12)→ 『聖學十圖』(1568/선조 1)→ 『東國新續三綱行實圖』(1617/광해군 9 간행) → 『五倫行實圖』(1797/정조 21)

나. 불교 :

『法華經』(1236, 1408/태종 8, 언해 1463/세조 9 간경도감)→ 『父母恩

重經』(1553/명종8, 最古언해본)→『(佛說)大目連經』(『大目犍連經』, 1536/중종 31, 最古本)

(13) 목록 류

가. 문헌[6] :

『攷事撮要』(1554/명종 9)→『嶺南冊板記』(임란이전)→『海東文獻總錄』(17C초, 金烋)→『東京雜記』書籍條(임란후 개판, 1669/현종 10, 경주부사 增修 간행)→『古冊板所在攷』(『古冊板有處攷』)·『慶尙道冊板』(1700/숙종 26)→『三南冊版目錄』(『完營冊板目錄』, 1759/영조 35)→『燃藜室記述』 文藝典故(1776/영조 52 이전)→『奎章總目』(1781/정조 5)→『嶠南冊錄』(1783/정조 7)→『五車書錄』(1791/정조 15)→『鏤板考』(1796/정조 20)→『弘齋全書』 群書標記→『諸道冊版目錄』(순조초)→『嶺湖列邑所在冊版目錄』(정조연간 추정)→『各道冊版目錄』(1840/헌종 6)→『嶺南冊版』(고종초)

나. 책판 :

『攷事撮要』, 1554/명종 9 편찬→ 1568/선조 1(을해자본 最古현존본)·1576/선조 9(을해자본 번각본)·1585/선조 18(목판본)→ 개정 증보→ 1612~1613/광해군 4~5(경오자체 훈련도감자본)→ 1636/인조 14(을해자체 훈련도감자본)→ 1674/현종 15(무신자본)→ 1690/숙종 16(목판본)→ 1730~1735/영조 6~11(인서체 목활자본)→ 1743/영조 19(인서체목활자본)→『攷事新書』(1771/영조 47) 개찬

---

6) 배현숙, 2004, 「조선후기 인쇄술」, 『한국문화사상대계』 v.3, 영남대출판부, 149~151쪽.

9. 중국서적의 주해, 재편집

(1) 의학서적 류

『纂圖脈訣』→ 補正 『纂圖(方論)脈訣(集成)』(1581/선조 14)

(2) 어학서적 류

가. 운서 :

『洪武正韻』→ 『洪武正韻譯訓』(1455/단종 3)→ 『續添洪武正韻』(?1542/중종 37 이전)

나. 아동 : 『蒙求』→ 『續蒙求』(1566/명종 21 필사본)

(3) 유학서적 류

『朱子註七書』(1550/명종 5, 퇴계 구결·언해 완역)

10. 서적문화의 제도적 장치 유지

서적사업의 중추기관으로 弘文館·讀書堂 등의 학문진흥기관과 내의원·교서관·주자도감·조지소 등의 출판관련기관을 관리하였다. 또한 활자의 지속적인 개량, 판화기술의 진전, 상벌제도의 실시 등도 조선초기에 이어 계속 시행하여 문화성장의 원동력이 되었다.

(1) 홍문관은 집현전과 같이 학문활동 사업에도 관여하여 궁중의 經書·史籍의 관리, 文翰의 처리를 관장하였다. 1504년(연산군 10)에 進讀廳으로 개칭했다가 1506년(중종 1) 다시 복구하였지만, 편찬활동은 집현전과 비교할 수 없을 정도로 미약하였다.

〈표 24〉 집현전(15세기)과 홍문관(16세기)의 주요 편찬활동[7)]

<table>
<tr><th colspan="2">15세기 집현전 편찬</th><th colspan="2">16세기 홍문관 편찬</th></tr>
<tr><th>연도</th><th>서명</th><th>연도</th><th>서명</th></tr>
<tr><td>1428/세종10</td><td>『효행록』, 『향약채취월령』</td><td rowspan="4">1502/연산8</td><td rowspan="4">『속자치통감강목』撰集 命</td></tr>
<tr><td>1429/세종11</td><td>『농사직설』</td></tr>
<tr><td>1430/세종12</td><td>악보 편성 정리</td></tr>
<tr><td>1431/세종13</td><td>『태종실록』</td></tr>
<tr><td rowspan="2">1432/세종14</td><td rowspan="2">『삼강행실도』편찬·『신찬팔도지리지』</td><td rowspan="2">1507/중종 2</td><td>『계고록』</td></tr>
<tr><td>2帝3王의 治道에 관한 事績 조사보고</td></tr>
<tr><td>1433/세종15</td><td>『향약집성방』편성</td><td rowspan="2">1511/중종 6</td><td rowspan="2">『계심잠』</td></tr>
<tr><td>1434/세종16</td><td>강목통감에 실린 일식기사추산, 『자치통감훈의』시작</td></tr>
<tr><td>1437/세종19</td><td>『장감박의소재제장사실』</td><td rowspan="4">1516/중종11</td><td rowspan="4">人君治國의 道 및 원자 교육하는 방도작성</td></tr>
<tr><td>1438/세종20</td><td>『한유문주석』·『신주무원록』</td></tr>
<tr><td>1440/세종22</td><td>『국어』보정 편찬</td></tr>
<tr><td>1441/세종23</td><td>『명황계감』</td></tr>
<tr><td>1442/세종24</td><td>『사륜전집』·『칠정산내외편』</td><td rowspan="2">1522/중종17</td><td rowspan="2">『동궁계몽』</td></tr>
<tr><td>1443/세종25</td><td>『두시제가주석』</td></tr>
<tr><td>1444/세종26</td><td>『운회언역』명함, 『오례의주』</td><td rowspan="4">1546/명종 1</td><td rowspan="4">『心學圖說』·『大學圖說』</td></tr>
<tr><td>1445/세종27</td><td>『치평요람』·『용비어천가』(본문·한시)·『의방유취』</td></tr>
<tr><td>1446/세종28</td><td>훈민정음 창제 반포·『훈민정음해례본』</td></tr>
<tr><td>1447/세종29</td><td>『월인천강지곡』·『용비어천가』(주해 첨가)·『석보상절』·『동국정운』, 『사서언해』시작(1448)</td></tr>
<tr><td>1449/세종31
-1451/문종1</td><td>『고려사』</td><td>1589/선조22</td><td>『효경언해』</td></tr>
</table>

(2) 내의원은 왕의 의약을 관장하던 기관으로 조선초기에 의서를 편찬하거나 수입하였고, 그것들은 주자소나 각 지방에서 간행되었다. 16세기에도 내의원이 주축이 되어 편간한 의서들이 많았다.

---

7) 『실록』; 최승희, 1982, 「세종조의 문화와 정치」, 『세종조문화의 재인식』, 31쪽 ; 최철, 1998, 「세종시대의 시가문학」, 『세종문화사대계』 v.1, 496~497쪽 참조.

〈표 25〉 내의원(15 · 16세기)의 주요 편간활동[8)]

<table>
<tr><th colspan="2">15세기 내의원 수입·편간</th><th colspan="2">16세기 내의원 편간</th></tr>
<tr><th>연도</th><th>서명</th><th>연도</th><th>서명</th></tr>
<tr><td>1398/태조 7</td><td>『향약제생집성방』: 江原營간행(1399)</td><td rowspan="2">1497/연산군3</td><td rowspan="2">『神仙太乙紫金丹方』: 내의원 간행</td></tr>
<tr><td>1417/태종17</td><td>『향약구급방』: 義興縣간행</td></tr>
<tr><td>1421/세종 7</td><td>『世醫得效方』: 春川府간행</td><td rowspan="2">1498/연산군4</td><td rowspan="2">『救急易解方(諺解)』 편찬(1499/간행)</td></tr>
<tr><td>1427/세종 9</td><td>『향약구급방』: 충청도간행명</td></tr>
<tr><td>1430/세종12</td><td>『産書』</td><td>1503/연산군9</td><td>『姙娠最要方』</td></tr>
<tr><td>1431/세종13</td><td>『직지방』·『상한유서』·『의방집성』: 주자소命, 『보주동인경』: 경상도간행명</td><td>1518/중종13</td><td>『辟瘟方諺解』·『瘡疹方諺解』: 간행명</td></tr>
<tr><td>1433/세종15</td><td>『향약집성방』: 전라·강원도간행명</td><td rowspan="2">1523/중종18</td><td rowspan="2">『救急易解方(諺解)』: 昆陽郡 간행</td></tr>
<tr><td>1434/세종16</td><td>『태산요록』: 주자소간행명</td></tr>
<tr><td>1438/세종20</td><td>『영류검방』: 진주간행,
『신주무원록』</td><td rowspan="3">1525/중종20</td><td rowspan="3">『의방유취』중 염병치료법: 인쇄명, 『續辟瘟方』·『簡易辟瘟方』</td></tr>
<tr><td>1439/세종21</td><td>『검시장식』: 한성부, 각도 인쇄명</td></tr>
<tr><td rowspan="2">1445/세종27</td><td>『의방유취』 완성</td></tr>
<tr><td>『三元參贊延壽書』: 전주부간행</td><td rowspan="2">1538/중종33</td><td rowspan="2">『村家救急方』: 남원 간행</td></tr>
<tr><td>1447/세종29</td><td>『침구택일편집』</td></tr>
<tr><td>1454/단종 2</td><td>『화제방』·『증급유방』: 함경도 반사</td><td>1539/중종34</td><td>『棠陰比事』: 인쇄명</td></tr>
<tr><td>1455/단종 3</td><td>『성혜방』·『득효방』·『연의본초』·『찬도(방론)맥결(집성)』: 貿入命</td><td>1541/중종36</td><td>『牛馬羊猪染疫病治療方』</td></tr>
<tr><td rowspan="2">1456/세조 2</td><td rowspan="2">唐本醫書: 本院, 『和劑方』·『得效方』·『永類鈐方』·『衍義本草』·『銅人經』·『加減十三方』·『服藥須知』·『傷寒指掌圖』: 소지한 고을 간행명</td><td>1542/중종37</td><td>『分門瘟疫易解方』</td></tr>
<tr><td>1543/중종38</td><td>『銅人經』·『산서』·『직지맥』·『태산집』: 개간명</td></tr>
<tr><td>1460/세조 6</td><td>『黃帝素問』</td><td rowspan="2">1547/명종 2</td><td rowspan="2">『脈訣理玄秘要』: 洪州牧 간행</td></tr>
<tr><td>1462/세조 8</td><td>『張子和方』</td></tr>
<tr><td>1463/세조 9</td><td>『醫藥論註解』</td><td rowspan="2">1550/명종 5</td><td rowspan="2">『臞仙活人心法』: 慶州府 간행, 『黃疸瘧疾治療方』: 각도 州府간행명</td></tr>
<tr><td>1464/세조10</td><td>『小兒藥證直訣』·『外科精要』·『婦人大全』·『大全本草』·『脈經』</td></tr>
<tr><td>1466/세조12</td><td>『구급방언해』</td><td>1554/명종 9</td><td>『救荒撮要』</td></tr>
</table>

8) 『실록』; 『미암일기초』; 김중권, 2008, 「조선조 내의원의 의서편간 및 의학자료실에 관한 연구」, 『조선시대 인쇄출판기관의 변천과 발달』, 청주 고인쇄박물관, 260~266쪽 참조.

1471/성종 2	『資生經』	1559/명종14	『救急良方』: 전라감사 安瑋 간행
1473/성종 4	『十四經發揮』		
1474/성종 5	『神應經』	1560/명종15	『醫說』
1477/성종 8	『의방유취』: 인출		
1482/성종13	『周府袖珍方』	1571/선조 4	『村家救急方』: 남원간행
1483/성종14	『棠陰比事』·『의옥집』: 간행명	1572경/선조 5	『촌가구급방』: 함흥간행
1484/성종15	『구급이방』: 평양간행		
1488/성종19	『東垣拾書』 수입 : 간행명	1578/선조11	『簡易辟瘟方』·『新刊補註銅人腧穴鍼灸圖經』
1489/성종20	『(신찬)구급간이방』		
1493/성종24	『의방요록』		
1494/성종25	『안기집』의 「수우경」: 번역인쇄명	선조초기	『醫林撮要』

(3) 교서관은 서적의 간행뿐 아니라 판매도 하였는데, 조선초기의 주자소(교서관)와 비교하면 그 활동 상황을 가늠할 수 있다.

〈표 26〉 주자소(15세기)와 교서관(16세기)의 주요 간행활동[9)]

15세기 주자소(교서관) 간행명·간행		16세기 교서관 간행명·간행	
연도	서명	연도	서명
1412/태종12	『대학연의』	1505/연산11	『唐詩鼓吹』·『續鼓吹』·『三體詩』·『堂音詩』·『詩林廣記』·『唐賢詩』·『宋賢詩』·『瀛奎律髓』·『元詩體要』: 인쇄命
1413/태종13	『경제육전』		
1416/태종16	『승선직지록』	1511/중종 6	『綱目十箴』·『性理淵源撮要』: 개간명
1423/세종 5	『통감속편』: 인출, 『노걸대』·『박통사』·『前漢書』·『후한서』·『직해효경』: 인출명		『삼강행실도』 2,940부
		1512/중종 7	『오례의주』에 기록되지 않은 의례 : 인출명
1424/세종 6	『대학대전』·『송파방』	1516/중종11	『치평요람』
1425/세종 7	『장자』	1522/중종17	『황후내훈』·『황명정요』: 인출명

9) 『실록』; 『미암일기초』; 남권희, 2008, 「주자소와 「주자소응행절목」」, 『조선시대인쇄출판기관의 변천과 발달』, 청주고인쇄박물관, 46~47쪽 ; 배현숙, 1999, 「선조초 교서관활동과 서적유통고」, 『서지학연구』 18, 242쪽 참조(『미암일기』에 기재된 선조 초 10년간 중앙관청에서 간행한 서적은 54종이나 된다).

1426/ 세종 8	『신속육전』·『원육전』·『등록』 : 인쇄명	1523/ 중종18	韓愈·柳宗元문장, 이백·두보·蘇軾·黃庭堅의 시 : 인쇄명
1427/ 세종 9	『당률소의』 : 인쇄, 『통감강목』 : 인쇄명	1532/ 중종27	최세진의 『女訓』 : 간행명
1428/ 세종10	『文章正宗』·『楚辭』 : 印行命	1536/ 중종31	『문원영화』 : 간행명
	『집성소학』 : 인쇄명	1539/ 중종34	『황화집』·『應製集』 : 인출명
1429/ 세종11	『효경』 : 인쇄명		
1431/ 세종13	『동인문』·『익재집』 : 인쇄명	1542/ 중종37	『춘추집해』·『대명률독법』·『여씨독서기』·『古文關鍵』·『皇極經世書說』·『止齋集』·『象山集』·『赤城論諫錄』·『古文苑』·『焦氏易林』·『山海關志』·『顔氏家訓』 : 인출명
	『이문등록』, 『직지방』·『상한유서』·『의방집성』 : 인쇄명		
1433/ 세종15	『경제속육전』·『陣圖』 : 인쇄명	1543/ 중종38	『주자대전』
1434/ 세종16	『노걸대』·『박통사』·『지정조격』·『癸丑陣說』 : 인쇄, 『태산요록』 : 인쇄명	1547/ 명종 2	『중용』·『綱目前編』·『속강목』·『發明廣義』·『武經總要』 : 인출명,
1436/ 세종18	『이백시집』·『통감훈의』·『동국연대』	1551/ 명종 6	『이단변정』 : 인쇄명
1437/ 세종19	『장감박의』 : 인출	1554/ 명종 9	『성학격물통』 : 간행명
1440/ 세종22	『國語』·『音義』 : 인쇄명	1568/ 선조 1	『전등신화』·『群玉』·『십구사략』 : 간행, 『소학집설』 : 간행명
1455/ 세조 1	조맹부·왕희지書本 : 인쇄명	1569/ 선조 2	『의례경전통해』
1457/ 세조 3	조맹부의 『증도가』 : 인쇄명	1570/ 선조 3	唐의 『百家詩』
1458/ 세조 4	『노걸대』·『박통사』 : 간행명	1571/ 선조 4	『宋史』·『韻會』·『의례경전통해속』 : 간행, 『禮記』·『주자어류』 : 간행명
1461/ 세조 7	『병요』	1572/ 선조 5	『명신언행록』·『오례의』
1473/ 성종 4	『訓世評話』 : 간행명	1573/ 선조 6	『群玉』·『향약』·『황화집』·『내훈』 : 인출, 『고금운회거요』 : 목판개간명, 『水經旁通』·『學蔀通辨』·『六書附錄』·『통감강목』·이황저서·천문지리命課 : 간행명

1487/ 성종18	『매계집』·『사숙재집』·『보한재집』	1574/ 선조 7	『경제육전』·『사서삼경』·『宋鑑』: 간행, 『대학혹문』·『史略』·『和劑方』·『外科發揮方』·『小微通鑑』·『통감』: 간행명
1493/ 성종24	『사문유취』	1575/ 선조 8	『주자어류』·『주자대전』·天文등의 서적·『대학』·『춘추』·『예기』: 간행, 『자치통감』·『논어』·『詩傳』: 인출중
성종 연간	『拭疣集』	1576/ 선조 9	『신증유합』·『大學釋疏』: 간행명
		1579/ 선조12	『이륜행실도』(김성일宗家 보존)

(4) 주자도감은 1516년(중종 11) 1월에 설치되어 활자주조 임무를 맡았으나, 그해 5월에 심한 가뭄으로 혁파되었다. 그런만큼 이를 통해 간행사업을 활발히 추진하려던 계획은 의도한대로 이루어지지 않았다. 그러나 활자는 15세기에 이어, 병자자(1516/중종 11)·인력자(16세기)·경진자(1580)·을해자체 경서자(1587경/선조 20경) 4종을 지속적으로 개량 주조하였다. 따라서 금속활자는 15~16세기 동안 10여 회 개량 주조하였고,[10] 조선 全시대에 걸쳐 34회나 보완 및 새로 주조하게 된다. 양적으로는 100여 만자나 대량 주조하는 비약적인 발전을 보인다.

(5) 판화는 수록 내용을 효율적으로 설명하기 위해 의례·교훈·군사·유학·과학·불교 분야에서 사용하였다. 이 시기의 『삼강행실도』 판화는 선이 유려하고 구도가 안정적인 조선초기에 비해, 그 아름다움이 많이 상실되었다. 하지만 이상좌가 그린 『열녀전』 언해본(1543/중종 38)의 삽화는 회화사에서도 높은 평가를 받는다. 또 『대목련경』도 선의 단순한 도각법으로 대담할 만큼 굵은 선을 쓰면서 현대적인 감각을 보여주었다.

10) 김성수 공저, 2008, 「교서관의 기능과 조직 및 인쇄활동」, 『조선시대 인쇄출판기관의 변천과 발달』, 90쪽.

⑹ 상벌제도도 서적정책을 효과적으로 추진하기 위해 계속 시행하였다. 서적을 구입·진헌한 사람에게는 <표 27>에서 보는 바와 같이 鹿皮·馬·馬粧·술 등을 주거나 때로는 품계를 승진, 군직을 제수하기도 하였다. 그러나 무엇보다도 인쇄가 필요한 책은 간행하여 보급하도록 하였으니, 이 시기가 지닌 큰 특징이다.

〈표 27〉 서적 구입 · 진헌에 대한 시상(15~16세기)

15세기 기증·貿入·구입·진헌한 서적				16세기 貿入·구입·진헌한 서적			
연도	서명	시상품	간행	연도	서명	시상품	간행
1426/세종 8	『성리대전』·『통감강목』(중국에서 기증)	안장갖춘 말		1507/중종 2	『稽考錄』(국내)	大鹿皮한벌,간행	0
1428/세종10	『집성소학』		0	1509/중종 4	『궐리지』(중국)	털요1부	
1429/세종11	『주문공집』	활·화살·전대·채찍		1518/중종13	『어맹혹문』·『가례의절』·『전도수언』(중국)	술	
					『통감찬요』(중국)	간행	0
1436/세종18	『호삼성음주자치통감』(중국에서 기증)	중국왕에게 보냄 : 黃細苧布20필,백세저포·흑세마포각30필,인삼·松子각2백근,오미자 1백근 등		1519/중종14	『고금열녀전』(국내)	軍職제수	
1454/단종 2	『송사』(중국에서 기증)	옷1벌－소식전달		1522/중종17	『황명정요』(중국)	大箭1부,술, 간행	0
		鞍具, 말 1필		1531/중종25	『황극경세서집람』(중국)	간행	0

1470/성종 1	『아악』 1첩·『악보』 1첩·『宴享歌詞』 3첩(국내)	『고려전사』, 술	
1480/성종11	『文翰類選』·『五倫書』·『律條疏議』·『國子通志』·『趙孟頫書簇』 4軸(貿入)	毛馬粧	
	『사월』·『아음회편』(국내)	毛馬粧 1부	
1481/성종12	『주자어류』 1부	毛馬粧 1부	
1488/성종19	『東垣拾書』(무입)	馬裝 1부, 간행命	0
1490/성종21	덕종필적이 있는 『시경』·『논어』 각 1질(국내)	활1장, 표범가죽 1領	

1536/중종31	『문원영화』(중국)	간행	0
1539/중종34	『황명정요』(중국)	술	
	『대유대주의』(편찬)·『황극경세서설』(중국)	품계승진, 술	
1541/중종36	『경성도지』·『여효경』·지도 1축(중국)	熟馬 1필, 술	
1547/명종 2	『강목전편』·『속강목』·『발명광의』·『무경총요』(중국)	鹿皮·말안장, 간행	0
1551/명종 6	『이단변정』(중국)	간행	0
1552/명종 7	『皇明祖訓』(국내)	馬粧 1부	
1554/명종 9	『성학격물통』(중국)	간행	0
1584/선조17	『정충록』(중국)	간행	0
1596/선조29	서적 수십 권	超資	

또한 서적을 편찬·간행한 사람에게도 <표 28>과 같이 시상하였다. 반면 출판과정에서 잘못한 책임을 물어야 할 경우에는 <표 29>에서와 같이 처벌하였다. 예를 들면 인쇄할 때 글자 획이 선명하지 못하다는 이유로 월급을 삭감하거나 사직하게 하였다.

〈표 28〉 서적 편찬 · 간행에 대한 시상(15~16세기)

15세기 편찬·간행한 서적			16세기 편찬한 서적		
연도	서명	시상품	연도	서명	시상품
1412/ 태종12	『대학연의』	주자소工人 7명에게 쌀1石씩	1511/ 중종 6	『戒心箴』	홍문관 : 鹿皮, 角弓 : 차등있게
1421/ 세종 3	『자치통감강목』	구리판 주조한 주자소 : 술120병			
1423/ 세종 5	『통감속편』	주자소의 중·書員·齋郎 전체 : 면포 74필, 正布 52필			
1428/ 세종10	『성리대전』·『경서대전』	간행 : 차등있게 米穀			
1432/ 세종14	역서편찬	역법관원, 역술 정밀한자 : 품계 올림	1537/ 중종32	『소학편몽』·『운회옥편』	술, 鞍具馬 1필, 僉知 제수
1434/ 세종16	『자치통감훈의』	찬집관원 : 15일마다 음식대접, 경연 정지	1547/ 명종 2	『國朝寶鑑類抄』	軍資監判官 尹齡 : 승진
1464/ 세조10	『武經』주석·『醫書類聚』편찬	모두 1자급 더함	1548/ 명종 3	『속무정보감』	말, 彩段, 자급 더함
1472/ 성종 3	『예종실록』	修撰官 : 鞍具馬·말·兒馬·鄕表裏	1588/ 선조21	사서삼경의 음석 교정과 언해	교정청 : 차례로 論賞, 御酒, 풍악
1473/ 성종 4	『訓世評話』	편찬 : 油席·簑衣 1건, 술, 간행명			
1489/ 성종20	『구급간이방』	편찬 : 馬裝·鑪口·도롱이·鹿皮 분배	1603/ 선조36	『皇華集類編』	兒馬 1필, 차등있게 물품, 술

〈표 29〉 서적 간행할 때의 처벌(15~16세기)

15세기			16세기		
연도	서명	벌칙	연도	서명	벌칙
1428/ 세종10	『綱目通鑑』	인쇄착오 : 주자소 관원을 의금부감금	1573/ 선조6	『내훈』·『황화집』	인쇄부실 : 사직, 월급의 반 삭감(창준 31명 2달, 수장제원·인출장·균자장 1달간)
1464/ 세조10	『의방유취』	교정착오 : 17명 파직, 57명 고발			
1484/ 성종15	法帖	교서관에서 竹石本을 함께 내어 새김 : 교서관원 국문	1578/ 선조11	『강목』	종이손실 : 교서관원 파직

제6장 맺는말

양반관료에 의한 토지겸병과 농장의 확대로 국가재정은 위축되고, 조선초기에 수립한 통치규범의 질서는 와해되기 시작하였다. 그러한 가운데 침체된 서적정책은 중종대에 이르러 다시 활기를 찾았다. 성리학적 이념에 따라 정치개혁을 시도하던 사림의 등장으로 주자성리서의 수입과 간행, 사회교훈서의 편간과 보급활동이 중점적으로 진행되었다. 명종대에는 이기심성론 논쟁을 통한 학문적 심화가 진행되면서 민간 주도의 흐름을 타고 개인 저작물들이 두드러지게 나타났다. 그리고 성리학적 질서가 지방으로 확산되면서 향촌사회를 중심으로 한 지방간행 활동도 활발해졌다.

중국으로부터 기증받은 서적은 조선초보다 그 양이 훨씬 적다. 반면 조선에서 직접 貿入한 서적들이 조선사회를 성리학적 이념사회로 정착시키는 데 깊은 연관성을 갖는다. 중종대에는 「구입할 서책목록」을 작성하고, 명종대에는 곽경家의 장서목록을 참고하는 등, 적극적인 구입방안을 마련하였다. 그러나 장기적인 계획을 세우거나 의도한 대로 추진되지는 못하였다. 그래서 그 대안으로 국내에서 「散逸된 서적을 購募하는 啓目」을 세우는 등, 구체적인 방안을 통해 보완하려 하였다. 또 수집한 것 중에서 특별히 필요한 책은 복본으로 간행하여 사용하였다.

중앙관청을 중심으로 편간한 서적들은 주로 사회교훈·의학·언해 류에 속한다. 성리학적 윤리의 정착을 위한 사회교훈서, 왕명에 의해 집중적으로 편간한 전염병 치료서, 일반백성을 위한 각종 분야의 언해서 등이 그것이다. 그 외에는 외척과 권신의 비호 속에 개편된 법전, 중화주의적인 '직방세계' 중심의 세계지도, 한반도 중심의 역사의식을 보이면서 유교문화적 성격으로 변모한 지리지, 기존의 도서를 重刊하는데 그친 병서, 조선초의 체제를 그대로 유지하던 농서와 천문 역법서, 왕비 주도하에 진행된 불교서 등이 있다. 아울러 『주자대전』·『주자어류』 등의 주자서나 주자성리학적 성향의 개인문집들도 간행 내지 편간하였다. 이와 병행하여 지방관청에서도 주자성리서나 주자학적인 저술을 담은 개인문집, 사회교훈서, 의서들을 활발히 출간하였다.

또한 보급한 서적들 역시 지치주의를 실현하려는 사림들의 강력한 의지 표현으로 사회교훈서와 주자성리서가 주종을 이루었다. 사림들은 『삼강행실도』·『소학』 등을 통해 성리학적 윤리질서를 사회적인 차원으로 확대하였다. 그리고 『주자대전』 등의 주자서를 통해 주자성리학을 학문적으로 심도있게 수용 발전하는 단계로 이끌었다. 이것은 선초에 제도정비를 통해 집권체제를 이루려고 類書 류에 치중하던 것과 구별된다. 15세기에 추구하던 중앙집권체제가 그 한계성을 드러냄에 따라 이를 극복하기 위한 노력이 16세기의 서적정책에서도 나타난 것이다. 한편 교서관에서는 국가에서 필요한 책을 간행하여 판매하기도 하였는데, 민간인에게 판매한 책값은 『고사촬요』에 서책시준이 명시된 것으로 알 수 있다. 그리고 서적수요가 증가하자 서적판매 기관인 서사의 설치 문제가 논의되었으나 시행단계로 나아가지는 못하였다.

반면 국가에서 유통을 제한한 서적은 지도·지리서·풍수 음양·불교서, 그리고 政爭과 관련된 문집이다. 성리학적인 이념이 강화되면서 참위술수 및 풍수 음양서는 당연히 이단으로 배격하였다. 한글서적은 연산군대에 한글익명서 사건이 있은 후 한동안 탄압하였다. 사화와 관련하여 김종직의 『점필재집』과 그의 문인들의 저술은 훼판시켰다. 지도·지리지는 국외로의 반출을 금지하였으나 중국에, 그리고 불경 및 불교·유학·문학서는 일본에 그들의 요청에 따라 보내졌다. 임란을 계기로 약탈당한 조선의 문집과 유학서 및 활자는 일본의 주자학과 기타 학문 발전에 자극제가 되었고 雕板사업에도 영향을 미쳤다. 그리고 武將들의 개인문고에 소장되어 도서관문화 발전에 밑거름이 되었다.

16세기에는 이상에서 보는 바와 같이 서적정책을 진행하였다. 그리고 수집 및 편간한 서적들은 통치체제의 정비 및 유지를 위해 사용되어 ① 유학이념의 심화 및 의례·교화체계 정립 ② 중화적 문화인식 ③ 왕권 내지 정권의 유지 ④ 문화의 창달 ⑤ 산업·과학의 발달 ⑥ 대외관계의 발전 등에 영향을 끼쳤다.

그리고 그 서적사업 활동은 진행 과정에서 몇 가지의 특징을 지니며 발달하였다. 이를테면 ① 국왕별로 성격을 달리하며 서적문화가 발달하였다. ② 관료 및 사림들을 중심으로 한 지방간행 사업이 활발하였다. ③ 한글서적이 다수 편간되어 대중화하기 시작하였다. ④ 성리학의 이론적 탐구가 심화되면서 많은 개인저술 활동들이 우수한 성과를 이끌어냈다. ⑤ '주자학 존숭'의 학문적 경향으로 중화주의적 색채가 드러나기 시작하였다. ⑥ 성리학이 주도하던 시대에 잠시 진흥된 불교는 문화의 다양성을 그나마 지니게 하였다. ⑦ 신분계층과 학문영역의 차별이 나타나기 시작하였다. ⑧ 편찬물들을 15세기에 이어 계지술사의 정신으로 계속 편간하였다. ⑨ 중국서적을 주해, 또는 재편집 교정하였다. ⑩ 서적문화를 이끌어갈 제도적 장치를 계속 유지하였다.

그런데 이러한 일련의 서적사업은 16세기라는 시대적 배경에서 진행하였으므로, 그로 인한 문제점이 나타날 수밖에 없었다. 예를 들면 ① 15세기의 봉건적인 통치질서를 계속 유지함으로써 중세적인 지배체제의 연장선에 불과하였다. ② 서적정책을 활발히 진행하던 중종대조차 중간에 공백기가 생기고, 체계적인 방안을 장기적으로 추진하지 못하였다. ③ 서사설치나 조보인쇄 문제에서 보인 소극적 내지 부정적인 대응 방식은 서적문화의 확산을 그만큼 지연시켰다. ④ 성리학적 이념만을 표방하던 사회 분위기는 점차 학문의 다양성을 잃게 하고 17세기 이후 주자학 존숭 일변도로 나아가게 하였다. ⑤ 사회교훈서는 오로지 『삼강행실도』류만 존재할 뿐 다른 성향의 편찬물을 만들지 못하였다. ⑥ 서적문화를 이끌어갈 새로운 장치가 마련되지 않았다는 것이다.

사실 중종대의 서적정책이 사화로 인해 중간에 공백기를 가진 것은 와해되어가는 통치 질서를 극복하려던 노력이 좌절된 것이다. 성리학적 이념을 실현하기 위한 개혁이 저지된 것으로, 유교적인 이상국가론에 따라 펼쳐질 새로운 시대로의 전환이 지연된 것이다. 서사설치나 조보인쇄 문제도 수요자가 아닌, 통치권자 중심의 편향된 운영으로 인해 원활하게 유통 단계로 나갈 기회가 차단되었다. 서적인쇄를 이끌어갈 제도적 장치도 잠시 존속했던 주자도감 외에는 15세기와 다른 변화가 없었다. 교훈서 내지 향약의 내용도 사회적 제도와 관습적 행위에 대한 규정에 그쳐 사림중심의 지배질서를 옹호 내지 강화하는 선에 머물렀다. 즉 가부장적 지배와 복종의 논리로서 중소지주적 관료의 주도권을 조야에 확립하려는 한계를 보였다. 더욱이 『삼강행실도』는 刪定本(축소판)·번역본, 또는 같은 성격의 『속삼강행실도』·『이륜행실도』만 있을 뿐, 새로운 양식으로 다양하게 시도하지 못하였다. 明의 홍무제가 재위기간 중 36종의 교훈서를 편찬한 것과 비교한다면[1] 창의적인 시도와 개발은 더욱 필요하다고 할 수 있다. 또한 권신의 비호 속에 개편된 법전, 중화주의적인 성향의 세계지도와 역사서, 기존의 도서를 重刊할 뿐인 농·병·천문 역법서 등도 16세기의 사회문화적인 단면을 잘 말해준다. 즉 왕권을 중심으로 한 집권체제가 와해되면서 상대적인 군신관계가 나타나자, 권신들은 정권 창출을 위한 작업으로, 사림들은 주자성리학 중심의 학문풍토로 이끌어간 것이다.

그런 까닭에 16세기의 서적정책 내지 사업활동은 조선초와 마찬가지로 국가통치 이념을 구현 내지 부합하기 위한 것에 머물렀다고 할 수 있다. 즉 이 모든 것들은 그 다음 시대인 근대적인 사회로 지향해야 할 흐름을 간파하지 못한 채, 15세기의 연장선상에서 통치체제를 유지하는데 불과하였다. 그리하여 16세기에는 조선건국 이후 조선사회 전반에 걸쳐 성립되어 가던 체제들이 커다란 사회변동에 직면하였다.[2] 다시 말하면 양란이라는 외부적 충격이 가해지기 이전에 모든 면에서 변화와 붕괴의 조짐이 드러나기 시작한 것이다.[3]

그러나 이러한 문제점에도 불구하고 16세기의 역사는 서적문화에 있어

1) 오영균, 2007, 「백성의 교화와 윤리서의 보급 : 『삼강행실도』를 중심으로의 논평」, 『조선시대 인쇄출판정책과 역사발전』, 청주고인쇄박물관.

2) 최완기, 2000, 『조선의 역사』, 느티나무, 44쪽.

3) 강만길, 1979, 『분단시대의 역사인식』, 창작과비평사, 231쪽.

서 큰 의미를 지닌다. 먼저 15세기 왕권중심의 집권체제는 사림들이 주도권을 장악해가는 과정에서 상대적인 군신관계의 특성으로 바뀌었다. 그리고 사림들은 출판활동을 통해 至治主義 이념에 입각한 사회로 만들기 위해 일련의 개혁정치를 강화하였다. 그들은 15세기의 왕권을 중심으로 한 통치위주의 학문에서, 이상국가를 성립하기 위한 聖學중심의 학문체제로 바꾸었다. 그러면서 그들이 추구하던 도학정치를 성취하려고 일련의 제도정비를 이루어나갔다. 동시에 문화의 구심점으로서 유교적 의례와 정치문화도 성숙시켰다. 그 유교적 문화의 기반은 19세기말까지 이어지게 된다. 이러한 사실은 사회경제적 발전과 사림의 대두에 따른 붕당정치의 시작이라는 의미와 함께,[4] 발전적인 의미가 크다. 즉 사림들은 시대의 변화에 대해 능동적으로 사유와 실천을 제시하며 윤리적이고 합리적인 사회로 이행시켰다. 그들은 새로운 성리학적 질서를 모색하기 위한 의지의 표현으로서 사회제도와 관습적 행위를 교훈서 내지 향약으로 규정하였다. 그것은 새 시대로의 개혁을 위해 사회적 실천윤리를 확립하려던 취지에서 연유한 것이고, 조선초기의 종적인 삼강윤리로부터 횡적인 사회윤리 관계로 관심이 확대된 것을 뜻한다. 그러므로 사림들은 조선사회를 재편하되 국가의 예제뿐만 아니라 가족제도, 향촌사회 질서까지 성리학적 이념에 따라 정립하게 되었다. 따라서 새로운 성리학적 질서, 즉 사회적인 실천윤리를 통해 至治주의적인 이상국가를 성립하려는 데까지 나아간 것이다.

그리고 활발해진 대외교류의 흐름을 타고 어문학서 분야에 나타난 현상들은 조선사회가 소통하는 사회로 한걸음 더 나아가려던 발돋움이었다. 다양한 어학서와 언해서의 편간, 『소학』의 번역방법에 대한 여러

4) 이태진, 1984, 「16세기의 한국사에 대한 이해의 방향」, 『조선학보』 110.

가지 시도, 학파간의 다양한 경서 번역, 사대부 사이에서 배척되던 소설의 등장 등이 그것이다. 서사설치 논의, 조보인쇄 논란 또한 새로운 움직임이었다. 서사설치 논의에서 어득강은 서적의 '자유 거래'를 도모하여, 전문적인 유통기구를 설치하는데 접근하는 인식을 보였다. 그리고 조보인쇄 사건도 정보전달이 자유로운 사회로 이행할 수 있었다는 신호였다. 결국 이 모두는 앞으로 다가올 미래사회로 지향해가고 있었음을 시사하는 것들이다.

한편 지방에서도 활기를 띤 출판활동은 중앙관청 중심의 편중현상을 그만큼 해소하고 지방과의 문화적 접근성을 보다 용이하게 만들었다. 중앙집권적인 행정체제, 곧 봉건적인 지배질서를 강화하던 한계를 그만큼 극복한 것이다. 그리고 그것은 지방관판·서원판의 활동으로 연결되면서 17세기에 私家版·방각본 등이 활발하게 나타나는 것과 밀접한 관련을 갖는다. 아울러 두드러지게 나타난 개인저술 활동도 15세기의 관주도 중심에서 조선후기에 왕성해지는 사찬서의 편찬활동으로 넘어가는 과도기적 단계가 되었다. 또한 16세기에 출발점이 된 주자성리학은 보다 심화되어 17세기에 '조선주자학'으로서 확고한 지위를 누리게 된다. 드디어 18세기에는 각 방면에 걸친 주자학 중심의 편찬사업으로 조선시대 문화의 '중흥기'를 맞게 된다.

이처럼 16세기에는 학문의 진흥뿐 아니라 정치 문화적 이상세계를 실현하기 위해 노력하던 시대성격이 서적정책 내지 문화 활동에서도 나타났다. 이 시기의 문헌 기록들은 우리들에게 지치주의를 실현하려던 사림들의 의지와 좌절, 윤리적이고 합리적인 사회로의 이행과 한계, 새로운 시대로의 전환의 지연 내지 실패를 동시에 보여준다. 그리고 더 나아가

앞으로 가야할 방향을 알려줄 뿐 아니라 경종을 울리고 있다. 16세기 유럽, 이태리 피렌체에서는 메디치도서관을 중심으로 르네상스운동과 종교개혁, 그리고 동서문화의 교류가 일어났다. 그 시기 조선에서는 사림들이 성리학적 국가이상을 제시하며 정치적인 개혁을 이루려하였고, 그것은 조선사회 발전의 한 動因이 되었다. 조광조가 죽음 앞에서 "임금을 어버이처럼 사랑하였고 나라를 내 집처럼 근심하였네"라고 읊은 시는 한 시대를 주도하던 선비들의 도덕성, 공동체적 결속력 등을 일깨워 준다. 성리학적 이상사회를 꿈꾸며 개혁에 대한 열망으로 가득 차 분투하던 한 세기, 사유와 실천을 제시하고 시대의 변화에 대처하려 담금질하던 한 세기, 그 16세기를 바라보면서 위기와 혼돈의 현실을 극복하려 애썼던 선조들의 부단한 노력을 새롭게 평가하지 않을 수 없다. 아울러 당대의 知性인 사림들이 "진정성을 갖고 서로 공감하며 보다 소통하는 시대, 새로운 에너지가 창조적으로 생성되는 시대로 만들 수 있었다면…" 하는 안타까움도 금할 수 없다.

이제 이 역사의 아픔을 통해 우리 민족에게 들려주는 내면의 소리를 끌어낼 수 있기 바란다. 또한 이로써 '평화적 통일'이라는 출구가 열리기를 간절히 기대하면서, 이 글이 후대 연구의 기초 작업이 되기를 소망한다.

부록: 조선시대에 사용된 서적들

제1절 통치체제 정비 및 유지를 위한 부류

1. 왕권강화 및 정권유지에 사용된 서적

1) 15세기

주제	編纂·編刊·編刊命	刊行命·刊行
정치	『治平要覽』	『大學衍義』·『大學衍義補』·『事文類聚』
법전조칙	『經國大典』·『經濟文鑑』·『經濟文鑑別集』·『經濟六典』·『大典續錄』·『大明律直解』·『絲綸全集』·『絲綸要集』·『新註無冤錄』	『大明講解律』·『至正條格』·『唐律疏義』·『無冤錄』·『檢屍狀式』·『疑獄集』·『棠陰比事』
역사	『實錄』·『國朝寶鑑』·『高麗國史』·『東國史略』·『三國史節要』·『高麗史』·『高麗史節要』·『東國通鑑』·『新編東國通鑑』·『武定寶鑑』·『東國世年歌』·『資治通鑑訓義』·『資治通鑑綱目訓義』	『三國史記』·『三國遺事』·『史記』·『資治通鑑』·『通鑑綱目』·『綱目續編』·『國語』
지리지도	『경상도지리지』·『新撰八道地理志』·『고려사지리지』·『세종실록』지리지·『慶尙道續撰地理志』·『八道地理志』·『東國輿地勝覽』·『新撰東國輿地勝覽』·『海東諸國記』·「混一疆理歷代國都之圖」·「천하도」·『海東諸國記』의 지도, 「팔도도」·「팔도지도」·「東國地圖」·「여연·무창·우예3읍지도」·「沿海漕運圖」·「永安道沿海圖」	
경제	『救荒辟穀方』	

2) 16세기

주제	편찬·편간·편간명	간행명·간행
정치	『續武定寶鑑』·『戒心箴』·『東宮啓蒙』·『綱目十箴』	『大學衍義』·『治平要覽』·『稽考錄』·『五禮儀註』·『皇明政要』, 魏鄭公의 『諫錄』
법전	『大典後續錄』·『經國大典註解』·『詞訟類聚』	『經濟六典』·『續六典』·『六典謄錄』·『續典謄錄』·『元集詳節』·『續集詳節』·『對款議頭』·『棠陰比事』
역사	『실록』·『국조보감』(續撰), 사찬 : 『東國史略』·『標題音註東國史略』·『箕子實紀』	『삼국사기』·『삼국유사』·『綱目』·『續綱目』·『宋鑑節要』·『十九史略通攷』·『通鑑輯覽』·『唐鑑』·『資治通鑑』·『胡三省音註資治通鑑』·『南北史』·『國語』·『梁書』·『隋書』·『五代史』·『遼史』·『金史』·『元史』·『戰國策』·『宋史』
지리 지도	『新增東國輿地勝覽』, 사찬 : 『西北諸蕃記』·『海槎錄』·『日本往還日記』·『琉球風俗記』·『看羊錄』, 「混一歷代國都疆理地圖」·「朝鮮方域(之)圖」·『新增東國輿地勝覽』의 「東覽圖」·「慶尙右道圖」·「慶尙左道圖」·「동북·서북계의長城圖本」·「평안도江邊지도」·「西北地圖」·「함경도지도」·「閭延·茂昌·虞芮形勢圖」·「평안도의 成川·義州·安邊의圖記」	『錦南集』(=『漂海錄』)
경제	『救荒撮要』·「사치금제절목」·「시장에서 이득 보는자를 금하는 절목」·「저화행용절목」·「악포금단절목」·「진휼청이 쌀·콩·염장따위를 분배하는 절목」·「富商大賈들이 은철로 매매하는 것을 금하는 절목」	

3) 17세기

주제	편찬·편간·편간명	간행명·간행
정치		『貞觀政要』
법전	『受敎輯錄』	『경국대전』·『經濟六典』·『大明律』
역사 전기	『실록』·『國朝寶鑑』(속찬), 『선조수정실록』·『현종개수실록』·『璿源系譜紀略』·『列聖誌狀通紀』·『宋名臣言行錄』·『忠烈錄』·『東史纂要』	『고려사』·『통감』
지리	사찬 : 『동국지리지』	『海東諸國記』
경제		『救荒撮要』

4) 18세기

주제	편찬·편간·편간명	간행명·간행
정치 외교	『勘亂錄』·『皇極編』·『明義錄』·『續明義錄諺解』·『闡義昭鑑』·『戊申逆獄推案』·『揚武原從功臣錄券』·『羹墻錄』·『御製八旬裕昆錄』·『御製古今年代龜鑑』·『英廟故事』·『奉敎嚴辨錄』·『垂義篇』·『同文彙考』·『通文館志』	『治平要覽』·『貞觀政要』
윤음	『御製大訓』·『御製添刊大訓』·『御製改補大訓』·『御製常訓』·『어제상훈언해』·『御製續常訓』·『御製訓書』·『諭入庭宗親文武百官綸音』·『御製嚴堤防裕昆錄』·『御製警世編』·『경세편언해』	
의궤	『華城城役儀軌』·『景慕宮의궤』·『闡義昭鑑찬수청의궤』·『大射禮儀軌』·『皇壇儀軌』	
법전	『續大典』·『大典通編』·『典律通補』·『百憲總要』·『審理錄』·『祥刑考』·『增修無冤錄』·『증수무원록언해』·『決訟類聚補』·『欽恤典則』·『御製形具釐正綸音』	
제도 직관	『東國文獻備考』·『度支志』·『弘文館志』·『春官志』·『奎章閣志』·『太學志』·『春官通考』·『太常志』·『侍講院志』·『皇壇儀』·『喪祭燭定例』·『園幸定例』	
역사 전기	『실록』·『국조보감』·『선원계보기략』·『열성지장통기』(속찬), 『숙종실록』의 補闕正誤·『경종수정실록』·『현종수정실록』·『承政院日記』·『尊周彙編』·『御定史記英選』·『史記英選抄』·『御定宋史筌』·『新定資治通鑑綱目續編』·『人物考』·『海東臣鑑』·『嶺南人物考』·『表忠祠志』·『金忠壯公遺事』·『林忠愍公實記』·『梁大司馬實記』	『資治通鑑訓義』·『稽考錄』·『古今歷代標題註釋十九史略通考』
지리 지도	『東國郡縣沿革表』·『輿地圖書』·『北關誌』·『江華府志』·『松都誌』·「乾象坤輿圖」·「遼薊關防地圖」	
경제	「良役査正節目」·「良役節目」·「加髢申禁事目」·『貢膳定例』·『良役實摠』·『均役事實』·「均役事目」·『國穀總錄』·『賦役實總』·『戶口總數』·『度支定例』·『國婚定例』·『供上定例』·『字恤典則』·『惠政要覽』·『惠政年表』	

5) 19세기

주제	편찬·편간·편간명	간행명·간행
정치 외교	『同文彙考』·『通文館志』(속찬), 『萬國政表』·『增正交隣志』·『邊例集要』·『同文考略』·『同文考略續』	
법전	『大典會通』·『兩銓便攷』·『六典條例』·『審理錄』	『大明律』·『大明律講解』
역사 전기	『실록』·『국조보감』·『선원계보기략』·『열성지장통기』(속찬), 『璿源錄』·『謨訓輯要』·『樹烈千秋傳』·『忠義集傳』·『晉陽忠義世編』·『紀年兒覽』	『東國史略』·『御定宋史筌』·『古今歷代標題註釋十九史略通考』·『國語』·『林忠愍公實記』·『杜門洞實記』

2. 문화창달에 사용된 서적

1) 15세기

주제	편찬·편간·편간명	간행명·간행
음악	「夢金尺」·「受寶籙」·「覲天庭」·「受明命」·「致和平譜」·「醉豊亨譜」·「井間譜」, 『雅樂譜』·『時用俗樂譜』·『樂學軌範』	
언해	『明皇誡鑑』·『三綱行實圖』·『內訓』·『救急方』·『鄕藥集成方』·『救急簡易方』·『安驥集』의「水牛經」·『蠶書』·『杜詩』·『四書』(작업시작)·『南明集』·『金剛經三家解』·『聯珠詩格』·『黃山谷詩集』·『佛頂心經諺解』·『五大眞言』·『靈驗略抄』·『般若心經』·『금강경』·『능엄경』·『법화경』·『(禪宗)永嘉集』·『四法語』·『阿彌陀經』·『圓覺經』·『牧牛子修心訣』 주해 : 『龍飛御天歌』 구결 : 『兵書』·『武經』·『女誡』·사서오경	
어학	『訓民正音解例』·『釋譜詳節』·『月印千江之曲』·『月印釋譜』·『東國正韻』·『四聲通考』·『洪武正韻譯訓』·『訓世評話』·『直解小學』·『蒙漢韻要』·『譯語指南』	『老乞大』·『朴通事』·『吏文謄錄』·『吏學指南』·『至正條格』·『大元通制』·『新刊排字禮部玉篇』·『新編直音禮部玉篇』
시문집	『東文選』·『益齋集』·『春亭集』·『獨谷集』·『東國文鑑』·『銀臺集』·『文章正宗』·『梅溪集』·『私淑齋集』·『太虛亭集』·『保閑齋集』·『四佳集』·『拭疣集』·『樗軒集』·『皇華集』·『韓柳文註釋』·『杜詩諸家註釋』	『李白詩集』·『王荊公詩集』·『文翰類選』·『太平通載』·『酉陽雜俎』·『遺山樂府』·『唐宋詩話』·『破閑集』·『補閑集』
불교	『釋譜詳節』·『舍利靈應記』	『大藏經』·『法華經』·『般若心經』·『釋尊儀式』·『능엄경』·『圓覺經』·『華嚴經』·『父母恩重經』·『六經合部』·『靈驗略抄』·『地藏菩薩本願經』·『禮念彌陀道場懺法』·『詳校正本慈悲道場懺法』·『佛頂心陀羅尼經』·『五大眞言集』·『釋尊儀式』
판화	『國朝五禮儀』·『銃筒謄錄』·『陣法』·『三綱行實圖』·『三綱行實列女圖』	『법화경』

2) 16세기

주제	편찬·편간·편간명	간행명·간행
언해	『번역소학』·『懸吐소학』·『소학언해』·『소학편몽』·『二倫行實圖』·『呂氏鄕約』·『正俗』·『孝經』·『列女傳』·『女誡』·『女則』·『內訓』·『번역여훈』·『瘡疹方』·『辟瘟方』·『牛馬羊猪染疫病治療方』·『紀效新書』·『世子親迎儀註』·『冊嬪儀註』·『四書栗谷』·『사서삼경』·『(六祖)法寶壇經』·『眞言勸供·三壇施食文』·『六字禪定』·『禪家龜鑑』·『初發心自警文(초믈자경문)』	『소학』·『삼강행실도』
어학	「吏文·漢語·寫字勸課節目」·『日用漢語飜譯草』·『四聲通解』·『韻會玉篇』·『續添洪武正韻』·『번역朴通事』·『번역老乞大』·『老朴集覽』·『訓世評話』·『吏文輯覽』·『吏文續集』·『吏文續集輯覽』·『四聲通解』·『韻會玉篇』·『訓蒙字會』	『(排字)禮部韻略』·『(古今)韻會(擧要)』·『大廣益會玉篇』·『韻府群玉』·『雅音會編』
시문집	『皇華集』(속찬)·『續東文選』·『東國名歌集』·『歷代帝王詩文雜著』·『三灘集』·『佔畢齋集』·『濡溪集』·『止止堂詩集』·『梅月堂集』·『菊磵集』·『思齋集』·『慕齋集』, 成俔·曺偉·朴誾·魚世謙·南孝溫·南袞의 문집	『韓柳文註釋集』·『韓文正宗』·『殿策精粹』·『古文軌範』·『文公朱先生感興詩』·『濂洛風雅』·『剪燈餘話』·『剪燈新話』·唐의 『百家詩』·『岳王精忠錄』, 薛文淸의 문집
불교		『金剛經(五家解)』·『六經合部』·『(天地冥陽)水陸雜文』
판화	『續三綱行實圖』·『二倫行實圖』·『聖學十圖』·『(佛說)大目蓮經』·『父母恩重經』	『삼강행실도』·『법화경』
기타	『攷事撮要』	

3) 17세기

주제	편찬·편간·편간명	간행명·간행
언해	『諺解胎産集要』·『諺解痘瘡集要』·『火砲式諺解』·『新傳煮硝方언해』	『소학언해』·『詩傳언해』·『書傳언해』·『警民編언해』·『種德新編언해』·『救急方언해』
어학	『老乞大諺解』·『朴通事諺解』·『捷解新語』·『語錄解』·『同文類集』	『排字禮部韻略』
시문집	『皇華集』(속찬)·『列聖御製』·『先儒文集』·『沙溪先生遺稿』·『同春堂文集』	『東人詩話』·『龍飛御天歌』·『東文選』·『續東文選』·『蘭雪軒集』·『筆苑雜記』·『懲毖錄』·『陽村集』·『益齋亂藁』·『文章宗範』·『韓文抄』
판화	『東國新續三綱行實圖』	

4) 18세기

주제	편찬·편간·편간명	간행명·간행
언해	『闡義昭鑑』·『明義錄』·『續明義錄』·『御製常訓』·『御製訓書』·『十九史略』·『字恤典則』·『新傳煮硝方』·『武藝圖譜通志』·『增修無寃錄』·『伍倫全備』·『老乞大新釋』·『重刊老乞大』·『朴通事新釋』	『警民編』·『童蒙先習』·『삼강행실도』·『이륜행실도』
어학	『伍倫全備언해』·『老乞大新釋』·『老乞大新釋언해』·『朴通事新釋』·『朴通事新釋언해』·『漢淸文鑑』·『譯語類解補』·『三譯總解』·『小兒論』·『八歲兒』·『同文類解』·『淸語老乞大新釋』·『蒙語類解』·『蒙語老乞大』·『蒙語類解補篇』·『改修捷解新語』·『捷解新語文釋』·『隣語大方』·『倭語類解』·『三韻聲彙』·『正音通釋』·『奎章全韻』	『洪武正韻』·『重刊老乞大』·『捷解新語』
시문집	『弘齋全書』·『光國志慶錄』·『續光國志慶錄』·『賡載錄』·『賡載軸』·『御定八子百選』·『八家手圈』·『御定杜律分韻』·『御定陸律分韻』·『御定杜陸千選』·『御定雅誦』·『御定詩觀』·『御定律英』·『紫陽子會英』·『二家全律』·『育英性彙』·『嶠南賓興錄』·『御定文苑黼黻』·『詞垣英華』·『御定陸奏約選』·『陸稿手圈』·『名臣奏議要略』·『歷代名臣奏議』·『唐陸宣公奏議』·『御定四部水圈』·『周公書』·『朱夫子詩』·『兩賢傳心錄』·『雅亭遺稿』·『東谿集』·『浣巖集』	『圃隱集』·『農巖集』·『芝村集』·『退憂堂集』·『西坡集』·『北窓古玉兩先生詩集』·『園翁集』·『徐命膺文集』·『朝天錄』·『宋子大全』·『磻溪隨錄』·『五山集』
판화	『五倫行實圖』·『兵將圖說』	

5) 19세기

주제	편찬·편간·편간명	간행명·간행
시문집	『御定文苑黼黻續編』·『御定詩韻』·『東省校餘集』·『文史咀英』	『御定四部手圈』·『御定杜律分韻』·『御定陸奏約選』·『水北遺稿』

3. 산업 · 과학의 발달에 사용된 서적

1) 15세기

주제	편찬·편간·편간명	간행명·간행
농업	『農事直說』, 이두 : 『養蠶經驗撮要』	
의약	『鄕藥濟生集成方』·『鄕藥採取月令』·『鄕藥集成方』·『新編集成馬醫方牛醫方』·『醫方類聚』·『鍼灸擇日編集』·『胎産要錄』·『救急簡易方』 주해 : 『醫藥論』	『鄕藥救急方』·『直指方』·『傷寒類書』·『醫方集成』·『補註銅人經』·『和劑方』·『拯急遺方』·『得效方』·『永類鈐方』·『衍義本草』·『銅人圖』·『加減十三方』·『服藥須知』·『傷寒指掌圖』·『東垣拾書』
천 문 역법	「天象列次分野之圖」·『七政算內篇』·『七政算外篇』·『七政算內篇丁卯年交食假令』·『重修大明曆丁卯年日食月食假令』·『諸家曆象集』·『天文類抄』·『交食推步法』	
군사	『銃筒謄錄』·『國朝五禮儀序例』의 「兵器圖說」·『御製兵家三說』·『御製諭將說』·『將鑑博議所載諸將事實』·『陣法』·『兵將說』·『陣書』·『東國兵鑑』·『歷代兵要』·『北征錄』, 주해 : 『武經七書』·『行軍須知』·『孫子』, 교정 : 『북정록』·『병서』, 구결 : 『兵書』	『蒐狩圖』·『陣圖』·『十一家註孫子』

2) 16세기

주제	편찬·편간·편간명	간행명·간행
농업	『農書輯要』·『농서언해』·『잠서언해』	東魯王의 『농서』
의학	『救急易解方(언해)』·『瘡疹方撮要』·『辟瘟方諺解』·『瘡疹方諺解』·『簡易辟瘟方』·『續辟瘟方』·『村家救急方』·『辟瘟方』·『分門瘟疫易解方』·『救急良方』·『黃疸瘧疾治療方』·『治腫秘方』·『治腫指南』·『纂圖(方論)脈訣(集成)』·『牛馬羊猪染疫病治療方』	『銅人經』·『直指脈』·『脈訣理玄秘要』·『姙娠最要方』·『臞仙活人心法』·『産書』
천문	한글 역서, 「천문도」	
군사	「軍籍事目」·『武藝諸譜』, 『制勝方略』(증수) 언해 : 『紀效新書』	『銃筒式』·『火器書』·『對款議頭』·『武經七書』·『吳子』·『陣書』·『兵將說』·『兵政』·『六韜直解』

3) 17세기

주제	편찬·편간·편간명	간행명·간행
농업	『農家集成』	
의학	『東醫寶鑑』·『新纂辟瘟方』·『辟疫神方』·『辟瘟新方』·『諺解胎産集要』·『諺解痘瘡集要』	『鄕藥集成方』·『神應經』·『鍼灸經驗方』·『補註銅人腧穴鍼灸圖經』·『牛馬羊猪染疫病治療方』
군사	『練兵指南』·『新傳煮硝方』, 사찬 : 『演機新編』·『行軍須知』·『壇究捷錄』·『神器秘訣』	『制勝方略』·『鍊兵實記』·『孫子』·『紀效新書』·『武經七書』

4) 18세기

주제	편찬·편간·편간명	간행명·간행
농업	「勸農政求農書綸音」	
의학	『增修無寃錄』·『濟衆新編』·『壽民妙詮』·『廣濟秘笈』, 사찬 : 『痲疹奇方』·『痲科會通』	『東醫寶鑑』·『辟瘟新方』
천 문 역서	「新法天文圖」·『百中曆』·『千歲歷』·『細草類彙』·『新法漏籌通義』·『新法中星記』·『國朝曆象考』·『書雲觀志』·『曆象考成』·『協吉通義』·『曆事明原』·『天東象緯考』·『增補天機大要』	「赤道南北總星圖」(寫本)
군사	『兵將圖說』·『軍旅大成』·『三軍摠攷』·『兵學指南』·『兵學通』·『隷陣總方』·『武藝圖譜通志』·『總譜』·『城圖全篇』	『六韜直解』·『司馬法直解』·『孫武子直解』·『吳子直解』·『新傳煮硝方』
건축	「堤堰節目」·「舟橋節目」·『華城城役儀軌』·『舟橋指南』·『濬川事實』	

5) 19세기

주제	편찬·편간·편간명	간행명·간행
농업	『農政新編』·『農政撮要』	
의학	「牛痘節目」·『時種通編』·『醫宗損益』	『痘疹會通』·『東醫寶鑑』·『新編醫學入門』·『新編醫學正傳』·『增修無寃錄大全』·『痘科彙編』
역서	『千歲曆』(속찬)·『新法步天歌』·『時憲紀要』·『書雲觀志』	
군사	『戎垣必備』	

4. 유학이념의 강화 및 의례·교화 체계정립에 사용된 서적

1) 15세기

주제	편찬·편간·편간명	간행명·간행
유학	『五經淺見錄』·『佛氏雜辨』·『易學啓蒙要解』	『性理大全』·『四書五經大全』·『春秋左氏傳』·『音註全文春秋括例始末左傳句讀直解』·『書傳集註』·『纂圖互註周禮』
의례	『世宗朝詳定儀注』·『五禮儀註』·『國朝五禮儀』·『國朝五禮儀序例』·『葬日通要』	『朱子家禮』
교훈	『三綱行實圖』·『三綱行實列女圖』·『內訓』·『五倫錄』·『直解小學』	『소학』·『효경』·『孝行錄』·『父母恩重經』

2) 16세기

주제	편찬·편간·편간명	간행명·간행
유학	『國朝儒先錄』, 사찬 : 『性理淵源撮要』·『性理大全書節要』·『聖學十圖』·『聖學輯要』·『朱子書節要』·『朱子書節要記疑』, 『대학』·『禮記』·『朱子大全』·『朱子家禮』 및 제례·상제례에 관한 다수	『近思錄』·『小學』·『朱子語類』·『朱子大全』·『朱文公集』·『眞西山讀書記』·『伊洛淵源錄』·『二程全書』·『儀禮經傳通解』·『儀禮經傳通解續』·『家禮大全書』·『心經』·『心經附註』
의례		『五禮儀註』
교훈	『二倫行實圖』·『續三綱行實圖』·『警民編』, 사찬 : 『續蒙求』·『新增類合』·『訓蒙字會』·『童蒙先習』·『擊蒙要訣』·『小學便蒙』·『小學諸家集註』·『禮安鄕約』·『西原鄕約』·『海州鄕約』·『社倉契約束』	『삼강행실도』·『소학』·『正俗』·『酒戒文』·『孝經』·『內訓』·『列女傳』·『名臣言行錄』·『童蒙須知』·『千字文』·『類合』·『呂氏鄕約』

3) 17세기

주제	편찬·편간·편간명	간행명·간행
유학	사찬 : 『心學至訣』·『朱文酌海』·『節酌通編』·『朱子大全箚疑』·『心經發揮』·『古今喪禮異同議』·『家禮源流』·『家禮諺解』·『家禮輯覽』·『疑禮問解』·『五先生禮說分類』·『五服沿革圖』	『四書三經大全언해』·『孝經大義』·『성리대전』·『心經』·『近思錄』·『儀禮』·『周禮』·『五禮儀』·『大明集禮』
교훈	『東國新續三綱行實圖』	『소학』·『삼강행실도』·『擊蒙要訣』·『五倫歌』·『孝行錄』·『警民編』·『訓蒙字會』·『童蒙先習』·『內訓』·『勸勵歌』

4) 18세기

주제	편찬·편간·편간명	간행명·간행
유학	『續經筵故事』·『類義評例』·『聖學輯略』·『四七續編』·『兩賢傳心錄』·『御定五經百篇』·『御定大學類義』·『御定鄒書敬選』·『易學啓蒙集箋』·『御定朱子書節約』·『御定朱子會選』·『御定朱書百選』·『御定朱子選統』·『論語講義』·『맹자강의』·『주역강의』·『資治通鑑綱目講義』·『擒文院講義』	『宋子大全』·『聖學十圖』·『聖學輯要』·『性理大全』·『近思錄』·『六禮疑輯』·『禮記淺見錄』·『朱子文集大全』·『朱文抄選』·『朱子語錄』·『詩傳大全』·『春秋』
의례	『國朝續五禮儀』·『國朝續五禮儀補』·『國朝續五禮儀序例』·『國朝五禮通編』·『國朝喪禮補編』·『世孫冊封儀便覽』	
교훈	『五倫行實圖』·『御製戒酒綸音』·『崇儒重道綸音』·『御製百行源』·『御製自省編』·『御製勸學文』	『소학』·『삼강행실도』·『三綱錄』·『忠經』·『種德新編』

5) 19세기

주제	편찬·편간·편간명	간행명·간행
유학		『三經四書正文』·『詩傳大全』·『大學章句大全』·『大學諺解』·『兩賢傳心錄』·『근사록』·『心經附註』·『心經釋疑』·『皇極經世書』·『中庸或問』·『易學啓蒙』
의례	『儐禮總覽』·『三班禮式』·『离院條例』	
교훈	『三綱錄續』	『五倫行實圖』

5. 대외관계의 발전에 사용된 서적

1) 15세기

주제	편찬·편간·편간명	간행명·간행
지리 지도	『中朝聞見日記』·『鶴坡先生實記』·『老松堂日本行錄』·『海東諸國記』·「混一疆理歷代國都之圖」·「천하도」·『海東諸國記』의 지도	
어학	『訓世評話』·『蒙漢韻要』·『譯語指南』	『朴通事』·『老乞大』·『直解소학』·『古今韻會擧要』·『新刊排字禮部玉篇』·『新編直音禮部玉篇』·『吏文謄錄』·『吏學指南』·『至正條格』

2) 16세기

주제	편찬·편간·편간명	간행명·간행
정치 외교	『攷事撮要』	
지리 지도	『西北諸蕃記』·『海槎錄』·『日本往還日記』·『琉球風俗記』·『看羊錄』·「混一歷代國都疆理地圖」	
어학	『日用漢語飜譯草』·『번역老乞大』·『번역朴通事』·『老朴集覽』·『吏文輯覽』·『吏文續集』·『吏文續集輯覽』·『續添洪武正韻』·『四聲通解』·『韻會玉篇』	『韻府群玉』·『大廣益會玉篇』·『古今韻會擧要』·『(排字)禮部韻略』·『雅音會編』

3) 17세기

주제	편찬·편간·편간명	간행명·간행
지리		『海東諸國記』
어학	『老乞大諺解』·『朴通事諺解』·『捷解新語』·『語錄解』·『同文類集』·『譯語類解』	『排字禮部韻略』

4) 18세기

주제	편찬·편간·편간명	간행명·간행
정치 외교	『攷事新書』(改撰)·『同文彙考』·『通文館志』	
지도	『輿地圖書』·「遼薊關防地圖」	
어학	『伍倫全備언해』·『老乞大新釋』·『老乞大新釋언해』·『朴通事新釋』·『朴通事新釋언해』·『漢淸文鑑』·『譯語類解補』·『三譯總解』·『小兒論』·『八歲兒』·『同文類解』·『淸語老乞大新釋』·『蒙語老乞大』·『蒙語類解』·『蒙語類解補編』·『改修捷解新語』·『捷解新語文釋』·『隣語大方』·『倭語類解』·『三韻聲彙』	『洪武正韻』·『重刊老乞大』·『重刊老乞大언해』·『捷解新語』

5) 19세기

주제	편찬·편간·편간명	간행명·간행
정 치 외교	『同文彙考』·『通文館志』(속찬), 『同文考略』·『同文考略續』·『萬國政表』·『增正交隣志』·『邊例集要』	

6. 대외 교류를 통해 사용된 서적

1) 15세기

주제	중국			일본		
	受贈	貿入	贈與	受贈	貿入	贈與
유학	『四書五經大全』·『性理大全』·『大學衍義』·『春秋會通』·『眞西山讀書記』·『朱子成書』·『程氏遺書』·『眞西山集』·『致堂管見』	『朱子大全』·『朱子語類』·『大學衍義補』		『經史類題』		사서오경·『四書大典』·『莊子』·『老子』
법률제도	『文獻通考』·『事文類聚』·『事林廣記』	『律條疏議』·『國子通志』				『事林廣記』
역사	『자치통감』·『통감강목』·『通鑑集覽』·『십팔사략』·『胡三省音註資治通鑑』·『宋史』	『資治通鑑』·『新增通鑑綱目』·『續綱目』·『國語』			『國語』	
지리지도			「金剛山圖」	일본·유구국 지도	일본지도	
교훈	『古今列女傳』·『(爲善)陰騭書』·『勸善書』·『五倫書』·『神僧傳』·『名稱歌曲』					
의학	『銅人圖』	『東垣拾書』				
천문역법	『大統曆』	『七政曆』·『大明曆』·『回回曆』·『授時曆』·『通軌』·『啓蒙揚輝全集』·『捷用九章』				
군사		『輯註武經七書』·『陣書』				

어학		『新語』·『說苑』·『音義』			『音義』	『韻府群玉』·『韻會』·조맹부의 『眞草千字文』
시문집	『文章類選』·『宋朝文鑑』	『文翰類選』·『淸華集』·『分類杜詩』·『蘇文忠公集』·『朝鮮賦』·『趙孟頫書簇』·『歷代名臣法帖』	『皇華集』	『史纂錄』·『林間語錄』·『羅先生文集』		唐宋代(韓愈·柳宗元·李白 포함)시문집, 『東西銘』·『宗鏡錄』·『宋元節要』·『東坡詩』·『杜詩』·『詩學大成』·『八景詩帖』·『浣花流水帖』·『赤壁賦』·『蘭亭記』·『王右軍蘭亭記』·『翰墨大全』
불교						대장경판 및 『대장경』, 『密教大藏經』 목판, 『注華嚴經』판, 『金字華嚴經』·『護國仁王經』, 『법화경』·『금강경』·『金剛經17家解』·『圓覺經』·『楞嚴經 』·『心經』·『地藏經』·『起信論』·『永嘉集』·조맹부 서체의 『證道歌』·『高峯禪要』·『飜譯名義』
기타		『活民大略』				

2) 16세기

주제	중국			일본
	受贈	貿入	贈與	贈與
유학	주자의 『詩集』·『聖學心法』	『근사록』·『소학』·『朱子大全』·『朱子語類』·『伊洛淵源』·『聖學心法』·『皇極經世書說』·『皇極經世書集覽』·『皇明政要』·『語孟或問』·『家禮儀節』·『傳道粹言』·『張子語錄』·『經學理窟』·『延平答問』·『胡子知言』·『古表精粹』·『春秋集解』·『呂氏讀書記』·『易經集說』·『異端辨正』·『聖學格物通』·『中庸或問』·『大學或問』		三經·『五經正義』
정치제도	『大明一統志』	『皇明政要』·『精忠錄』·『君臣圖鑑』·『儀禮經傳通解』·『儀禮經傳通解續』·『大明律讀法』·『大明律直引』		
역사	『通鑑綱目』·『大明會典』·『春秋公羊傳』·『穀梁傳』	『綱目前編』·『續綱目』·『大明會典』·『通鑑纂要』		
지리지도	『聞見小錄』·「天下地圖」	『遼東志』·『山海關志』·『地理新書』·『京城(南京)圖志』·「遼東地圖」	『朝鮮志』·『東國地志』·팔도지도模寫한略圖, 朝鮮官制와 山川險隘圖	
교훈		『女孝經』·『顔氏家訓』		
군사		『武經總要』	『東國兵鑑』	
어학	『玉音』·『韻海』·『切韻指南』·『說文解字』			
시문집	『皇華集』·『明太祖高皇帝文集』	『止齋集』·『象山集』·『赤城論諫錄』·『古文苑』·『焦氏易林』·『杜詩集解』·『文苑英華』·『濂溪周元公集』·『敬軒先生集』·『圭峰集』·『類博藁』·『經禮補逸』·『李文公文集』·『東郭文集』·『夷堅志』·『羅一峰集』·『胡子知言』·『定山先生集』·『楊文懿公詩選』·『交泰錄』·『崆峒集』·『薛文淸[公集]』·『豳風七月圖』·『古文關鍵』	『皇華集』	『詩書』
불교				『대장경』

기타	『目輪』·『靑囊雜纂』	『發明廣義』·『陳北溪字義』		

3) 17세기

주제	중국			일본	
	受贈	貿入	贈與	貿入	贈與
유학	『大學衍義』	사서삼경·『중용혹문』·『대학혹문』·『군신도감』	金國 : 사서삼경·『춘추』·『예기』·『통감』·『史略』		『性理群書』·『啓蒙』·『朱子語類』등 儒家書, 『퇴계집』(불법유출)
제도				『本朝年中行事略』·『四禮儀略』	
역사	『大明會典』	『漢書評林』·『史記評林』			『통감』·『史記評林』
지리지도	『西洋國風俗記』·『職方外紀』·「坤與萬國全圖」	『盛京圖』	『東國輿地勝覽』·『경상도연해도』	『地理志略』	「朝鮮지도」模寫本
의학					『東醫寶鑑』·『醫林撮要』·『馬醫書』
천문역법	『治曆緣起』·『天文略』·『天文書』·『千里鏡說』·『遠鏡說』·『天文廣數』·「天文圖南北極」				
군사	『紅夷砲題本』	『紀效新書』			
시문집		『學海』·『林居漫錄』	『東人詩文』·『蘭雪軒集』·『圃隱集』·『古文眞寶』·『桂苑筆耕』·『正氣歌』·『近代墨刻法帖』		『牧隱集』·『東坡集』·『剪燈新話』
불교					『金剛經註解』·『慈心功德錄』·『釋尊儀註』

4) 18세기

주제	중국			일본		
	受贈	貿入	贈與	受贈	貿入	贈與
유학	『周易折中』·『朱子全書』·『性理精義』·『詩經傳說彙纂』	『朱子語類』·『大全眞本』·『語類各本』·『朱子大同集』·『朱子實紀』·『闕里文獻考』·『聖廟圖』·『孔氏碑本』·『四書異同條辨』·『大事記』		『童子問』·『論語古義』·『孟子古義』·『中庸發揮』·『大學定本』·『古學指南』·『論語徵』·『四書疏林』·『芝軒吟稿』	漢·唐전적 100권	『中庸九經衍義別集』
제도						『新增古今事文類聚』
역사	『明史』	『繹史』·『後漢書』			『日本通書』·『太陶國輿書牘』	『東國輿地勝覽』·『麗史提綱』,『懲毖錄』(불법유출)
지리 지도	「伊梨地方戰圖」	『闕里志』·『籌勝必覽』·「山東海防지도」·「遼薊關防圖」·「坤輿圖」				
농업		『農政全書』				
의약		『本草綱目』·『赤水玄珠』·『洗寃錄』	『동의보감』			
천문 역법		「天文圖」·『時憲曆』·『儀象志』·『日食補遺』·『交食證補』·『曆草騈枝』·『八線表』·『御定三元甲子萬年曆』·『時憲新法五更中星紀』·『日月交食稿本』·『日躔表』·『月離表』·『七曜曆法』·				『西歲曆』

		『新法曆象考成後編』·『新法恒星表』·『交食七曜推步』				
군사		『武備志』·『煮硝新方』				『軍書』
어학	『佩文韻府』·『康熙字典』·『音韻闡微』	『淸蒙文鑑』			『隣語大方』	
시문집	『全唐詩』·『古文淵鑑』·『皇明太祖皇帝御製御筆』·『明高皇帝御製全集』	『詩抄』·『文選』·『御製全韻詩』·『漢書評林』	『동문선』·三田渡碑文		『白石詩草』	
기타		『古今圖書集成』·『通志堂經解』·『涇陽遺書』·『養正圖解』				

5) 19세기

주제	중국에서 貿入	일본에서 受贈
유학	『皇淸經解』등	『易言』·『李退溪書抄』
제도	『皇朝三通』	『名物考』·『新貨條例』·『民事要錄』·『交隣須知』
역사	『二十一史約編』·『皇明實錄』	『私擬朝鮮策略』·『明治史要』·『條約各國一覽表』·『大道論』·『淸史攬要』·『영국사』·『불란서사』·『미국사』
지도		「世界航海圖」·「新撰日本圖」·「大日本里程圖」
과학	과학기술서 53종	
어학		『康熙字典』·『隣語大方』
시문집		『荻生徂徠문집』·『太宰春台문집』·『日本雜事詩』·『拙堂文話』·『黃葉夕陽村舍詩』·『佛山堂詩鈔』
기타	『市廠』	『使東述略』·『海防臆測』

제2절 반체제적인 성격으로 제재받은 부류

1) 15세기

주제	서명
풍수圖讖·秘記	『神秘集』·『解拆字林』·『禽演眞經』·『周南逸士記』·『太一金鏡式』·『道詵讖記』·『太一曆』

2) 16세기

주제	서명
풍수圖讖·秘記	『太一經』·『玉曆通政經』
성리학에 위배(불교)	『薛公瓚傳』·『爲善陰騭』
政爭	『佔畢齋集』, 金宗直의 문인인 金宏弼·鄭汝昌·曺偉·權五福·南孝溫 등의 문집

3) 17세기

주제	서명
풍수圖讖·秘記	『鄭鑑錄』
政爭 또는 성리학에 위배	『京山誌』, 許筠·鄭仁弘·尹鑴·朴世堂의 문집

4) 18세기

주제	서명
풍수圖讖·秘記	『鄭鑑錄』·『讐人錄』·『鑑影錄』
政爭 또는 성리학에 위배	양명학·천주학, 『辨誣錄』·『疑禮問解』·『家禮源流』·『禮記類編』·『明谷集』·『霞谷集』, 尹宣擧·柳壽垣의 문집
문체정책	唐板本·稗官雜記, 明末·淸初문집

5) 19세기

주제	서명
풍수圖讖·秘記	『鄭鑑錄』
政爭 또는 성리학에 위배	李玄逸문집, 『西州集』·『雲坪集』·『主敎要旨』·『東經大全』·『龍潭遺詞』
개화서	『朝鮮策略』·『海國圖誌』·『瀛環志略』

참고문헌

1. 사료

『簡易辟瘟方』『甲戌萬言封事』 『經國大典註解』 『攷事撮要』
『救急易解方』『國朝寶鑑』 『國朝儒先錄』 『錦南集』
『農圃問答』 『訥齋集』 『東國正韻』 『鏤板考』
『慕齋集』 『武陵雜稿』 『眉巖日記草』 『父母恩重經』
『詞訟類聚』 『書雲觀志』 『惺翁識小錄』 『續三綱行實圖』
『承政院日記』『神器秘訣』 『新增東國輿地勝覽』 『燃藜室記述』
『練兵指南』 『五洲衍文長箋散藁』『牛馬羊猪染疫病治療方』『二倫行實圖』
『日本往還日記』 『佔畢齋集』 『靜菴先生文集』
『朝鮮王朝實錄』 『朱子大全』 『朱子語類』
『朱子增損呂氏鄕約』 『中庸栗谷先生諺解』 『增補文獻備考』
『通文館志』 『退溪全書』 『鶴峰全集』 『漢京識略』

2. 단행본 및 논문

姜萬吉, 1980, 「16세기사의 변화」, 『분단시대의 역사인식』, 창작과 비평사.
강만길, 1979, 『분단시대의 역사인식』, 창작과 비평사.
姜惠英, 2005, 「남원지역 인쇄문화에 관한 연구」, 『서지학연구』 32.
고려대 민족문화연구소 편, 1990, 『한국도서해제』, 고려대 출판부.
고영진, 1999, 『조선시대 사상사를 어떻게 볼 것인가』, 풀빛.
고영진, 1995, 『조선중기 예학사상사』, 한길사.
고영진, 1991, 「16세기후반 상제예서의 발전과 그 의의」, 『규장각』 14.

琴章泰, 1999, 『한국유학의 탐구』, 서울대출판부.

금장태, 2003, 『조선전기의 유학사상』, 서울대출판부.

금장태, 1994, 『한국유학사의 이해』, 민족문화사.

금지아, 2010, 『한중역대서적 교류사연구』, 한국연구원.

金斗鍾, 1981, 『한국고인쇄 기술사』, 탐구당.

김두종, 1966, 『한국의학사』, 탐구당.

김문식, 2009, 「조선시대 국가전례서의 편찬양상」, 『장서각』 21.

김문식, 2006, 「조선시대 중국서적의 수입과 간행 ; 『사서오경대전』을 중심으로」, 『규장각』 29.

金聖洙, 2009, 「조선시대 국가중앙인쇄기관의 조직·기능 및 업무활동에 관한 연구」, 『서지학연구』 42.

金聖洙, 2009, 「충청감영의 간행도서에 관한 분석」, 『조선시대 지방감영의 인쇄출판활동』, 청주고인쇄박물관.

김원룡·安輝濬 공저, 1994, 『한국미술사』, 서울대 출판부.

김윤제, 2005, 「조선시대 문집간행과 성리학」, 『한국사시민강좌』 37.

김준석, 2005, 『한국중세 유교정치사상사론』 v.1, 지식산업사.

김중권, 1993, 「내의원의 의서간행」, 『문헌정보학보』 5.

金致雨, 2007, 『고사촬요 책판목록과 그 수록간본 연구』, 아세아문화사.

김치우, 1998, 「임란이전 地方刊本의 開板處에 관한 연구」, 『서지학연구』 16.

김치우, 1981, 「서사의 설립에 관한 연구」, 『부산여자대학논문집』 10.

金恒洙, 1987, 「16세기 경서언해의 사상사적 고찰」, 『규장각』 10.

金恒洙, 1981, 「16세기사림의 성리학 이해 ; 서적의 간행·편찬을중심으로」, 『한국사론』 7, 서울대.

김호, 1996, 「조선전기 대민의료와 의서편찬」, 『국사관논총』 68.

김호, 1995, 「향약집성방에서 동방보감으로」, 『한국사시민강좌』 16.

김호, 1994, 「허준의 동의보감연구」, 『한국과학사학회지』 16-1.

김호, 1993, 「16세기말 17세기초 '疫病' 발생의 추이와 대책」, 『한국학보』 71.

金勳植, 1985, 「16세기 『이륜행실도』보급의 사회사적 고찰」, 『역사학보』 107.

羅樹寶, 2008, 『중국책의 역사』, 다른 생각.

羅逸星, 1997, 「조선왕조실록을 통해서 본 세종시대천문학자 이순지」, 『한국사학논총』, 동방도서.

南權熙, 2009, 「『三五庫重記』로 본 箕營의 출판문화」, 『조선시대지방감영의 인쇄출판활동』, 청주고인쇄박물관.

남권희, 2003, 「고려시대 출판문화사」, 『한국문화사상대계』 3, 영남대출판부.

남권희, 2001, 「경주에서 간행된 서적연구」, 『신라문화』 19.

남권희, 1998, 『소수서원소장 고서목록』, 영주시.

大木康 저, 노경희 역, 2007, 『明末江南의 출판문화』, 소명.

모리스 꾸랑(Maurice Courant), 2006, 『서울의 추억』, 프랑스국립 극동연구소, Chabanol, Elisabeth, 고대 박물관.

문중양, 2006, 『우리역사 과학기행』, 동아시아.

박병선, 2002, 『한국의 인쇄』, 우리기획.

박성래, 1995, 「조선시대 과학사를 어떻게 볼 것인가」, 『한국사시민강좌』 16.

박성래, 1994, 『한국인의 과학정신』, 평민사.

박성래, 1979, 「한국사상에 나타난 천재지변의 기록」, 『한국과학사학회지』 1.

박원호, 2008, 「표해록」, 『한국사시민강좌』 42.

박인호, 2003, 『조선시기 역사가와 역사지리인식』, 이회문화사.

배현숙, 2005, 「소수서원 수장과 간행 서적고」, 『서지학연구』 31.

배현숙, 1999, 「선조초 교서관 활동과 서적유통고」, 『서지학연구』 18.

백운관 공저, 1992, 『한국출판문화 변천사』, 타래.

손승철, 2006, 『조선시대 한일관계사 연구』, 경인문화사.

손홍렬, 1994, 「조선중기 의술과 의약의 발달」, 『국사관논총』 56.

손홍렬, 1993, 「조선중기의 의료제도」, 『한국과학사학회지』 15-1.

송방송, 2001, 『조선 음악사연구』, 민속원.

宋日基, 2001, 「조선시대 '行實圖' 판본 및 판화에 관한 연구」, 『서지학연구』 21.

宋宰鏞, 2008, 『미암일기연구』, 제이앤씨.

宋鍾淑, 1989, 「이륜행실도考」, 『서지학연구』 4.

송혜진, 2000, 『한국 아악사 연구』, 민속원.

신정엽, 2009, 「조선시대 간행된 소학언해본 연구」, 『서지학연구』 44.

심우준, 1995, 「조선조의 중국의서 수입과 간행시기에 관한 연구」, 『서지학의 제문제』, 혜진서관.

오영균, 2007, 「백성의 교화와 윤리서의 보급」, 『조선시대 인쇄출판정책과 역사발전』, 청주고인쇄박물관.

오항녕, 2007, 『조선초기 치평요람 편찬과 전거』, 아세아문화사.

玉泳晸, 2009, 「조선시대 完營의 고인쇄문화에 대한 고찰」, 『조선시대 지방감영의 인쇄출판활동』, 청주고인쇄박물관.

우정임, 2009, 「조선전기 성리서의 간행과 유통에 관한 연구」, 부산대 대학원 박사학위논문.

우정임, 2000, 「조선초기 서적수입·간행과 그 성격」, 『釜大史學』 24.

尹炳泰, 1996, 「고려·조선의 활판인쇄출판문화연구」, 『인쇄출판문화의 기원과 발달에 관한 연구논문집』, 청주고인쇄박물관.

윤병태, 1993, 「조선시대 평양의 인쇄문화」, 『고인쇄문화』 1.

윤병태, 1972, 『한국書誌年表』, 한국도서관협회.

윤사순, 1998, 『조선시대 성리학의 연구』, 고려대 민족문화연구원.

윤사순, 1982, 『韓國儒學論究』, 현암사.

윤상기, 2004, 「조선전기 인쇄문화」, 『한국문화사상대계』 v.3, 영남대출판부.

윤형두, 2007, 『옛책의 한글판본』, 범우사.

이민희, 2007, 『16-19세기 서적중개상과 소설서적 유통관계연구』, 역락.

이범직, 1991, 『한국중세 예사상연구』, 일조각.

李秉烋, 1999, 『조선전기 사림파의 현실인식과 대응』, 일조각.

이병휴, 1984, 『조선전기 기호사림파연구』, 일조각.

이상태, 1999, 『한국고지도 발달사』, 혜안.

이성무, 1982, 「한국의 관찬지리지」, 『규장각』 6.

이수건, 2000, 「조선중기영남학파의 내부구조와 학문세계」, 『한국문화사상대계』 2, 영남대출판부.

이영호, 2004, 『조선중기 경학사상연구』, 경인문화사.

李存熙, 1977, 「조선전기의 對明서책무역」, 『진단학보』 44.

이준걸, 1986, 『조선시대 일본과 서적교류연구』, 홍익재.

이중연, 2001, 『책의 운명 : 조선-일제강점기 금서의 사회·사상사』, 혜안.

이춘희, 1984, 『조선조의 교육문고에 관한 연구』, 경인문화사.

李泰鎭, 2008, 『한국사회사연구』, 지식산업사.

이태진, 2003, 『의술과 인구 그리고 농업기술』, 태학사.

이태진, 1995, 『조선유교사회사론』, 지식산업사.

이태진, 1984, 「16세기의 한국사에 대한 이해의 방향」, 『조선학보』 110.

이혜구, 1984, 「세종조 음악문화의 현대사적 재인식」, 『세종조문화의 재인식』, 한국정신문화연구원.

전상운, 2000, 『한국의 과학사』, 세종대왕기념사업회.

전상운, 1998, 『한국과학사의 새로운 이해』, 연세대출판부.

전상운, 1992, 「조선전기의 과학과 기술」, 『한국과학사학회지』 14:2.

전혜성, 1994, 「조선시대 여성의 역할과 업적」, 『한국사시민강좌』 15.

정재훈, 2005, 『조선전기 유교정치사상연구』, 태학사.

정형우·윤병태 편, 1995, 『한국의 冊板目錄』, 보경문화사.

정형우, 1983, 『조선시대 서지사 연구』, 한국연구원.

지두환, 1998, 『조선시대 사상사의 재조명』, 역사문화.

지두환, 1994, 『조선전기 의례연구』, 서울대출판부.

천혜봉, 1990, 『韓國典籍印刷史』, 범우사.

청주고인쇄박물관 편, 2009, 『조선시대 지방감영의 인쇄출판활동』, 청주고인쇄박물관.

청주고인쇄박물관 편, 2008, 『조선시대 인쇄출판기관의 변천과 발달』, 청주고인쇄박물관.

청주고인쇄박물관 편, 2007, 『조선시대 인쇄출판정책과 역사발전』, 청주고인쇄박물관.

청주인쇄출판박람회 조직위원회, 2000, 『금속활자의 발명과 인쇄문화』, 청주고인쇄박물관.

최경훈, 2009, 「조선전기 주자저술의 간행에 관한 연구」, 『서지학연구』 42.

최완기, 2000, 『조선의 역사』, 느티나무.

최현배, 1970, 『한글갈』, 정음사.

河宇鳳, 2006, 『조선시대 한국인의 일본인식』, 혜안.

하우봉, 1994, 「조선전기의 대일관계」, 『한일관계사』, 현음사.

한국민족문화대백과사전 편찬부 편, 1991~1994, 『한국민족문화대백과사전』 v.1~28, 한국정신문화연구원.

한국정신문화연구원 편, 2002, 『조선왕실의 책 ; 장서각 특별전』, 한국정신문화연구원.

한국정신문화연구원 편, 1990, 『고대한일문화교류연구』, 한국정신문화연구원.

한국출판학회 편, 1996, 『인쇄출판문화의 기원과 발달에 관한 연구』, 청주고인쇄박물관.

한국출판학회 편, 1995, 『세계속의 한국인쇄출판문화』, 청주시.

한국학 중앙연구원 편, 2008, 『조선시대 책의 문화사』, 휴머니스트.

韓東明, 1986, 『한국중세인쇄문화의 제도사적 연구』, 경희대 대학원 박사학위논문.

한영우, 2008, 『다시찾는 우리역사』, 경세원.

한영우, 2005, 『조선왕조 의궤』, 일조각.

한일관계사학회 편, 2004, 『『조선왕조실록』 속의 한국과 일본』, 경인문화사.

許善道, 1994, 『조선시대 화약병기사 연구』, 일조각.

許昌武, 1995, 「禮樂觀과 예악사상의 조선조적 변용양상에 관한 연구」, 『예악교화사상과 한국의 윤리적 과제』, 한국정신문화연구원.

허흥식, 1983, 「동문선의 편찬동기와 사료가치」, 『진단학보』 56.

찾아보기

_ㄴ

_ㄷ

_ㅂ

_ㅅ

_ㅈ

신 양 선(辛良善)

1948년 12월 10일생. 연세대학교 도서관학과(문헌정보학과)를 졸업하고 동 교육대학원에서 한국사를 전공하였으며 동국대학교에서 문학박사학위를 받았다.
저서로는 『조선초기 서지사 연구』, 『조선후기 서지사 연구』가 있다.

조선중기 서지사 연구－16세기 관찬서를 중심으로

신 양 선 지음

2012년 12월 10일 초판 1쇄 발행

펴낸이 · 오일주
펴낸곳 · 도서출판 혜안
등록번호 · 제22-471호
등록일자 · 1993년 7월 30일

주 소 · ㉾ 121-836 서울시 마포구 서교동 326-26번지 102호
전 화 · 3141-3711~2 / 팩시밀리 · 3141-3710
E-Mail · hyeanpub@hanmail.net

ISBN 978-89-8494-458-9 93910

값 24,000 원